춘천 중도유적의
청동기·철기시대 물질문화

춘천 중도유적의 청동기·철기시대 물질문화

오강원·천선행·손준호·이종철·고일홍·이성주 지음

한국학중앙연구원출판부

| 책을 내며 |

춘천분지의 중앙부에 있는 중도(하중도)는 1977년 국립중앙박물관의 지표조사를 통해 청동기시대와 철기시대의 주거지와 무덤(지석묘, 적석총) 유구가 확인된 이후 그간 많은 기관에 의해 조사되었다. 그간의 조사를 통해 중도의 청동기시대 지석묘의 구조, 철기시대 유구를 통한 강원 영서지역의 물질문화로서 중도 유형의 설정 등의 성과가 있었다. 기존의 여러 조사 가운데 획기를 이루고 있는 것은 단연 2013~2017년 동안 연속적으로 조사된 LEGOLAND KOREA 조성부지 발굴조사이다. 발굴조사 기간 동안 여러 시기에 걸친 3,091기의 유구가 대규모로 조사되었다.

중도 LEGOLAND KOREA 조성부지에서 조사된 총 유구 가운데 청동기시대 유구는 2,205기, 철기시대 유구는 767기, 삼국시대 유구는 6기, 남북국시대 전후 유구는 58기, 고려~조선시대 유구는 20기, 시대 미상 유구는 27기이다. 유구 수량을 놓고 볼 때, 청동기시대 유구가 전체 유구의 71.3%, 철기시대 유구가 전체 유구의 24.8%에 달하여 두 시대만 전체 유구에서 96.1%에 달한다. 이 가운데 절대 중심을 이루고 있는 것은 사실상 하중도 전역에 걸쳐 조사된 청동기시대 유구군이다. 이러한 조사 현황은 작은 면적에서 소량의 유구만이 조사된 춘천분지의 다른 유적과는 비교가 안 될 정도로 압도적인 수준이다.

중도 LEGOLAND KOREA 조성부지 유적의 중요성은 조사 면적과 광대한 수량 외에도 청동기와 철기시대, 특히 청동기시대 거의 전 기간에 달하는 마을과 무덤 등의 유구가 연속적인 관계를 이루며 조사되었다는 점에 있다. 시기의 흐름에 따라 단위 주거지의 규모, 내부 시설의 변화는 물론 환호의 등장, 비파형동검 등 청동기의 등장, 토기와 석기군의 변화, 무덤의 출현과 구조 변화, 마을과 무덤 관련 각종 의례 행위의 잔적과 변화, 토기와 석기의 생산과 유통 등 다양한 물질 및 사회 현상이 파악된다. 따라서 중도유적의 물질 현상을 분석하는 것을 통해 중도유적은 물론 춘천분지의 물질문화를 비교적 분명하게 밝힐 수 있다.

중도 LEGOLAND KOREA 조성부지 유적의 중요성은 역사적 실체가 물질을 통해 구체화될 수 있는 최적의 자료라는 점에서도 드러난다. 중도를 포함한 춘천분지는 완전한 중앙집권적 고대국가, 즉 삼국시대가 정립되기 이전 춘천분지의 역사를 파악할 수 있는 최적의 자료이다. 춘천분지는 고구려, 백제, 신라 어느 곳에도 속하지 않은 제3의 공간에 속해 있었는데, 『삼국사기』와 『삼국유사』 등 고대를 기록하여 놓은 사서에 그 역사적 집단의 성격이 예·맥·예맥 등으로 표기되어 있다. 따라서 중도에서 확인된 물질문화는 바로 역사 기록에 보이는 예·맥 등 집단과 그 선계 집단의 물질적 역사가 된다.

한편, 대규모 취락인 만큼 복잡한 층위와 중복 관계를 보이는 여러 유구군의 동시성을 파악하는 것이 매우 중요하다. 장기간에 걸친 결과로 나타나는 대규모 취락 형태가 언제부터 어떤 규모로 출발하여 변화되어 가는지 각 시점에서 타 지역과 비교하기 위해서는 동시성 확보가 필수이다. 이러한 동시성 파악에 가장 유효한 자료 가운데 하나가 토기이다. 토기는 제작에서부터 시공간성, 계층성 등 다양한 사회적 특성을 반영하고 있는 물질 자료로 이를 통해 일차적으로 취락의 단계별 동시성을 확인할 수 있다. 토기는 당시의 조리문화, 지역관계, 생산 유통까지 다양한 정보도 파악할 수 있다.

춘천 중도유적은 그간 시론적이나마 주거지의 유형과 중복 관계, 식물 유체, 청동기 등의 개별 물질 자료 등을 통한 시기 구분이 제시되었다. 여러 방식의 분석이 모두 타당성을 갖고 있지만, 모든 연구의 밑바탕은 토기와 토기군에 대한 분석이 중요한 출발점을 이루고 있다. 토기 편년 체계와 취락 조성 과정의 정합성을 확인하는 것이 중요한데, 그 첫 단추를 여는 것이 돌대문토기이다. 다만 기존의 연구에서는 돌대문토기의 양식과 공반에만 주목했을 뿐, 취락의 출현 과정의 측면에서 함께 분석한 경우는 없었다. 따라서 이에 대한 분석을 통해 중도와 춘천분지의 물질문화를 이해할 필요가 있다.

한편, 토기·토기군과 관련하여 춘천분지를 중심으로 한 강원 영서지역에서 그간 중요한 논쟁을 이루고 있던 주요 소재가 적색마연토기이다. 강원지역의 적색마연토기는 큰 틀에서 동북한과의 토기문화 네트워크 속에서 유입되었다는 것에 대해서는 모두가 인정하지만, 그 가운데서도 춘천분지에서의 출현이 어떠했는지, 출현기의 적색마연토기상은 어떠했는지에 대해서 아직도 논의가 진행 중이다. 춘천 중도유적에서는 적색마연토기가 청동기시대 전 시기의 유구에서 고르게 출토되고 있어 중도는 물론 춘천분지에서의 전개 양상을 비교적 명료하게 드러낼 수 있다.

청동기시대 생활상을 복원할 때 중요하게 고려되는 것 가운데 하나가 석기이다. 지금까지 석기에 관한 다양한 연구가 진행된 바 있다. 그러나 중도유적처럼 청동기시대 전 시기의 석기가 한 유적에서 대량으로 발굴조사된 사례는 없다. 따라서 이를 정밀하게 시간순으로 정리하는 것만으로도 청동기시대 석기 편년의 새로운 틀을 마련하는 계기가 된다. 사실 기존에 생계 활동 복원을 목적으로 석기 조성비 비교 연구들이 있었지만, 분석 대상 석기의 수량이 너무 적어 타당성을 입증하기 어려운 점이 있었다. 따라서 중도유적 석기군 분석을 통해 보다 객관적인 근거 확보가 가능할 것으로 생각된다.

고고학 연구에서 중요한 것은 '분석 단위'이다. 가령 주거지를 분석 단위로 삼을 때와 취락을 분석 단위로 삼을 때의 연구 주제가 서로 다를 수밖에 없다. 그간 청동기시대 고고학에서는 주로 전자를 중심으로 연구가 진행되었다. 이러한 연구 경향은 기존 연구자들이 취락을 초점으로 한 연구를 중요하게 여기지 않아서가 아니라, 과거에 온전히 '하나의 마을'을 이루었을 것이라 확신할 수 있는 고밀도의 대규모 주거군 유적이 조사된 경우가 많지 않은 것과 연관이 있다. 이러한 측면에서 볼 때 중도유적은 한국 청동기시대 연구는 물론 취락 연구에서 패러다임의 변화를 가져올 중요한 유적이라고 평가할 수 있다.

중도유적은 오랫동안 청동기시대 주민들의 삶의 터전이었던 만큼 '마을의 역사'를 거시(마을 전체)와 미시(특정 지점)의 렌즈를 활용해서 추적할 수 있다. '마을의 역사'는 다양한 방식으로 추적할 수 있는데, 그 가운데 하나의 방법이 바로 화재 주거지에 대한 공시적·통시적 분석이 아닐까 한다. 즉, 각 시기별 화재 주거지의 분포 양상이나 화재 주거지가 있던 자리의 후대 활용 양상을 파악함으로써 마을 공동체 입장에서 '화재 사건'이 마을의 조직 및 운영에 어떠한 영향을 끼쳤을지 파악할 수도 있기 때문이다. 주지하다시피, 화재 주거지는 동시성 확보 등의 차원에서 많은 정보를 담아내고 있다.

기존 연구자들 또한 이러한 중요성을 인식해 화재 주거지 분석을 시도하였다. 그러나 소규모 유적에서 한두 기의 제한적인 화재 주거지만을 대상으로 분석할 수밖에 없었기에 자료의 특수한 가치를 충분히 드러내기 어려웠다. 여러 사정으로 그간 한국 고고학계에서 화재 주거지 연구는 미진한 편이었다. 중도유적은 LEGOLAND KOREA 조성부지에서만 184기의 화재 주거지가 확인되었고, 여기에 그 이전 시기에 간헐적으로 조사된 화재 주거지를 포함하면 하중도에서만 200여 기가 조사되었다. 중도 기준 전체 조사 주거지의 10% 이상이 화재 주거지에 속하는데, 이를 취락의 생성과 소멸 등 취락 단위와 연결하여 해석할 필요가 있다.

그간 청동기시대 대규모 취락 연구는 매우 제한적이었다. 특히 중도와 같은 여러 시대의 대규모 주거군으로 조성된 취락 자료는 이전 시기까지 접하지 않았던 새로운 유형의 물질 자료에 속한다. 중도유적에서는 소규모 주거군으로 조성된 초기 취락으로부터 환호를 중심으로 내외에 주거군이 조성되고, 여기에 생산공간, 무덤 영역 등이 구분된 복합적 취락에 이르기까지 여러 유형의 취락유형이 확인된다. 이러한 취락유형의 변천과 함께 새롭게 해석할 만한 의례 유구와 공간이 변모되어 가는 현상도 파악된다. 따라서 중도 청동기시대 유적 전 기간을 취락, 공간, 설계, 의례의 관점에서 분석할 필요가 있다.

한편, 중도유적은 북한강유역의 철기시대 연구 결과인 중도유형의 표지 유적으로도 유명하다. 중도 LEGOLAND KOREA 조성부지에서 조사된 767기에 달하는 유구의 절대다수가 주거지이고, 이 주거지에서 중심을 이루고 있는 것이 바로 중도식토기이다. 중도식토기는 기존에 형태를 기준으로 한 분류와 편년이 주를 이루고 있었는데, 이를 기술적인 관점, 생산과 사용의 관점에서 분석할 필요가 있다. 춘천분지에는 우두동 등 중도유형의 중요 유적이 소재하고 있는데, 주변 유적과 비교하는 것을 통해 중도유적은 물론 춘천분지의 중도유형, 중도식토기에 대한 새로운 차원의 해상도를 높일 필요가 있다.

앞서 제시한 문제의식을 바탕으로 하여 이 책에서는 대주제를 '중도유적 속의 청동기~철기시대 춘천분지의 물질문화'로 기획한 뒤, 세부 연구 주제를 아래의 6개로 나누어 진행하였다.

먼저 전체 연구를 기획한 오강원은 「청동기시대 춘천분지 적색마연토기의 출현과 전개-중도 LEGOLAND KOREA 조성부지 유적의 사례를 중심으로-」에서 중도유적을 포함한 춘천분지에서 기 조사된 유구와 동시성을 갖고 있는 완형 적색마연토기를 형식분류한 뒤 각 형식의 출현 시기와 구순각목 요소에 대해 분석하였다. 이어 춘천분지 적색마연토기의 평면적인 출토 지점과 수직 위치를 단계별로 종합한 뒤 지점과 위치의 변화가 갖는 의미에 대해 분석하였다. 이러한 분석을 기초로 하여 마지막에는 춘천분지 적색마연토기의 주변 지역과의 차이와 그를 통해 유추되는 지역성에 대해 논의하였다.

오강원의 적색마연토기 연구는 유구와 동시적인 관계가 있는 완형의 적색마연토기를 연구자의 기존 세밀한 춘천분지와 중도유적 획기안을 기초로 하여 전체적인 전개 양상을 일목요연하게 드러냈다는 점에서 큰 의미가 있다. 적색마연토기의 출토 지점을 시간축에 따라 종합한 뒤 개별 출토 지점 및 그 위치 변화가 갖는 의미를 밝히고자 하였다는 점 또한 주목할 만하다. 춘천분지의 적색마연토기가 근접 지역은 물론 남한의 주요 적색마연토기 분포지와 어떠한 차이를 갖는지, 또한 그러한 차이를 통해 추출되는 지역성이 어떠한지를 논의한 것도 의미가 있다.

천선행은 「청동기시대 조기 춘천 중도유적 돌대문토기의 특징」에서 먼저 중도유적의 돌대문토기와 공반하는 주거지군과 관련한 기존의 주요 논의에 대해 살펴본 뒤, 개별 논의에 대한 연구자의 간단한 견해를 밝혔다. 이어 중도유적의 돌대문토기를 출토하는 주거지군을 규모, 장축 방향과 노지 위치를 기준으로 몇 개의 부류로 나눈 뒤, 이를 기준으로 각 유적의 상대적인 시간 순서에 대해 새로운 의견을 제시하였다. 끝으로 위의 논의를 바탕으로 중도유적의 돌대문토기 주거지군의 전개와 돌대문토기 연구 결과의 특징에 대한 새로운 의견을 제시하였다.

천선행은 중도유적의 돌대문토기 주거지군이 하천 흐름과 직교하는 것에서 평행한 것으로, 그리고 노지가 남단 벽에서 북단 벽 쪽으로 이동해간 것으로 보았다. 또한 중도 LEGOLAND KOREA 조성부지 유적에서 조사된 청동기시대의 환호가 돌대문토기 주거지기에 처음 조성되었다가 천전리 유형기에 다시 재사용된 것으로 보았다. 전자는 환저토기 공반 돌대문토기 주거지군을 일반 돌대문토기 주거지군보다 늦게 보았다는 점에서, 후자는 청동기시대 환호의 유구 중복 관계를 토대로 한 기존의 인식과 큰 차이가 있는 것으로 향후 새로운 논의의 마당을 열었다는 점에서 주목할 만하다.

손준호는 「청동기시대 춘천 중도유적 석기의 특징」에서 중도 LEGOLAND KOREA 조성부지 유적에서 대규모로 조사된 청동기시대 유구와 유물 가운데 다른 어떤 유물보다 수량이나 질적인 면에서 중요한 의미가 있는 것이 석기라는 인식 아래, 중도 LEGOLAND KOREA 조성부지 유적의 유구에서 출토된 4,129점(지표 수습품 제외)의 석기를 종합적으로 분석하였다. 중도 LEGOLAND KOREA 조성부지 유적 출토 석기에 대한 전면적인 분석이 처음 이루어지는 만큼 석기군을 기종별로 나누고 제작 및 형태상의 특징 등에 대해 논의하였고 그에 이어 석기 조성비를 비교하고 해석하였다.

손준호의 글은 기존에는 충분한 분석이 이루어지지 않았던 중도유적의 석기군을 종합적이면서도 전면적으로 처음 분석하였다는 점에서 의미가 있다. 처음 이루어지는 작업인 만큼 기종 분류, 수량과 비율 분석, 출토 양상 검토, 조성비 비교 등이 이루어졌는데, 이러한 분석이 중도유적 석기에 대한 추가적인 해석을 가능케 하는 기초 작업이라는 점에서 의미가 있다. 다만 세밀한 시간축의 설정과 이를 기반으로 한 이차적인 분석이 이루어지지는 못하였는데, 이와 관련해서는 향후 보다 진전된 연구가 진행될 것으로 생각된다.

이종철은 「청동기시대 중도유적의 취락 설계와 의례」에서 중도유적의 주거지군을 크게 돌대문토기기, 공렬토기 중심기, 원형점토대토기기로 3대분 한 뒤, 중도 LEGOLAND KOREA 조성부지에 돌대문토기기에는 5개의 취락군, 공렬토기 중심기에는 6개의 취락군이 형성되어 있었던 것으로 보았다. 이 가운데 공렬토기 중심기에는 취락이 주거영역, 매장영역, 보관 및 저장영역, 의례영역으로 영역화되었다고 보았다. 이 시기에 청동기시대 환호가 조성되었는데, 애초에는 방형으로 기획되었으나 취락사회의 불평등, 권력관계 등으로 동부가 부정형을 이루게 된 것으로 보았다.

이종철의 글은 축조 시점과 배경, 주거군과의 관계, 기능과 관련하여 기존에 적지 않은 주목을 받았던 환호의 축조 시점을 유구 중복 관계에 주목하여 천전리식 주거지가 존속하는 기간 내로 특정한 뒤, 청동기시대 환호와 주거지 및 기타 유구와의 상관관계를 통해 그 성격을 취락의 권력 구조를 대내외적으로 표방하고 공고화하기 위한 이데올로기적 기념물로 해석하였다는 점이 주목할 만하다. 이와 같은 견해는 청동기시대 환호와 관련된 기존의 피상적 논의에서 한 걸음 더 깊게 진전한 것으로 관련 학계에서 추가적 논의가 있을 것으로 기대된다.

고일홍은 「청동기시대 춘천분지 중도마을의 역사와 화재」에서 춘천과 화천을 중심으로 하는 북한강 유역 청동기시대 주거지가 주변 지역에 비해 화재 주거지의 비중이 높다는 점에 주목한 뒤, 중도 LEGOLAND KOREA 조성부지 유적 주거지군을 화재 발생의 요인과 성격에 따라 우발적 화재와 의도된 화재 두 부류로 유형화하였다. 이어 중도 LEGOLAND KOREA 조성부지의 화재 주거지의 중복 및 소각장, 폐기장으로의 재사용 현상에 착목하여 마을의 관리와 운영, 마을 중심부와 주변부의 문제 등에 대해 접근하고자 하였다.

고일홍의 글은 기존에 조사자가 유구를 보고하면서 막연하게 갈등과 전쟁, 부주의, 폐기와 이전 등과 관련하여 화재 흔을 설명하던 것에서 한 걸음 더 나아가 화재 주거지와 관련된 구미 학계의 이론적 논의에 대해 주의를 환기시킨 다음, 이를 토대로 주거지 바닥면의 유물 잔존 여부와 잔존 수량을 기준으로 화재 유형을 분류하고 거시적, 미시적 해석을 시도하였다는 점에서 주목할 만하다. 또한 화재 주거지의 장소 재점유, 신축, 재사용 양상 등을 토대로 마을의 관리와 운영 등을 해석하고 있는 점도 주목할 만하다.

이성주는 「원삼국·삼국시대 춘천분지 취락의 토기유물군 분석」에서 중도식토기 가운데 경질무문토기의 경우 기종 간의 경계가 명확하지 않은 까닭에 그간 기종과 형식 분류의 기준이 연구자에 따라 제각각으로 이루어지고 있었다고 보았다. 이성주는 중도식토기를 생산의 측면에서 볼 때 완전히 다른 두 기술 체계가 공존하고 있었다는 점에 주목하면서 춘천분지의 원삼국~삼국시대의 토기군을 속성 분류에 대한 새로운 이해, 같은 기종 내 취락과 시간에 따른 기종과 세부 속성의 차이, 춘천분지 내 주요 중도식토기 사용 취락의 중도식토기 기술 체계의 차이 등에 대해 전면적으로 분석하였다.

이성주는 위의 분석을 통해 철기시대 춘천분지의 취락을 우두동과 중도로 대별한 뒤, 시간적으로 우두동이 중도에 비해 선행하는 것으로 보았다. 우두동기에는 11개 기종이 사용된 반면 중도기에는 6개 기종으로 축소되는 양상을 보이고, 토기 제작기술과 관련해서는 경질무문토기의 경우 두 취락 간의 차이가 없는 반면, 타날문토기는 중도기에 이르러 낙랑으로부터 제공된 기술 요소들이 사라지고 관련 작업 연쇄들 또한 다양성이 축소되는 것으로 보는 등 이 지역 철기시대 토기와 관련한 새로운 분석 방식과 견해를 제시하였다.

이 글은 한국 고고학사상 최대 규모로 조사된 춘천 중도유적의 청동기~철기시대 유적을 토기, 석기, 주거지, 취락유형, 의례 등에 초점을 맞추어 전면적으로 분석하였다는 점에서 의미가 적지 않다고 자부한다. 취락과 연계한 화재주거지의 사회적 의미, 취락유형의 변화, 취락의 출현과 형성에 맞춘 토기군의 특색, 취락의 성장과 쇠퇴에 따른 특정 토기의 추이와 의미, 중도를 통한 춘천분지 석기의 체계 구축, 환호의 등장과 그 의미, 철기시대 토기군의 기술적 분석과 생산 및 사용 등은 모두 하나하나가 중요한 의미를 띠고 있는 주제로 향후 관련 연구자들에게 중요한 성과로 활용될 수 있을 것이다.

이러한 성과에도 불구하고 향후 중도의 청동기~철기시대 유적과 관련하여 보완되어야 할 연구 방법, 시각, 내용 등도 부각되었다. 첫째는 중도유적 편년에 대한 연구자별 시각에 차이가 크다는 점이다. 이것은 현재 우리 학계의 수면 아래에 잠재하고 있는 중요한 문제인데, 이 책에서도 최대한 편년 쟁점을 피하고자 노력하였음에도 인식의 차이가 드러나 있다. 우리 학계에서 편년 체계의 문제가 가장 심각하게 드러나는 시기가 청동기시대와 초기 철기시대인데, 이 책에서도 그러한 인식의 차이가 존재하는 것이다. 향후 관련 연구가 정립될 필요가 있다.

향후 추가적인 논의가 필요한 유구로는 망상구와 환호도 있다. 망상구에 대해서는 자연구와 인공 유구, 인공 유구이되 비 경작유구와 경작유구 등 다양한 해석이 단편적으로 제시되어 있는데, 아직 논의가 제대로 이루어져 있지 않다. 환호 또한 환호와 주거지군과의 관계, 성격, 조성과 폐기 시점에 대해 이견들이 상존한다. 이 책에서도 돌대문토기 단계와 천전리 유형기 전반 이후의 상반된 견해가 제기되었다. 환호의 성격에 대해서도 의례와 연관하여 해석하는 경향이 있지만, 정작 의례를 입증할 만한 부속적인 유구 현상이 확인되지 않고 있어 진전된 논의가 필요하다.

이 외에 최근 연구책임자가 특화하여 다룬 중도 LEGOLAND KOREA 조성부지에서 확인된 대규모 지석묘와 기타 유형 무덤의 시간성과 변모에 대해서도 보다 심도 있는 연구가 진행될 필요가 있다. 청동기시대의 유물, 유구도 향후 보다 심도 있는 연구가 진행될 부분은 많은데, 우리 학계가 지속적인 관심을 갖고 차근차근 풀어갈 문제라 생각한다. 철기시대와 관련해서는 이 책에서 다룬 주제와 관련한 향후의 보완점에 대해 언급하면 중도유형 토기의 속성 변화, 유적과 지역 및 시간군 간의 차이가 여전히 명료하지 않기에 이에 대한 진전된 가시적 분석이 필요하다고 생각한다.

어느 공동연구나 마찬가지이겠지만, 이 공동연구가 처음의 거창했던 기획을 모두 구현하였는지에 대해 연구책임자 또한 십분 자신하지는 못한다. 다만 이 공동연구에 참여한 연구자 모두 연구의 만전을 위해 나름 노력을 기울였고, 그 노력의 결과가 단행본으로 나오게 되었다. 끝으로 감사의 말씀을 전하고자 한다. 공동연구는 한국학중앙연구원의 연구비로 진행되었다. 연구책임자가 속한 한국학중앙연구원의 지속적인 지원이 없었다면 공동연구도 어려웠을 것이다. 이 외에 출판 전반을 담당하여 책의 완성도를 높여 준 한국학중앙연구원출판부 담당자에게도 감사의 뜻을 전하고자 한다.

2025년 12월

청계산 아래 운중동 문형관에서
공동연구자들을 대표하여
오강원 삼가 씀

차례

청동기시대 춘천분지 적색마연토기의 출현과 전개

- 중도LEGOLAND KOREA 조성부지 유적의 사례를 중심으로 -

오강원

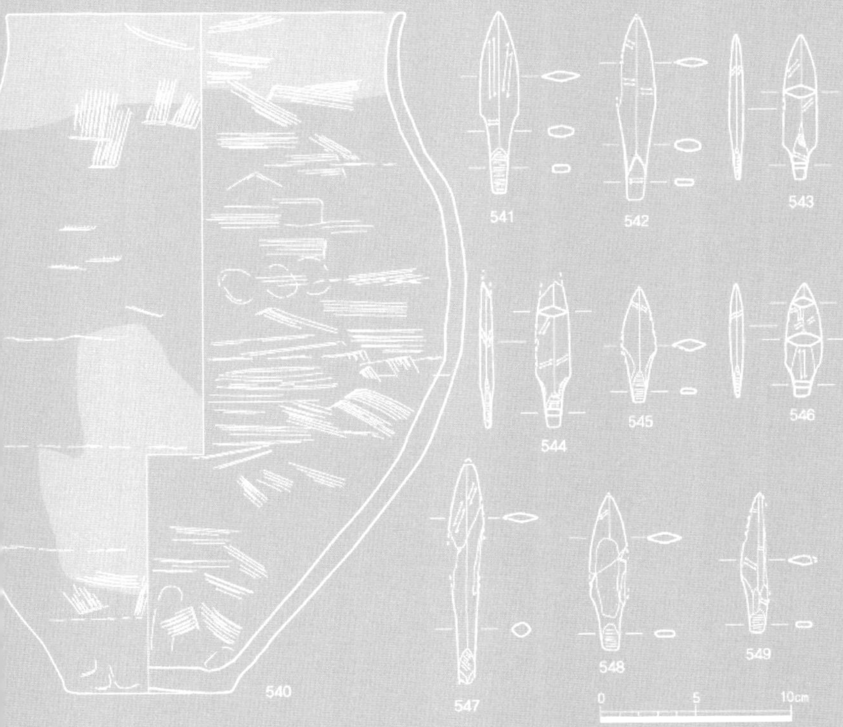

1. 머리말

춘천분지는 북한강 중상류단에 변성암과 화강암의 차별침식으로 종타원형으로 형성된 분지이다. 각각 춘천시의 북쪽과 동쪽에서 유입되어 춘천시 중앙부 서쪽에서 합류하는 북한강과 소양강의 장기간 홍수와 범람으로 분지 중심부에 자갈, 모래, 실트 등이 반복 퇴적되어 강원 영서지역, 특히 북한강 유역에서는 드물게 넓은 범람원(충적지)이 형성되었다. 샘밭범람원, 우두범람원, 신매범람원, 중도범람원, 근화범람원 등이 대표적이다. 이 범람원들은 배후 산지를 통한 목재 등 자원 취득과 충적지 앞의 하천을 통한 취수 등이 용이한 데다 밭농사 등 농경에 유리하여 일찍부터 대규모 취락이 들어섰다.

최근 20여 년 동안 춘천분지에서는 주목할 만한 대규모 발굴조사가 이루어졌다. 이 가운데 가장 주목할 것이 2013~2017년 7개 조사기관이 연합하여 공동으로 조사한 중도 LEGOLAND KOREA 조성부지 발굴조사이다. 이 기간 동안 청동기시대 주거지만 1,273기가 조사되었는데, 현재까지 남한지역 최대 청동기시대 취락 조사에 해당된다. 중도 LEGOLAND KOREA 조성부지 유적은 7개 기관이 같은 수준과 조사 방식을 적용하여 전 유구를 조사하였기에 조사기관의 차이에 따른 변수와 변이가 상대적으로 적다는 장점이 있다. 중도 LEGOLAND KOREA 조성부지에서는 각종 무문토기와 석기군과 함께 적색마연토기가 조사되었다.

중도 LEGOLAND KOREA 조성부지 조사 이전에도 천전리, 우두동, 신매리 유적 등지에서 적색마연토기가 조사되었다. 그러나 대부분 소규모 조사에서 분산적으로 조사된 것이거나, 유구와 동시적인 관계에 있지 않거나 완형이 매우 드물어 속성을 완벽하게 파악하기 어려운 것들이었다. 이에 반해 중도 LEGOLAND KOREA 조성부지에서는 시기별로 다양한 완형 적색마연토기가 조사되어 춘천분지 적색마연토기의 실상을 온전하게 파악할 수 있는 여건이 마련되었다. 여기에서는 이러한 점을 고려하여 중도 LEGOLAND KOREA 조성부지를 중심으로 하되 주변 유적 정황을 복합하여 춘천분지 적색마연토기에 대해 분석하고자 한다.

2. 유형 분류와 전개

1) 유형 분류

중도 LEGOLAND KOREA 조성부지를 중심으로 한 춘천분지에서 확인되는 적색마연토기[1]의 기종으로는 대부토기, 호, 호형토기, 완, 천발이 있다. 이 가운데 호는 목이 있는 일체의 호류를 일괄한 넓은 개념으로 경부의 속성에 따라 몇 개의 하위 기종으로 분류된다. 춘천분지에서 유구와 동시적 관계를 이루며 출토된 호류에는 사직경호, 직경외반구연호, 곡경호[2] 세 유형이 있다. 사직경호는 견부와 경부의 경계가 뚜렷하고 경부가 구연까지 직선으로 진행하는 것을, 곡경호는 견부부터 구연부까지 곡선형인 것을, 직경외반구연호는 경부 길이와 상관없이 사직경호와 곡경호의 중간 속성인 것을 말한다.

그런데 춘천분지의 적색마연호와 관련하여 일반적인 호, 호형토기와 유사하면서도 어느 하나와 일치하지 않는 특수 기형의 호가 있다. 중도 LEGOLAND KOREA 조성부지 D2·3 100호 주거지의 대형 적색마연토기가 그러하다. 이 토기는 구연 단부가 결실되어 있어 구연의 완전한 형태가 분명치 않으나, 경부의 진행 방향과 기벽의 감소 현상 등을 고려할 때, 구연 단부 일부만이 결실된 거의 완형에 가까운 토기로 생각된다. 그런데 이 토기는 장동에 가까운 동체부, 동최대경 위치(동체 중상단), 경부의 넓은 횡폭비, 크기(기고 48cm)에서 같은 시기와 그 이후 시기에 사용된 일반적인 호와

1 춘천분지의 적색마연토기는 남강 등 한반도 남부지역의 전형적인 선홍색 적색마연토기가 드물다. 어떤 경우는 일반 마연토기와 구분되지 않는 경우도 있다. 이러한 독특한 지역색으로 인해 보고자가 분류한 적색마연토기 가운데 실상 일반 마연토기가 섞여 있을 가능성도 있다. 그러나 여기에서는 통계의 오류를 그나마 줄이는 미봉책으로 보고자가 분류한 적색마연토기 분류에 따랐음을 특별히 밝혀둔다.

2 최근 金美暎(2024, 『嶺南地域 青銅器時代 喪葬用 赤色磨研壺 研究』, 영남대학교 박사학위논문, 38쪽)은 경상도지역 무덤 출토 적색마연호를 외경호, 내경호, 직경호, 곡경호로 분류하였는데, 여기에서는 춘천분지 호의 특성을 감안하여 춘천분지 분석에 한해 곡선 외반하는 구경부 속성을 보이는 모든 호류와 여기에 더해 소수의 옹형을 곡경호로 명명하였음을 밝혀둔다.

뚜렷하게 구분된다.

이와 같은 대형 호는 적색마연만 되지 않았을 뿐, 기형만을 고려하면 일일이 예거하기 어려울 정도로 남한 각지의 전기 주거지를 중심으로 확인된다. 이와 같은 현상은 춘천분지 내에서도 마찬가지이다. 다만 이와 같은 기종에 적색마연이 이루어진 사례는 흔치 않은 것으로 생각된다. 합천 봉계리 채집품과 부산 연지동 1호 주거지에서 중도 LEGOLAND KOREA 조성부지 적색마연 대형 호와 상당히 유사한 적색마연호가 확인된 것으로 보아 이와 같은 기종의 남쪽 하한계선이 부산까지인 것으로 판단된다. 이러한 점들을 고려할 때 이를 일반적인 호와 구분하여 '대형 호'로 기종 구분할 필요가 있다.

호형토기는 중도 LEGOLAND KOREA 조성부지를 포함하여 춘천분지의 주거지 등에서 흔히 확인되는 무문호형토기와 기형이 같다. 차이점이라면 기표에 적색마연이 이루어졌다는 점뿐이다. 청동기시대 춘천분지 등 북한강 유역에서 넓게 확인되는 호형토기의 기종적 속성에 대해서는 상식적인 인식이 공유되고 있으므로 적색마연호형토기의 기형적 특성에 대해서는 별도 언급하지 않아도 될 것이다. 다만 호형토기 가운데서도 적색마연된 것들은 모두 동최대경이 견부에 있고 구연의 횡폭비가 넓으며 견부부터 저부까지의 신부가 호선을 이루며 장동을 이루는 공통점을 보인다.

춘천분지를 포함하여 북한강 유역에서 폭넓게 확인되는 호형토기 가운데 왜 광견장동대구(廣肩長胴大口)의 형태적 속성을 갖는 호형토기만, 또는 이러한 기형을 중심으로 한 호형토기 일부에만 적색마연이 이루어졌는지는 불분명하다. 춘천분지와 마찬가지로 북한강 수계에 있는 화천지역의 경우 거례리 1지구 3구간 3호 주거지처럼 춘천분지와 같은 광견장동대구의 호형토기에 적색마연이 이루어진 것도 있지만, 거례리 1지구 3구간 42호 주거지처럼 일반적인 장동의 호형토기에 적색마연이 이루어진 것도 있다. 아무튼 춘천분지의 경우 적색마연호형토기가 기형적으로 단일하다는 것만은 분명하다.

대부토기는 과거 두,[3] 고배,[4] 대부소호·대부발·고배,[5] 굽다리토기,[6] 대부토기,[7] 대부호[8] 등으로 불리던 토기이다. 신부 이하에 대각이 달려 있다는 점에서 두·두형토

3 姜仁求·李健茂·韓永熙·李康承, 1979, 『松菊里 I-本文·圖版-』, 國立中央博物館, 124쪽.

4 林炳泰·崔恩珠·金武重·宋滿榮, 1994, 『渼沙里』 3, 渼沙里先史遺蹟發掘調査團·京畿道公營開發事業團, 88쪽.

5 李南奭·李勳·李賢淑, 1998, 『白石洞遺蹟』, 公州大學校博物館·忠淸南道 天安市, 432쪽.

6 姜秉學, 2005, 「한반도 선사시대 굽다리토기 연구」, 『古文化』 66, 6쪽.

7 김지현, 2010, 「청동기시대 전기의 대부토기에 대한 검토-대부토기의 기원을 중심으로-」, 『고고학』 9-2, 7쪽; 宋滿榮, 2013a, 「강원 영서, 영동지역 적색마연토기의 편년과 계보」, 『야외고고학』 16, 39쪽.

기·고배 등과 유사하지만, 대각의 크기와 형태 및 구조가 신부에 비해 매우 좁고 낮으며 작거나, 또는 비실용적으로 좁고 긴 원통형을 이룬다는 점에서 큰 차이를 보인다. 여기에서는 '대부토기'의 '대'가 대각이 형성되어 있는 모든 류의 토기를 지칭하는 어폐가 있기는 하지만, 일반적인 두 등과 구분되는 이종의 토기를 지칭하는 개념으로서 기존에 제시된 용어 가운데 대부토기라는 용어를 사용하고자 한다.

중도 LEGOLAND KOREA 조성부지를 중심으로 한 춘천분지에서는 이정민의 사선대각형(A형-낮은 것, 높은 것),[9] 직선대각형(B형-낮은 것, 높은 것), 곡선대각형(C형)이 모두 확인된다. 대각과 조합하는 기형으로는 발형[10]과 옹형심발[11]이 있는데, 조동리식의 직선대각이 확인되므로 조동리식 대부토기의 기형 또한 있었을 가능성이 있다. 다만 중도 LEGOLAND KOREA 조성부지와 같이 대규모로 조사된 대형 유적에서 조동리식 대부토기의 신부(단경호 또는 옹형토기)가 잘 확인되지 않는 것으로 보아 신부까지 고려한 개념으로서의 전형적인 조동리식 대부토기가 성행하지 않았던 것으로 보인다.

이 외에 춘천분지의 적색마연토기 기종으로는 천발과 완도 있다. 일반적으로 기벽이 저부에서 구연까지 직선적으로 벌어지는 것을 천발, 저부에서 구연까지 C자형으로 곡선을 이루고 있으면서 구연이 내만한 것을 완으로 구분하고 있다. 그런데 이와 같은 기준에 의해 분류된 완과 천발이 실제 기능적으로 천발이나 완으로 사용되었는지는 현재로서는 알 길이 없다. 이 외에 중도 LEGOLAND KOREA 조성부지 C1-123호 주거지 등처럼 기고가 낮으면서 기벽의 형태가 직선과 곡선의 중간형을 띠고 있는 것들은 완과 천발 모두에 연결되는 성격을 보이기도 하다. 따라서 여기에서는 두 기종을 모두 천발로 일괄하고자 한다.

여기에서는 이러한 기종 기형에 대한 인식을 바탕으로 하여 중도 LEGOLAND KOREA 조성부지를 중심으로 한 춘천분지의 적색마연토기를 대부토기(A형), 대형 호

8 安在晧, 2002,「赤色磨研土器의 出現과 松菊里式土器」,『韓國 農耕文化의 形成』, 학연문화사, 145쪽.

9 이정민은 3cm를 기준으로 낮은 것과 높은 것을 구분하였는데(이정민, 2022,「청동기시대 경기지역 적색마연토기 연구」, 한국학중앙연구원 한국학대학원 석사학위논문, 17쪽), 춘천분지에서 확인되는 대부토기가 대부분 5~6.5cm와 3cm 전후의 길이므로, 여기에서는 5cm를 기준으로 잡았다.

10 송만영은 동최대경에서 구연단까지 곡선내만한 것을 완, 사선적으로 조여진 것을 발로 구분하였는데(宋滿榮, 2013a, 앞의 글, 39~40쪽), 그가 완으로 본 표본들은 기형이 곡선내만한다는 점을 빼고는 배의 깊이, 구연의 상승도 등에서 일반적인 완과 뚜렷하게 구분된다. 따라서 여기에서는 송만영이 완과 발로 구분한 기형 모두를 발로 일괄하고자 한다.

11 춘천 우두동 30호 주거지 출토 완형 갈색마연토기와 같은 신부 기형을 말한다. 우두동 30호 주거지의 토기는 장동이라는 점에서 심발형토기의 속성을 갖추고 있으면서 구연이 짧게 외반되어 있다는 점에서 옹형의 속성을 보인다. 여기에서는 이러한 속성을 복합하여 옹형심발이라 특칭하였다.

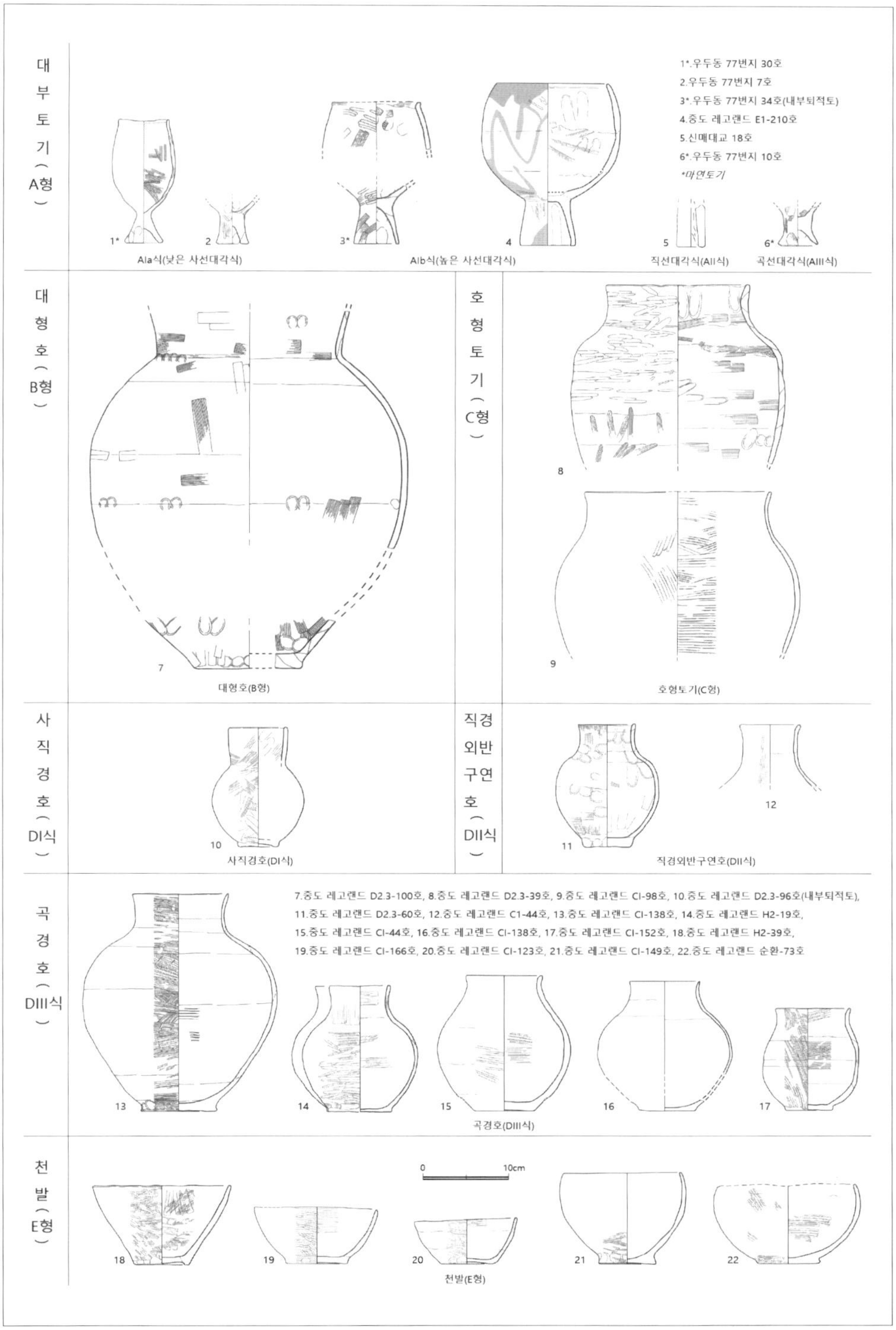

〈그림 1〉 춘천분지 적색마연토기 유형분류안

(B형), 호형토기(C형), 호(D형), 천발(E형)로 5대분 하고자 한다. 이 가운데 대부토기(A형)는 이정민의 분류를 참고하여 낮은 사선대각(AⅠa식), 높은 사선대각(AⅠb식), 낮은 직선대각(AⅡa식), 높은 직선대각(AⅡb식), 곡선형대각(AⅢ식)으로, 호(D형)는 사직경호(DⅠ식), 직경외반구연호(DⅡ식), 곡경호(DⅢ식)로 세분하고자 한다. 이와 같은 유형 분류는 춘천분지만을 대상으로 한 것이기에 같은 북한강 수계라도 주변 지역까지 포함할 경우, 기종과 형식의 증가가 필요할 수도 있다.

2) 전개

최근 20여 년간 춘천분지의 주요 범람원에 대한 대규모 발굴조사가 진행되었다. 그 결과 춘천분지의 청동기시대 취락과 무덤에 대한 유형적 인식과 거시적인 편년 작업이 이루어지게 되었다.[12] 그런데 그간의 연구는 춘천분지의 청동기시대 유적군을 거시적으로 유형화하고 편년 방식을 적용하였는데, 이와 같은 방식은 춘천분지 물질문화의 거시적인 경향성을 파악하는 데는 편리하지만 세부적인 변천 관계와 획기를 정확하게 반영하지 못하는 단점도 있다. 즉, 기존 연구로는 공렬토기 단계가 구분 없이 장기로 설정될 수밖에 없어 세밀한 획기가 어려운 한계가 있었다.

이러한 점과 함께 기존 연구에서는 거시적인 측면에서 남한, 중부지역, 강원도, 춘천분지의 물질 양상을 설명하는 가운데 춘천분지 내의 인상적인 유구 일부를 선별하여 설명하는 방식을 채용하고 있는데, 이러한 방식은 대체와 경향성을 설명하는 데는 유리하지만 아무래도 전체의 유구군을 기반으로 한 세밀한 획기에는 오류가 생길 수밖에 없다. 이러한 문제를 극복하기 위해서는 춘천분지에서 조사된 모든 청동기시대 유구군을 편년체계 구축을 최종 목표로 하여 전수 분석하되, 1차로는 단일 유적을 소획기하고 2차로는 유적 간의 획기를 조정하는 방식을 통해 전체 춘천분지의 획기와 편년을 구축할 필요가 있다.

필자는 이러한 인식 아래 천전리, 우두동, 신매리, 금산리, 현암리, 중도(LEGO-LAND KOREA 조성부지 조사 이전), 지내리, 거두리 등에서 조사된 청동기시대 유구군을 위의 방식에 따라 전수 분석한 뒤 춘천분지 전체의 청동기시대 획기안과 편년체계

12 鄭元喆, 2007,「강원 영서지역 청동기시대의 편년 연구-주거지 출토 무문토기를 중심으로-」,『韓國上古史學報』56; 金權中, 2008,「江原 嶺西地域 靑銅器時代 住居址와 聚落 構造의 變遷」,『韓日聚落研究會 第4回 共同研究會 發表文集 : 한일취락의 연구-생산유적과 취락유적-』, 韓日聚落研究會; 宋滿榮, 2013a, 앞의 글.

를 구축한 적이 있다.[13] 그런데 중도 LEGOLAND KOREA 조성부지 발굴조사 이전 위의 유적들은 조사자에 따라 주거지 내 유물 출토 수직 위치에 대한 정확한 정보가 부족하거나 토층에 대한 구분과 설명이 달라지는 일정한 편차가 존재하여 수평적인 비교에 어려운 점이 있었다. 이러한 까닭에 당시 오류를 피하기 위해 바닥면을 절대 중심으로 하여 분석하였다.

이에 반해 최근 조사된 중도 LEGOLAND KOREA 조성부지는 여러 기관이 제한된 기간에 공동으로 연합하여 같은 방식을 적용하여 조사하였다는 점에서 유적 간의 편차가 나름 최소화되어 있다. 중도 LEGOLAND KOREA 조성부지는 2013~2017년 7개 조사기관이 연합하여 연속적으로 조사하였는데, 이 기간 총면적 600,792m^2에서 청동기시대만 주거지 1,273기와 무덤 150기를 포함하여 전체 유구 2,205기, 유물 6,476점이 조사되었다. 중도 LEGOLAND KOREA 조성부지 유적은 전기 후반의 유구군이 확인되지 않는다는 점을 빼고는 그 전후 모든 시기의 유구가 시간적인 공백없이 대규모이자 연속적으로 조성되어 있다.

춘천분지에서 기존에 확인된 적색마연토기는 대부토기의 일부 형식을 제외한 나머지 대부분 중도 LEGOLAND KOREA 조성부지에서 출토되었다. 물론 춘천분지의 다른 유적들에서도 적색마연토기가 일부 확인되었지만, 대부분 LEGOLAND KOREA 조성부지의 획기에 대응되는 것들이다. 이 외에 LEGOLAND KOREA 조성부지의 적색마연토기는 일부 지점을 뺀 나머지 대부분이 유구와의 동시적 관계를 파악할 수 있게 보고되어 있다. 여기에서는 이러한 점을 고려하여 기존 필자의 중도 LEGOLAND KOREA 조성부지 획기안[14]을 기준으로 하되, 전기 후반은 다른 유적을 참고하여 보완하는 방식으로 춘천분지 적색마연토기의 전개를 살펴보고자 한다.

중도 LEGOLAND KOREA 조성부지의 획기는 다음과 같다. 중도 제I단계(기원전 11세기)는 돌대문토기, 이중구연토기, 환저토기 등이, 제II단계(기원전 10세기)는 대형 방형·단장방형 위석식노지+무시설식노지 주거지와 기존 토기 외에 사직장경호 등이, 제III단계(기원전 9세기)는 소형 방형·단장방형 무시설식노지 주거지와 기존 토기 외에 구순각목문토기와 공렬토기 등이, 제IV-1단계(기원전 6세기)는 소형 방형·단장방형 무시설식노지 주거지와 공렬문토기, 적색마연토기, 호형토기, 비파형동검, 각종의 석검·석창·석촉 등이, 제IV-2단계(기원전 5세기)는 중형 방형·단장방형·장방형·점토다짐면 무시설식노지 주거지 등이 조합하는 단계이다.

13 吳江原, 2016, 「청동기~초기 철기시대 춘천분지 일원 유적의 획기와 편년」, 『韓國青銅器學報』 19.

14 吳江原, 2023, 「춘천 중도 청동기시대 주거지군의 획기와 전개」, 『湖西考古學』 54.

〈표 1〉 중도 LEGOLAND KOREA 조성부지 주거지군의 획기와 편년(吳江原, 2023: 63)

단계		연대	주요 주거지	주요 유물
Ⅰ	1	BC.11초~전	소형 방형 무시설식노지 주거지	돌대문토기, 이중구연토기, 환저토기, 무경식석촉…
	2	BC.11 중~말	대형 방형 위석식노지 주거지	돌대문토기, 이중구연토기, 환저토기, 적색마연토기, 무경식석촉…
Ⅱ		BC.10	대형 방형·단장방형 위석식노지+무시설식노지 주거지	돌대문토기, 이중구연토기, 구연외각목문토기, 환저토기, 적색마연토기, 사직장경호, 무경식석촉…
Ⅲ		BC.9	소형 방형·단장방형 무시설식노지 주거지	기존 토기+구순각목문토기, 공렬토기, 무경식석촉, 유엽형석촉, 일단경식석촉…
Ⅳ	1	BC.6	소형 방형·단장방형 무시설식노지 주거지	공렬문토기, 적색마연토기, 단경호, 장동호형토기, 정가와자식 비파형동검, 유경식석검, 편경석창, T자형경석창, 무경식석촉, 일단경식석촉, 세장유엽형석촉, 능형석촉…
	2	BC.5	중형 방형·단장방형·장방형 점토다짐면 무시설식노지 주거지	공렬문토기, 구순각목문토기, 적색마연토기, 단경호, 장동호형토기, 유경식석검, 일단병식석검, 편경석창, T자형경 석창, 무경식석촉, 일단경식석촉, 세장유엽형석촉, 능형석촉…
Ⅴ	1	BC.4	대형 세장방형 점토다짐면 무시설식노지 주거지	공렬문토기, 적색마연토기, 장동호형토기, 선형동부, 유경식석검, 변형T자형경 석창, 무경식석촉, 능형석촉…
	2	BC.3초~3후	중형 방형·단장방형 점토다짐면 무시설식노지 주거지	공렬문토기, 적색마연토기, 장동호형토기, 원형점토대토기…
Ⅵ		BC.3말~2중	소형 방형 무시설식노지·무노지 주거지	공렬문토기, 장동호형토기, 원형점토대토기, 흑색마연토기…

중도 LEGOLAND KOREA 조성부지 제Ⅴ-1단계(기원전 4세기)는 대형 세장방형 점토다짐면 무시설식노지 주거지와 공렬문토기, 적색마연토기, 장동호형토기, 선형동부, 유경식석검, 변형T자형경 석창, 무경식석촉, 능형석촉 등이, 제Ⅴ-2단계(기원전 3세기 초엽~후엽)는 중형 방형·단장방형 점토다짐면 무시설식노지 주거지와 공렬문토기, 적색마연토기, 장동호형토기, 원형점토대토기 등이 조합하는 단계이다. 가장 마지막의 제Ⅵ단계(기원전 3세기 말엽~2세기 중엽)는 소형 방형 무시설식노지·무노지 주거지와 공렬문토기, 장동호형토기, 원형점토대토기, 흑색마연토기 등이 조합하는 단계이다.

그러면 이하 춘천분지 적색마연토기 각 형식의 출현과 전개에 대해 살펴보기로 하겠다. 먼저 대부토기 가운데 낮은 사선대각식(AⅠa식)은 중도에서는 확인되지 않는다. 그런데 춘천분지 전체와 마연토기까지를 고려하면, 주거지와 동시성이 인정되는 것으로 우두동 77번지 19호 장방형(추정) 원형 위석식노지 주거지의 흑갈색마연대부토기 대각편, 우두동 77번지 7호 장방형(추정) 수혈식노지 주거지의 적색마연대부토기

대각편, 우두동 77번지 30호 세장방형(추정) 점토다짐면 주거지의 갈색마연대부옹형 심발이 있다. 우두동 77번지 19호 주거지에서는 구순각목공렬토기편, 토제 타원형어망추, 이단경식석촉편, 장주형석도 등이 출토되어 중도 LEGOLAND KOREA 조성부지에 빠져 있는 전기 후반으로 획기된다.

다만 아직 춘천분지에서 우두동 77번지 19호보다 이른 시기의 공반관계가 확실한 유물이 확인되지 않았다. 그렇지만, 춘천분지보다 북쪽에서 위치한 지역, 특히 강원 영서는 물론 영동지역 대부토기의 원류지로 여겨지는 두만강유역에서 대부토기의 초현 형식이 사선대각식(AI식)이라는 점,[15] 중도의 높은 사선대각식(AIb식)의 대각 및 신부 제작방식이 기술적으로 매우 정제되어 있다는 점, 조동리식 대부토기의 대각 변천 관계가 낮은 것에서 높은 것으로 변천한다는 점 등을 고려할 때, 중도 I-2단계에 AIa식과 AIb식이 병존하고 있었을 것으로 생각된다.

AIa식의 하한은 우두동 77번지 30호 주거지를 통해 가늠해 볼 수 있다. 이 주거지에서는 구순각목공렬토기편, 구순각목문토기편, 심발형토기 구연부편 외에 남단 벽 직상층에서 납석제 입주부검병두식이 출토되었다. 이 검병두식은 평면 능형 대좌 중앙에 입주가 있고, 입주에 9행 4열의 방대형 돌기가 새겨져 있다. 이와 같은 검병두식은 필자의 봉릉리식(KIIa식)에 속하는 것으로,[16] 보성 봉릉리, 안동 지례리 19호 지석묘 등에서 유경식석검과 조합 관계를 이루며 출토되었다. 춘천에서는 칠전동에서 철광석제가 채집되기도 했다. 이러한 점들을 고려할 때, 하한을 중도 V-1기 즈음으로 볼 수 있다.

대부토기 가운데 높은 사선대각식(AIb식)은 중도 I-2단계 E1-202호 대형 장방형 석상위석식노지 주거지에서 5점이 한 곳에서 집중 출토된 것이 최초이다. 중도 제II단계에서는 C1-61호 중형 단장방형 석상위석식노지+수혈식노지 주거지에서 동체부편 1점, D2·3-47호 대형 장방형 초석 주거지에서 구연-동체부편 1점, 중도 제III단계에서는 E1-210호 소형 방형 지면식노지 주거지에서 완형 1점이 출토되었는데, 그 이후부터는 확인되지 않는다. 이러한 현상은 춘천분지의 다른 유적에서도 마찬가지이다. 따라서 높은 사선대각식(AIb식)은 춘천분지에서 중도 제I-2단계에서 제III단계의 기간 동안만 존속하였던 것으로 볼 수 있다.

대부토기 가운데 직선대각식(AII식)은 신매대교 18호 장방형 점토다짐면 주거지의 내부 퇴적층에서 출토된 대각편 1점만이 있다. 출토 사례도 거의 없고 그나마 내부 퇴

15 무산 호곡동 유적에서는 1기층부터 적색마연대부토기가 출현하는데, 대각 형식이 낮은 사선대각식(AIa식)이다.

16 오강원, 2004, 「遼寧~韓半島地域 琵琶形銅劍과 細形銅劍의 劍柄頭飾 研究」, 『東北亞歷史論叢』 2, 33쪽.

적층에서 출토되어 시기를 특정하기 어렵다. 따라서 춘천분지에서는 유행하지 않은 형식이라 할 수 있다. 주지하다시피 대부토기 직선대각식은 강원 영동지역, 경기지역, 남한강 유역, 아산만 일원 등 중부지역에서 폭넓게 확인된다. 따라서 춘천분지 가운데서도 신매범람원에 조성된 일부 주거지의 내부 퇴적토에서 예외적으로 확인된 표본의 시간성을 파악하기 위해서는 춘천분지 이외의 주변 지역 출토 정황을 살펴볼 필요가 있다.

춘천분지 이외 지역에서는 특히 남한강 본류와 그 지류역을 주 분포역으로 하여 그와 인접한 주변 지역에서 확인된다.[17] 강원 영동지역의 사례로는 속초 조양동 3호 주거지 등을, 경기지역의 사례로는 하남 미사리 숭실대 A-3호 주거지·여주 흔암리 1호 주거지 등을, 강원 영서지역의 사례로는 평창 약수리 B-6호 주거지·평창 주진리 1호 주거지·영월 주천리 7호 주거지·충주 조동리 1호 주거지 등을, 아산만 일원의 사례로는 아산 용두리 산골 2-1지점 8호 주거지 등을 들 수 있다. 이러한 종류의 대부토기는 조동리 1호 주거지 출토를 전형으로 하는데, 기형의 일체성이 높은 편이다.

이 주거지들은 영월 주천리 7호 중형 단장방형 위석식노지 주거지처럼 이보다 이른 단계의 주거 속성인 장방형 위석식노지가 지속되는 경우도 있지만, 돌대문토기 단계의 전형적인 조합 관계가 변형, 해체된 다음 단계의 유물군이 조합한다는 점에서 유사하다. 주천리 7호의 경우 구순각목공렬문심발형토기, 사장경호, 무경식석촉, 이단경식석촉, 주형석도 등이 출토되었다. 남한강 유역은 시공간성에 대한 견해 차이를 떠나 송만영과 김권중이 조동리유형으로 유형화하였는데,[18] 이 유적군은 중도 Ⅲ단계와 그 직후에 해당된다. 여기에서는 춘천분지가 유행지가 아니라는 점을 감안하여 전기 후반으로 보고자 한다.

대부토기 가운데 곡선대각식(AⅢ식) 또한 중도 LEGOLAND KOREA 조성부지에서는 확인된 것이 없고, 우두동 77번지 10호 장방형 위석식노지 주거지의 내부 퇴적토에서 출토된 1점이 있다. 이 주거지는 유구 삭평과 중복으로 인해 주거지 일부만이 조사되었는데, 그나마 출토 유물 모두 주거지와 동시적 관계가 있지 않은 내부 퇴적토에서만 확인되었다. 강원 영서지역과 인접하여 있는 경기지역의 적색마연대부토기 가운데 곡선대각형이 가장 늦은 시기에 출현하여 유행한다는 견해를 고려할 때,[19] 춘천분

17 辛壽和, 2015, 「남한강유역 청동기시대 토기 연구」, 『韓國青銅器學報』 11, 94쪽; 부승아, 2022, 「중부지역 청동기시대 적색마연토기 연구-생산, 유통, 소비 양상을 중심으로-」, 『한국고고학보』 1, 16쪽.

18 송만영, 2013b, 「欣岩里式 土器 發生의 再檢討」, 『韓國上古史學報』 79, 15쪽; 김권중, 2016, 「早洞里類型의 時·空間的 正體性」, 『고고학』 15-1, 10쪽.

19 이정민, 2022, 앞의 글, 30쪽.

지에서도 그와 유사한 시기로 판단된다. 여기에서는 중도 제Ⅳ단계로 보고자 한다.

대형 호(B형)는 중도 제Ⅱ단계에서만 확인된다. D2·3-100호 중형 단장방형 불규칙 장방형 석상위석식노지 주거지 출토가 그러한데, 춘천분지에서 대형 호는 중도 제Ⅱ단계에 출현하여 그 이후 시기에도 한동안 이른 단계의 유물군과 조합 관계를 이루며 무문토기로 제작된다. 그러나 적색마연토기의 기종으로 채택되는 것은 아직까지 제Ⅱ단계에서만 확인된다. 따라서 적색마연대형호의 춘천분지에서의 구순각목 요소는 중도 제Ⅱ단계에 해당된다. 매우 짧은 기간 동안만 존속하였던 특수한 사례에 해당한다고 할 수 있는데, 남한지역에서는 부산 연지동 1호 주거지 등에서 알 수 있듯이 주로 경상도 연해 지역에서 확인된다.

호형토기(C형)는 대부분이 중도 제Ⅳ-2단계에 집중되어 있다. C1-93호 주거지, C1-138호 주거지, C1-98호 주거지, D2·3-39호 주거지, D2·3-83호 주거지, 순환-64호 주거지 출토가 그러하다. 그렇지만 그 초현은 D1-6호 주거지의 구연-동체부편으로 보아 중도 제Ⅲ단계로까지 상향된다. 또한 H2-4호 주거지의 사례로 보아 중도 제Ⅳ-1단계에도 적색마연호형토기가 확인된다. 만약 마연호형토기까지 고려한다면, 이와 같은 형식의 하한은 중도 제Ⅴ-2단계까지가 된다. 다만 중도 제Ⅴ단계부터는 전형적인 적색마연호형토기의 확실한 사례가 확인되지는 않는다. 따라서 적색마연호형토기의 구순각목 요소는 중도 제Ⅲ단계부터 제Ⅳ-2단계까지인데, 혹 제Ⅴ-2단계까지도 내려갈 가능성은 있다.

사직경호(DⅠ식)는 기존에 평저장경호라 부르던 것을 말한다. 적색마연사직경호는 지역을 불문하고 각 지역의 이른 단계성을 보인다. 이와 같은 양상은 중도 LEGOLAND KOREA 조성부지를 뺀 춘천분지의 다른 유적군을 대상으로 획기한 공반단계에서도 확인된다.[20] 이와 같은 경향성은 중도 LEGOLAND KOREA 조성부지 조사 결과까지 합쳐도 변하지 않는데, 적색마연토기의 기종으로 선택되는 것은 중도 제Ⅲ단계에 한정되어 있다. 중도 LEGOLAND KOREA 조성부지에 전기 후반 유구군이 결여되어 있다는 것을 감안할 때, 춘천분지에서의 적색마연사직경호의 구순각목 요소는 중도 제Ⅲ단계를 포함한 전기 단계 이전 기간이라 할 수 있다.

직경외반구연호(DⅡ식)는 D2·3-60호 단장방형 점토다짐면 지면식노지 주거지와 C1-44호 단장방형 점토다짐면 수혈식노지 주거지 등이 있다. 동체부가 원구형에 가까운 대신 동최대경이 견부로 상향되어 있다든지, 견부와 경부의 경계가 곡선으로 처

20 吳江原, 2023, 앞의 글, 26, 39쪽.

리되어 있다든지, 경부가 직경을 이루지만 구연부가 비스듬히 바깥으로 벌어져 있다든지 하는 점에서 사직경호(DⅠ식)와 차이를 보인다. 구연, 경부, 동체 등의 속성이 사직경호와 곡경호의 중간에 해당되어 분류하였지만 출토 사례가 매우 희소하다. 중도 LEGOLAND KOREA 조성부지의 사례를 고려할 때, 중도 제Ⅳ-2단계를 중심으로 그 전후에 걸쳐 있었을 것으로 생각된다.

곡경호(DⅢ식)는 세부 속성에 따라 몇 가지 형식으로 세분할 수 있으나, 사전 분석 결과 변화의 규칙성이 찾아지지 않아 일괄하였다. 중도 LEGOLAND KOREA 조성부지만을 기준으로 할 때, 중도 제Ⅳ-1단계부터 제Ⅵ단계까지 모두 확인된다. 중도 LEGOLAND KOREA 조성부지에서 확인되지 않는 춘천분지의 전기 후반에 해당되는 유적군에서도 적색마연곡경호가 확인되지 않는 것으로 보아, 중도 LEGOLAND KOREA 조성부지에서의 현상이 춘천분지 전체와 부합할 것으로 판단된다. 제Ⅵ단계는 완형 적색마연곡경호가 확인되지는 않는데, 잔존 상태로 보아 동중위에서 구연까지가 세장하게 연장되어 있는 특이 곡경호도 확인된다.

끝으로 천발(E형)은 소형 기종이자 일상기임에도 불구하고 일찍부터 확인된다. 중도 제Ⅲ단계 사직경호가 적색마연토기의 기종으로 선택되는 것과 동시에 천발 또한 적색마연토기의 기종으로 선택된다. 관련 표본으로는 C1-166호 소형 단장방형 수혈식노지 주거지가 있다. 적색마연천발의 확실한 하한은 중도 제Ⅴ-1단계에 속하는 C1-149호 대형 세장방형 점토다짐면 수혈식노지 주거지이다. 이후 시기에는 확정적인 사례가 보이지 않는데, 획기가 확실치 않은 순환-73호 중형 단장방형 점토다짐면 수혈식노지 주거지 등의 사례로 보아 제Ⅴ-2단계까지는 지속되었을 것으로 여겨진다.

정리하면, 춘천분지의 적색마연토기는 낮은 사선대각식 대부토기(AⅠa식), 높은 사선대각식 대부토기(AⅠb식), 직선대각식 대부토기(AⅡ식), 곡선대각식 대부토기(AⅢ식), 대형 호(B형), 호형토기(C형), 사직경호(DⅠ식), 직경외반구연호(DⅡ식), 곡경호(DⅢ식), 천발(E형)이 있다. 춘천분지 최초의 적색마연토기는 Ⅰ-2단계에 처음 초현하는데, 낮은 사선대각식과 높은 사선대각식이 초현기 형식이다. 이 가운데 낮은 사선대각식은 성행하지는 않았지만 중도 Ⅴ-1단계까지 지속된 것으로 여겨진다. 반면 높은 사선대각식은 중도 제Ⅰ-2단계부터 Ⅲ단계의 기간에만 제작되어 시간적으로 제한적인 양상을 보인다.

직선대각식 대부토기는 춘천분지에서 거의 제작되지 않았지만, 전기 후반 신매리 등지에서는 예외적으로 제작되었다. 곡선대각식 또한 춘천분지에서는 예외적인 경우에 해당되는데, 중도 제Ⅳ단계에 외부 형식이 일시적으로 영향을 끼쳐 출현한 것으로 여겨진다. 대형 호(B형)는 제Ⅱ단계에만 확인되는 반면, 호형토기(C형)는 중도 제Ⅳ

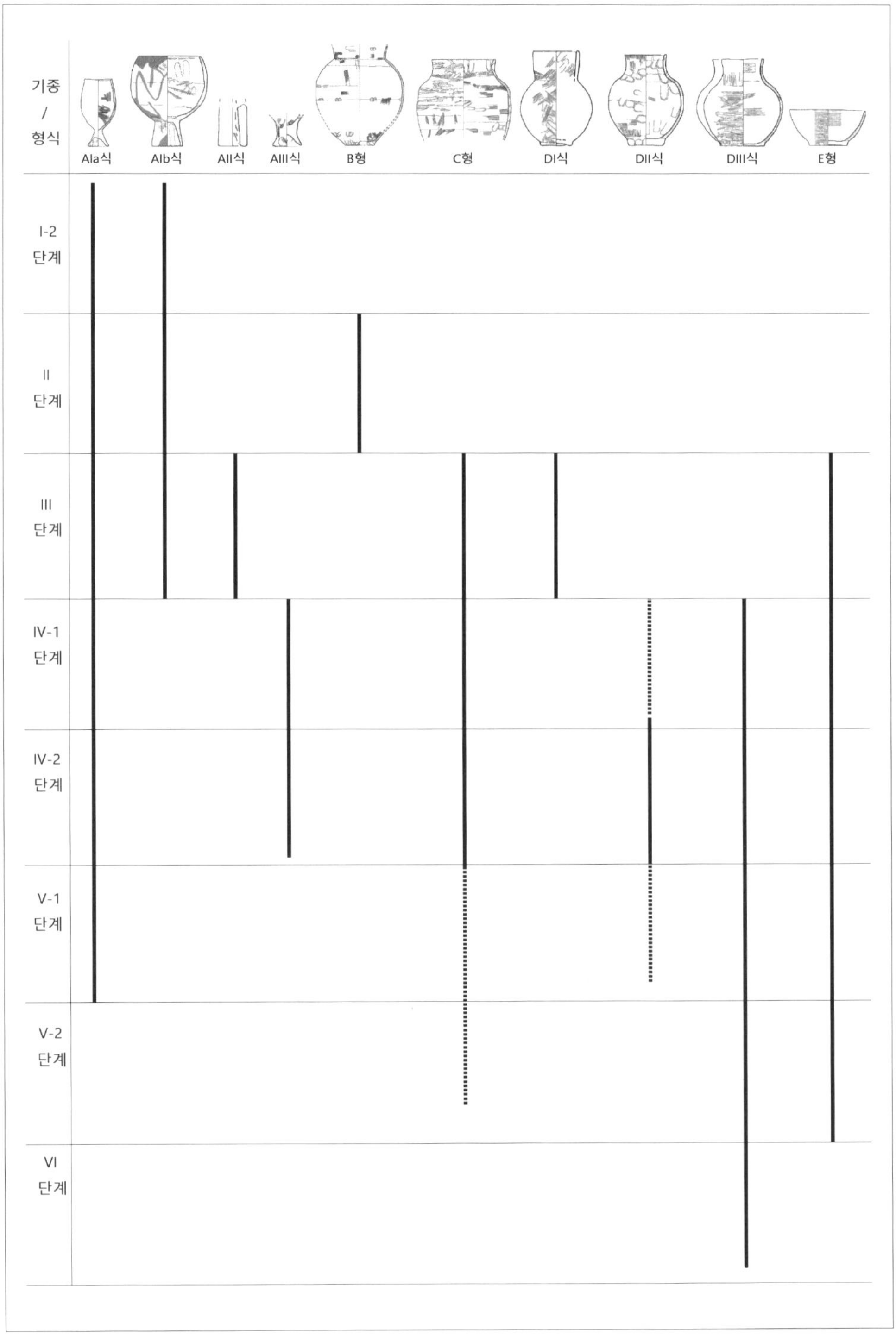

〈그림 2〉 춘천분지 적색마연토기의 기종별 존속 기간

-2단계를 정점으로 하여 제Ⅲ단계부터 제Ⅴ단계까지 지속되었다. 사직경호(DⅠ식)는 전기에만, 직경외반구연호(DⅡ식)는 중도 Ⅳ-2단계에만 보이는 반면, 곡경호(DⅢ식)는 중도 제Ⅳ-1단계부터 제Ⅵ단계까지 다수 제작되었다. 천발(E형)은 중도 제Ⅲ~Ⅴ단계에 소량이 확인된다.

3. 출토 양상과 의미

1) 출토 양상

춘천분지 적색마연토기는 주거지를 기준으로 할 때 다양한 지점에서 출토된다. 비교적 일정한 조사 수준이 공통적으로 적용되는 중도 LEGOLAND KOREA 조성부지를 예로 들면, 출토 지점으로 노지 안쪽 단벽면, 노지 안쪽 장벽과 단벽이 만나는 모서리, 노지 바깥쪽 장벽면, 노지 바깥쪽 장벽면 근접 실내, 노지 안쪽 장벽면 근접 실내, 노지 상면, 노지 주변, 노지 바깥쪽 단벽면, 노지 바깥쪽 단벽면 모서리, 노지 안쪽 벽면 모서리 또는 벽면 모서리에 연접하고 있는 점토다짐면 모서리, 점토다짐면 네 둘레 경계면 또는 경계면 근접 점토다짐면, 점토다짐면 경계부의 수혈 또는 작업공 상면, 벽면 수혈 내 등이 있다.

적색마연토기는 정선된 태토를 준비하고 산화철을 발라 정성스럽게 마연하여 제작하였다는 점에서 특별한 토기이다. 기획 의도와 적용 기술의 특수성을 고려할 때 출토 지점부터 확연하게 눈에 띄는 특별한 정형성이 확인되어야 하는데, 실제로는 매우 다양한 지점에서 출토된다. 이러한 비정형성은 바닥면을 기준으로 한 수직 위치에서도 확인된다. 예를 들어, 모든 적색마연토기가 특정 지점의 바닥면 또는 바닥면 직상층 등에 고정되어 있지 않고, 바닥면에서 다소 뜬 위치, 바닥면 직상층, 벽면부, 수혈 내 바닥면 정치, 노지 상면 등으로 다양한 위치 관계를 보인다.

이렇게 볼 때, 적색마연토기는 출토 지점과 위치에서 정형성을 보이지 않는다는 것만은 분명하다. 그러나 정형성을 보이지 않는다는 것과 특별성은 다른 개념이다. 비정형적이라고 해서 지점과 위치에 특별성이 확인되지 않는 것은 아니다. 이러한 점을 염두에 두면서 시간별로 적색마연토기의 출토 지점과 위치를 다시 한번 분석하면 적색마연토기의 출토 양상이 일반적인 토기군과는 달리 평범하면서도 특수한 것을 알 수 있다. 평범하다는 것은 전체적으로 볼 때 비정형적인 것과 적색마연토기 출토 지점이 적색마연토기만의 절대적으로 고유한 장소가 아니라는 점을 의미한다.

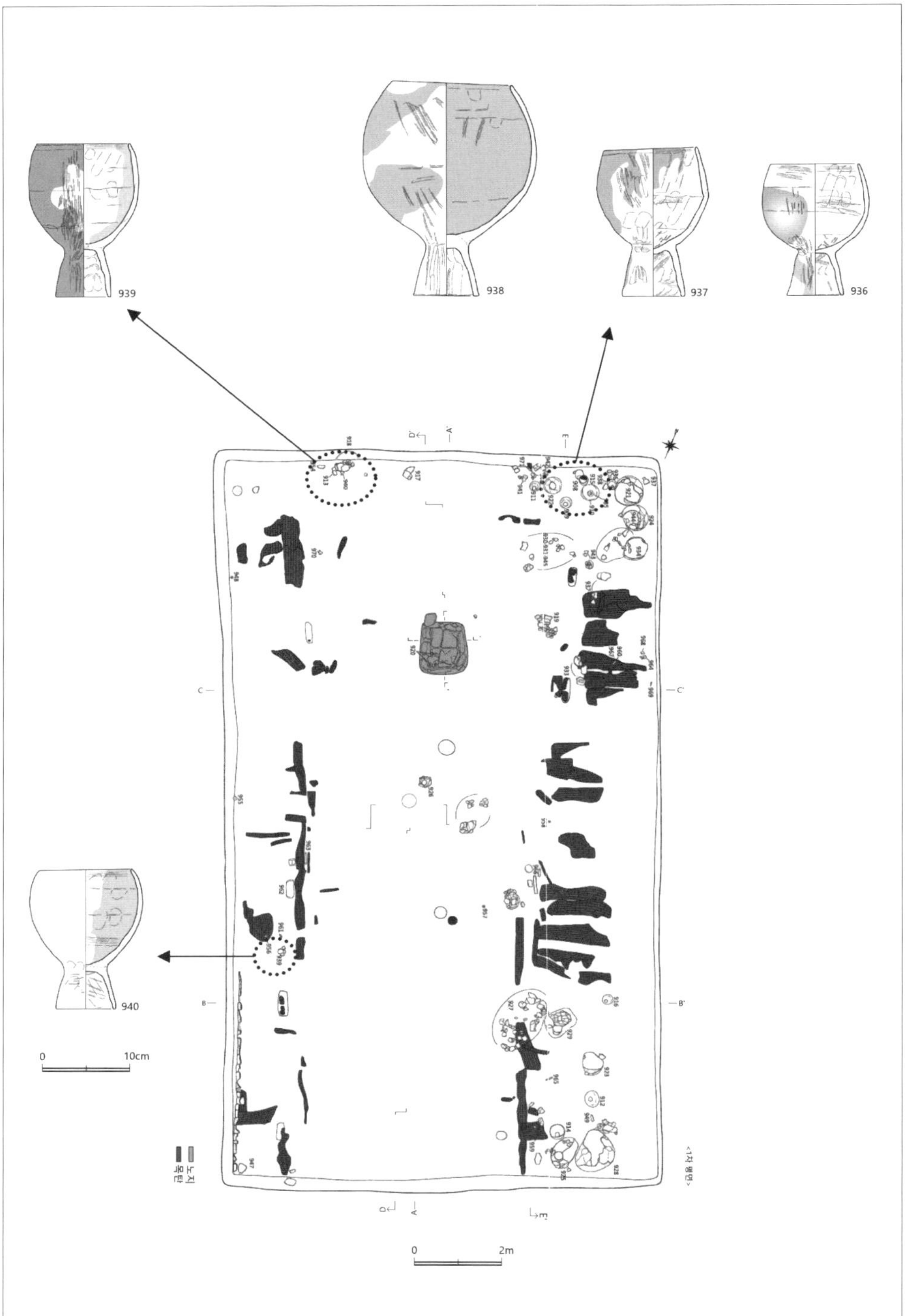

〈그림 3〉 중도 레고랜드 조성부지 제1-2단계 E1-220호 주거지의 적색마연토기 출토 지점

이러한 시각에서 다시 살펴보면, 우선 적색마연토기 초현기인 중도 제I-2단계 적색마연토기의 출토 지점이 노지 안쪽 단벽 쪽의 양단 모서리 가까운 곳과 노지 바깥쪽 장벽의 벽면부에 가까운 실내면으로 고정되어 있다는 점이 주목된다. E1-202호 대형 장방형 석상위석식노지 주거지가 대표적인 사례에 속한다. 노지를 기준으로 안쪽(뒤쪽) 제일 깊숙한 지점에 높은 사선대각식 대부토기를 복수 배치하고, 노지 바깥쪽(앞쪽)의 한쪽 장벽 가까운 실내면에 같은 형식의 대부토기가 출토되었다. 세 지점의 대부토기는 모두 바닥에서 뜬 상태로 출토되었는데, 별도의 선반에 올려져 있었던 것임이 분명하다.

E1-202호 주거지의 출토 양상으로 보아 노지 안쪽 단벽면 선반에 올려져 있던 적색마연대부토기는 무언가 신성한 대상에 대한 기원이나 경배를 위한 장치로 보인다. 또한 노지 바깥쪽 장벽 가까이 무언가 시설물에 올려져 있던 적색마연대부토기는 주변에 일상 토기와 석기군이 흩어져 있는 것으로 보아 생활의 안녕이나 풍년 등을 기원하기 위한 장치로 여겨진다. 모든 적색마연토기를 지상에만 배치하는 현상은 중도 제II단계부터는 확인되지 않는다. 다만 중도 제II단계에는 노지 바깥쪽 벽면 가까운 바닥면에 배치하는 현상만이 확인되는데, 중도 제I단계의 한쪽 장벽 근접 지점 배치가 계승된 것으로 생각된다.

중도 제III단계에는 전통적인 노지 바깥쪽 한쪽 벽면 가까운 지점 외에 노지 우대각선 근접 지점 또는 노지 우대각선 방향의 장벽 한쪽 단부 가까운 지점이 새로이 추가된다. 전자의 사례로는 E1-210호 소형 방형 지면식노지 주거지가, 후자의 사례로는 C1-166호, D1-6호 소형 단장방형 지면식노지 또는 수혈식노지 주거지 등이 있다. 후자 가운데 노지 우대각선 가까운 지점은 이전에는 보이지 않던 지점이다. 노지가 가옥생활과 긴밀한 관련이 있으면서 불과 관련된 시설이라는 점을 고려할 때, 일상생활은 물론 불과 관련된 염원 및 의례와 관련하여 특별히 배치된 것으로 추정된다.

중도 제IV-1단계에는 노지 주변, 노지 좌대각선 점토다짐면과 접하고 있는 단벽과 장벽이 만나는 모서리, 점토다짐면 반대쪽(바깥쪽) 단벽 중앙부 근처에서 확인된다. 이 가운데 단벽 중앙부 근처는 이 단계에 처음 확인되는 출토 지점이다. 출토 지점이 점토다짐면 바깥쪽 단벽이므로 외부에서 들어오는 사기(邪氣)와 악령을 막고자 하는 의도가 담긴 것으로 보인다. 전자로는 E1-115호, 순환-61호 소형 단장방형 지면식노지 또는 수혈식노지 주거지 등이, 중자로는 E1-178호 소형 단장방형 점토다짐면 지면식노지 주거지 등이, 후자로는 C1-14호 중형 장방형 점토다짐면 수혈식노지 주거지 등이 있다.

중도 제IV-2단계에는 노지 상면+장벽면, 작업공 안쪽 점토다짐면 양단과 접하고 있는 단벽 모서리, 점토다짐면 중단 양측, 작업공 바깥쪽 점토다짐면 경계부, 작업공 바깥쪽 점토다짐면과 접하고 있는 실내 전면부의 양단과 중앙, 노지 상면, 저장공·소수혈·주공 내부와 상면, 점토다짐면 반대쪽 단벽과 근접하고 있는 양장벽, 점토다짐면 반대쪽 노지와 단벽 중앙부 사이 공간, 점토다짐면 반대쪽 단벽 중앙 등 출토 지점이 매우 다양화된다. 이 가운데 노지 상면+장벽면은 그 전 단계의 배치 아이디어가 지속된 것이라 할 수 있는데, C1-98호, E1-246호 소형 방형, 단장방형 수혈식노지 주거지 등이 그러하다.

그 외에는 B1-179호, C1-15호, D1-68호, D2·3-39호, E1-21호 등의 소형·중형·대형 단장방형 점토다짐면 지면식노지, 수혈식노지 주거지, C1-48호, E1-130호, 순환-23호 등의 소형·중형·대형 장방형 점토다짐면 지면식노지, 수혈식노지, 지면식노지+수혈식노지 주거지의 사례에 해당된다. 같은 단계라 하더라도 Ⅲ단계 이래 지속되던 수혈식노지 주거지 전통을 잇는 주거지는 배치에서 전통적인 위치를 고수하는 반면, 점토다짐면 주거지는 실내 중앙부와 그 양단 장벽면 등을 제외한 대부분의 지점에 배치되는 양상을 보인다. 아울러 점토다짐면의 네 둘레와 전면부 및 가옥 중축선을 주로 활용한 듯한 인상을 준다.

중도 제Ⅴ-1단계에는 작업공 바깥쪽 점토다짐면의 중앙, 점토다짐면 좌측의 작업공 바깥쪽 점토다짐면 좌하단과 근접하여 있는 장벽, 점토다짐면 바깥쪽 점토다짐면과 근접하여 있는 장벽 주변에 배치된다. 주목할 만한 현상은 중도 제Ⅳ-2단계의 주거지 가운데 수혈식노지가 아닌 점토다짐면 주거지의 배치 정형이 축소된 형태로 지속된다는 점이다. 이러한 현상은 앞 단계의 수혈식노지가 그 전 단계의 수혈식노지 주거지 배치 정형을 계승한 것을 연상케 한다. 아무튼 이 단계에는 전 단계 점토다짐면 주거지의 다양한 배치 방식이 점토다짐면을 중심으로 재조정되는 양상을 보인다.

중도 제Ⅴ-2단계에는 점토다짐면 모서리, 점토다짐면 측면 중앙, 점토다짐면 바깥쪽 장벽과 단벽이 만나는 모서리부에 배치된다. 제Ⅴ-1단계에 비해 점토다짐면과 함께 점토다짐면 반대쪽 장벽과 단벽이 만나는 모서리가 추가되는 방향으로 재조정되었다는 것이 인상적이다. 점토다짐면 바깥쪽 벽면 모서리부는 외부로부터의 사기를 막고자 하는 의도가 있을 것으로 여겨진다. 다만 그 위치가 중도 제Ⅳ-2단계 점토다짐면 주거지의 점토다짐면 바깥쪽의 여러 지점 가운데서도 벽면 모서리부만이 채용되어 있다는 것이 주목되는데, 후미진 곳을 일종의 기원처이자 방사(防邪)의 장소로 유비한 것이 아닐까 한다.

중도 제Ⅵ단계에는 노지 바깥쪽 벽면 모서리부, 점토다짐면 바깥쪽 장벽 중단, 점토다짐면 측면과 근접하여 있는 장벽에 배치된다. 이 단계는 적색마연토기가 급속하게

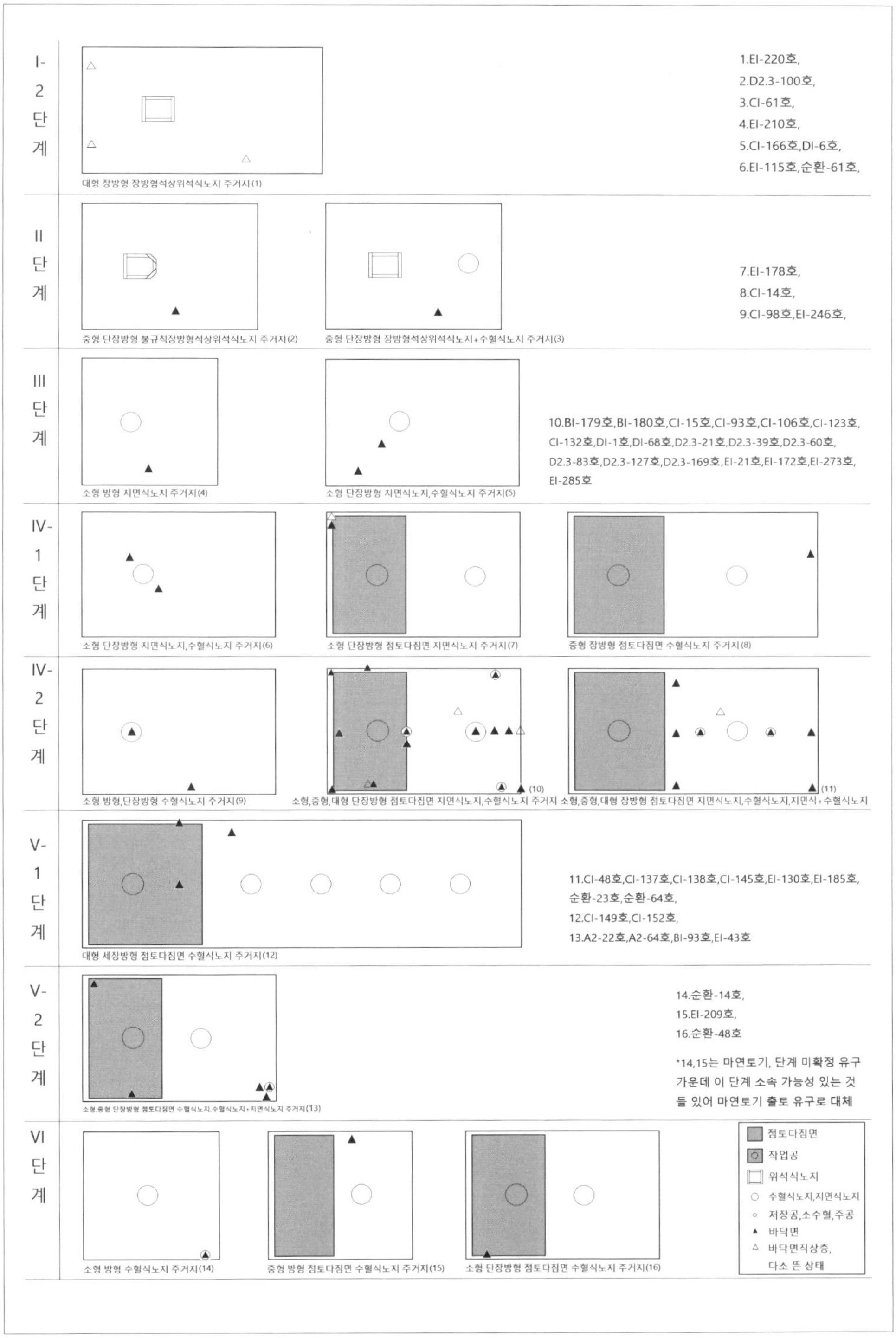

〈그림 4〉 춘천 중도 청동기시대 주거지군의 획기별 적색마연토기 출토 위치

쇠퇴, 소멸하는 시기이기에 소수의 사례만이 확인될 따름이다. 전자로는 순환-14호 소형 방형 수혈식노지 주거지, 중자로는 E1-209호 중형 방형 점토다짐면 수혈식노지 주거지, 후자로는 순환-48호 소형 단장방형 점토다짐면 수혈식노지 주거지가 있는데, 전자와 중자는 적색마연토기가 아니라 마연토기의 사례이다. 전반적으로 앞 단계부터 전해 내려오던 배치 장소 가운데 하나가 선택된 양상이다.

2) 양상 변화의 의미

중도 LEGOLAND KOREA 조성부지를 중심으로 한 춘천분지 적색마연토기의 주거지 배치 지점과 수직 위치는 초현기부터 종말기까지 다소 비정형적이지만 일정한 궤적을 그리며 변모해 나간다. 이러한 변모의 첫 시작점은 중도 제I-2단계의 E1-202호 대형 장방형 석상위석식노지 주거지이다. 이 주거지는 가옥의 가장 안쪽 깊숙한 곳 벽면 양단부에 바닥이 아닌 선반에 정치된 상태로 복수의 적색마연대부토기가 배치되어 있고, 노지 바깥쪽 우대각선 장벽 가까운 지점에 목제 거치대 같은 시설을 놓고 그 위에 놓여 있었을 것으로 여겨지는 적색마연대부토기가 추가로 배치되어 있다.

이와 같은 배치 정형은 앞서 언급한 것처럼 중도 I-2단계 적색마연토기의 사용이 무언가를 향한 경배와 배례 및 기원에 전적으로 사용되었다는 것을 의미한다. 일종의 신앙적인 경건함이 투영되어 있었을 가능성이 높은데, 이러한 점은 E1-202호에서 출토된 적색마연 사선대각식 대부토기의 대각이 주변의 다른 지역과는 달리 6cm 이상의 고대각이라는 점에서도 잘 드러난다. 경기지역의 같은 형식은 대각고 3cm를 기준으로 높낮이가 나누어져 있는 데 반해,[21] 춘천분지에서는 5cm를 기준으로 높낮이가 나누어진다. 이러한 현상은 춘천분지에서 이 형식을 특별히 경배용으로 특화하였다는 것을 시사한다.

춘천분지의 초현기 적색마연토기가 경배에 사용되었다는 것은 대각의 고대화와 함께 신부 형태에서도 확인된다. 중도 I-2단계 전후 주변 지역의 대부토기는 대부분 신부가 심발형의 형태를 취하고 있다. 대부토기의 발생기에 해당하는 무산 호곡동 1기층, 고성 사촌리 11호, 속초 조양동 3호 주거지 출토 대부토기들이 대표적인 사례에 속한다. 그런데 중도 I-2단계의 대부토기는 원구형동체에 내만구연의 발로, 기형이 단

21 이정민, 2022, 앞의 글, 17쪽.

일화되었을 뿐만 아니라 E1-202호 5점 가운데 장벽과 단벽이 만나는 모서리부에 바닥에서 다소 뜬 상태로 출토된 1점(E1-202호-938)은 기고가 25.6cm에 달해 대형화되어 있다.

적색마연토기는 유형적 차이를 막론하고 이러한 토기의 발생과 확산이 두만강 유역의 호곡동 유형에서 시작되어 동해안을 따라 함경남도를 거쳐 남한지역으로 확산된 것으로 이해되고 있다.[22] 춘천분지는 북한강 중상류역에 있고, 현재 그 초현기가 중도 I-2단계이므로 북쪽에서 남하한 적색마연토기의 아이디어와 기술을 수용한 2, 3차 지역임이 분명하다. 그런데도 초현기 기존의 소형 대부심발이 아닌 매우 규격화되고 표준화된 사선대각 대부발을 제작하여 사용하였다는 것은 이 토기의 제작과 사용 목적이 단순히 일상기보다 다소 나은 미관과 실용적 기능을 위한 것이 아님을 알 수 있다.

이러한 점을 고려할 때, 중도 제I-2단계의 적색마연 대부발은 경배와 배례를 위한 특수기로서 기능한 것으로 판단된다. 이러한 시각에서 E1-202호 주거지를 보면, 장벽 가까운 지점에 바닥에서 약간 뜬 상태로 출토된 같은 형식의 적색마연 대부발(E1-202호-938) 또한 일상기와 구분되는 바닥 이상의 어떤 시설물에 독립적으로 배치되어 경배에 사용되던 것으로 해석할 수 있다. 해당 지점에 시설공이 확인되지 않는 것으로 보아 바닥을 파 고정시키지 않고 바닥에 다리가 있는 소형 탁상과 같은 시설물에 놓여 있었을 것으로 여겨지는데, 그렇다면 경배의 분위기가 더욱 확연하다.

중도 제II단계에는 적색마연토기의 배치가 노지 바깥쪽 벽면 가까운 바닥면에 놓여 있는 상태로 단일화된다. 이 단계에는 앞 단계의 적색마연 사선대각 대부발과 함께 대형 일상기인 대형 호가 적색마연토기 기종으로 새롭게 채택된다. 노지 바깥쪽 실내면, 특히 장벽면이 일상토기와 석기군이 배치되는 공간이라는 점을 고려할 때, 이 단계의 적색마연토기는 신령, 조상 등 무언가 신성한 대상에 대한 경배보다는 일상의 안녕, 풍년 등을 기원하는 상징기로 사용된 것이 아닌가 한다. 그래서 저장기인 대형 호가 적색마연화되고, 선반이나 탁자가 아닌 바닥에 놓여 있게 된 것이 아닐까 한다.

중도 제III단계는 제II단계의 관념이 작용하여 적색마연토기가 주로 장벽면을 따라 바닥면에 놓인 채 출토된다. 그러나 이 시기에 그 이전까지는 확인되지 않았던 새로운

22 李白圭, 1974, 「京畿道 出土 無文土器·磨製石器-土器編年을 中心으로-」, 『考古學』 3, 129쪽; 尹武炳, 1975, 「無文土器 型式分類 試攷」, 『震檀學報』 39, 37쪽; 安春培, 1977, 「南江上流의 先史文化 硏究-紅陶의 傳播經路를 中心으로-」, 『白山學報』 23, 46쪽; 盧爀眞, 1987, 「紅陶」, 『韓國史論 17 : 韓國의 考古學VI(補遺篇)』 17, 國史編纂委員會, 274쪽.

지점이 추가되는데, 그것이 바로 노지 주변이다. 이 시기에 출현하는 노지를 지향하는 배치는 중도 제Ⅳ-2단계까지 지속되는데, 이러한 점에서 이 시기를 노지 지향 아이디어의 초현기로 볼 수 있다. 노지 주변 또는 아예 노지에 적색마연토기를 배치하여 놓는 것은 여러 의미를 상징할 수 있다. 가장 먼저 불이 조리, 난방, 조명 등 인간 생명의 유지와 깊은 연관이 있다는 점을 고려할 때, 생명의 안전과 연속을 기원하는 뜻으로 추정할 수 있다.

중도 제Ⅳ-1단계에는 점토다짐면 주거지가 출현하게 되면서 점토다짐면과 접하는 단벽과 장벽 모서리부와 점토다짐면 반대쪽 단벽 근접지점이 새로이 추가된다. 배후 모서리와 점토다짐면 배후 중단 등을 장소로 선정하는 관념은 중도 제Ⅱ단계부터 잠시 사라졌다가 이 시기에 다시 출현하는데, 배후 벽면과 모서리가 가옥에서 가장 안쪽 내밀한 곳이라는 점을 고려할 때 일상의 기원보다는 신령, 조상 등에 대한 경배와 관련이 있을 가능성이 있다. E1-178호가 대표적인 사례인데, 한 점은 바닥에서 다소 뜬 상태로, 다른 한 점은 모서리 바닥에 놓인 채로 출토되었다.

중도 제Ⅳ-2단계는 가옥 내 대부분 지점이 적색마연토기의 장소로 선택되고 있다는 점이 특징인데, 가옥 배후 모서리나 벽면은 신령, 조상 등에 대한 경배, 점토다짐면은 거주의 평온, 노지와 그 주변은 생명의 안전과 연속, 점토다짐면 경계부와 그 전면부는 악령과 사기 침입의 2차적인 차단, 점토다짐면 바깥쪽 실내는 풍요, 번영, 일상의 안녕, 점토다짐면 바깥쪽 단벽면은 악령과 사기 침입의 1차적인 차단을 기원하기 위한 목적이 있지 않을까 한다. 중요한 것은 이 시기에 가옥 내 모든 지점이 적색마연토기의 장소로 선정되어 있을 뿐만 아니라 적색마연토기의 출현 빈도가 가장 높다는 점이다.

이와 관련하여 중도 LEGOLAND KOREA 조성부지 각 단계 주거지 면적의 변화를 주목할 필요가 있다. 중도 LEGOLAND KOREA 조성부지에서 조사된 주거지 가운데 획기 가능하면서 면적 파악이 가능한 주거지를 대상으로 분석하면, 제Ⅳ-2단계(11,878.21m^2, 47%), 제Ⅱ단계(2,536.89m^2, 10%), 제Ⅳ-1단계(2,231.96m^2, 8.8%), 제Ⅵ단계(1,980.32m^2, 7.8%), 제Ⅴ-2단계(1,887.02m^2, 7.5%), 제Ⅴ-1단계(1,872.82m^2, 7.4%), 제Ⅰ-2단계(1,609.44m^2, 6.4%), 제Ⅲ단계(1,171.4m^2, 4.6%), 제Ⅰ-1단계(80.7m^2, 0.3%)의 순서를 보인다.[23] 면적 순위로 보아 중도에 인구가 가장 집중되어 있었던 시기는 제Ⅳ-2단계인데, 이러한 정황은 다른 유적 또한 비슷하다.

23 오강원, 2023, 앞의 글, 79~80쪽.

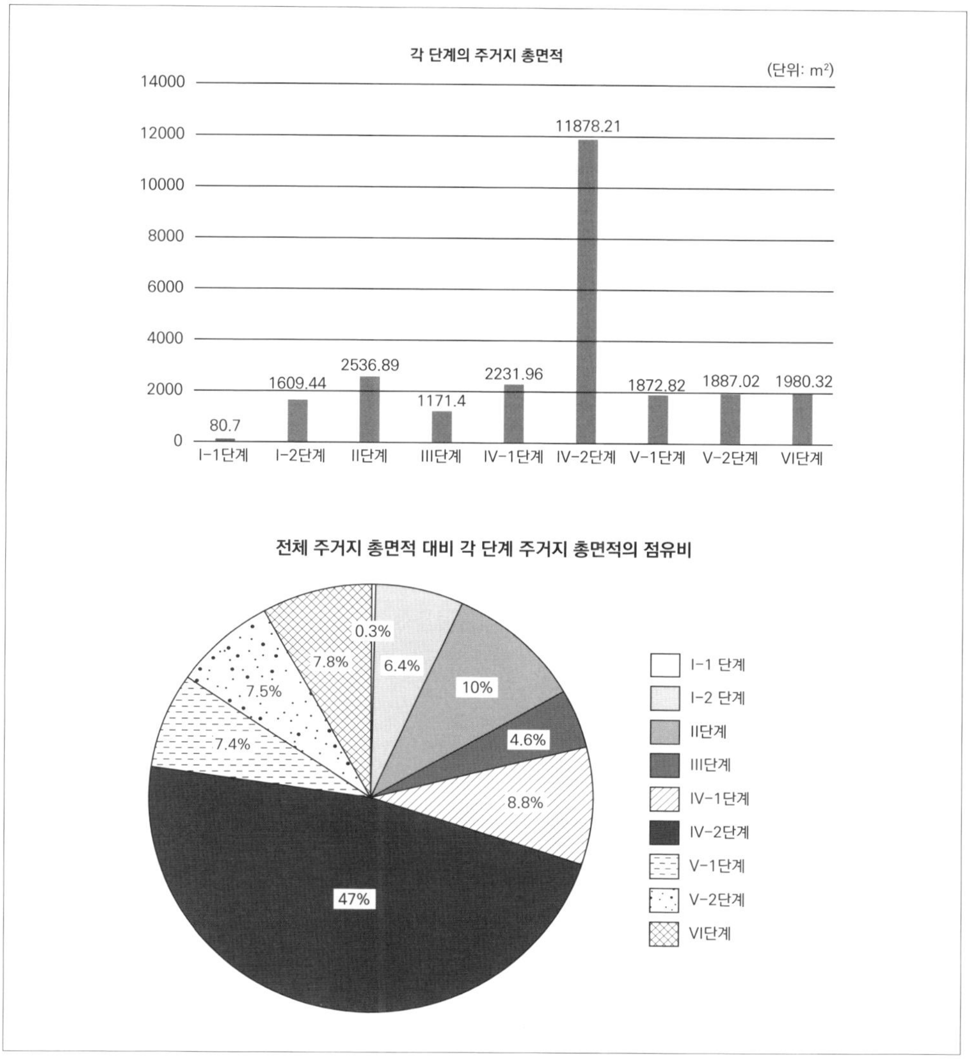

〈그림 5〉 중도 레고랜드 조성부지 전체 주거지 총면적 대비 각 단계 주거지 총면적의 수, 점유비(오강원 2023, 〈그림 9〉)

춘천분지의 인구가 중도 Ⅳ-2단계에 폭발적으로 증가하였다는 것은 이 시점에 인구가 폭발할 정도로 생계경제가 안정적으로 운용되고 있었다는 것을 의미한다. 그런데 이는 역으로 증가된 인구를 유지할 수 있는 생계경제가 항시적으로 유지되거나 확대 재생산되어야 한다는 것을 의미한다. 다시 말해 자본, 식량 확보를 위한 경쟁이 다른 어느 때보다 가속화되었다는 것을 의미하는데, 이는 춘천분지 내외 양면으로 진행되었을 것이다. 결국 이러한 상황으로 인해 사회 통합과 안녕의 기원이 절실해졌고, 그 결과가 가옥 내 적색마연토기의 수량과 장소의 증가로 이어지게 된 것이 아닐까 한다.

중도 제V-1단계는 중도 제IV-2단계에 폭발적으로 증가한 인구가 극적으로 감소되는 양상을 보이는데, 이러한 추세와 함께 적색마연토기의 제작 또한 급감한다. 적색마연토기의 급감과 동시에 장소 또한 점토다짐면의 네 둘레와 가옥 전면부 벽과 모서리로 대분된다. 장소의 축소는 적색마연토기 제작 자체가 급감하였기에 어느 정도의 의미를 둘 수 있을지 의문이지만, 무언가에 대한 경배, 악령과 사기의 1, 2차적인 차단에 주안점이 있다는 인상을 준다. 이는 이 시기 춘천분지 집단이 조상 또는 신령에 대한 기원, 외부 사기의 차단을 통한 생명 보존의 최소한에 집중하였기 때문이 아닐까 한다.

제VI단계는 적색마연토기가 쇠퇴를 넘어 소멸하는 단계이다. 출토 사례가 너무 적어 현재 조사 정황만을 놓고 일반화하기에 어려운 점이 있다. 그러나 마연토기까지 합쳐 중복해 볼 경우, 출토 지점이 앞 단계와 큰 차이가 없되 가옥 배후 벽면 모서리, 점토다짐면 전면 중앙 등이 보이지 않고 점토다짐면 측면, 전면 장벽 근접 지점, 노지 바깥쪽 벽면 모서리부에 놓여 있는 양상을 보인다. 전체적으로 가옥 내 한쪽으로 편재된 인상을 준다. 이러한 배치 정형과 함께 적색마연토기가 완전히 소멸되는 시기라는 점을 고려할 때, 일부 가옥에서 전통의 잔영으로 사용한 것이 아닐까 한다.

4. 춘천분지의 지역성

1) 다른 지역과의 차이

적색마연토기는 평안도와 황해도를 제외한 한반도 나머지 지역 전역에 걸쳐 분포하고 있다. 광역에 걸쳐 있는 만큼 지역에 따른 지역 차가 존재할 수밖에 없다. 두만강유역의 호곡동유형권에서 유행한 적색마연토기는 여러 기종이 있지만, 그 가운데서도 대부심발이 가장 인상적일 것이다. 남한지역에서는 경기지역의 봉무리식 적색마연옹,[24] 금강 유역의 플라스크형 적색마연호,[25] 경남 서부지역의 경부내경적색마연호,[26] 함안 일원의 함안식 적색마연호,[27] 남강 유역의 횡침선문 적색마연토기,[28] 부산지역의 부산식 적색마연호[29] 등이 그러하다.

춘천분지의 적색마연토기 가운데 다른 지역에서 잘 보이지 않거나 전형적이지 않은 것들로는 높은 사선대각식 대부발, 대형 호, 호형토기, 직선외반구연호, 곡경호가 있다. 높은 사선대각식 대부발은 춘천분지에만 분포하고 있는 것은 아니다. 가평 달전리 33호 주거지의 대각편을 대표적인 사례로 들 수 있다. 그러나 춘천분지는 대각이 상대적으로 고대화되면서 횡폭비가 커지고 신부에 원구형 동체 내만구연 발이 얹혀 있다는 점에서 강한 개성을 보인다. 태토의 정선도와 마연의 치밀도 또한 주변 다른

24 이정민(2022, 48쪽)은 용인 봉무리 666-1번지 1호 주거지, 화성 계향리 3호 주거지, 평택 소사동 라지점 28호 주거지, 화성 방축리 1지점 2호 주거지 등을 옹형토기(마연토기 포함)로 분류한 뒤 경기지역 적색마연토기의 체계를 구축하는 데 사용하였는데, 필자는 이 토기군이 경기지역 적색마연토기의 지역성을 잘 보여준다고 생각하여 이를 '봉무리식 적색마연옹'이라 명명하고자 한다.

25 배진성, 2016, 「플라스크형적색마연호의 분포와 성격」, 『韓國青銅器學報』 18, 5쪽.

26 김미영, 2011, 「嶺南地域 頸部內傾赤色磨研壺 研究」, 『慶南研究』 5, 5쪽.

27 배진성, 2008, 「咸安式赤色磨研壺의 分析」, 『韓國民族文化』 32, 265쪽.

28 고민정, 2005, 「무문토기시대 횡침선문 적색마연토기 고찰-형식과 연대, 분포-」, 『咸安 鳳城里遺蹟』, 慶南發展研究院 歷史文化센터, 253쪽.

29 배진성, 2020, 「부산 출토 적색마연평저호의 검토」, 『항도부산』 39, 119쪽.

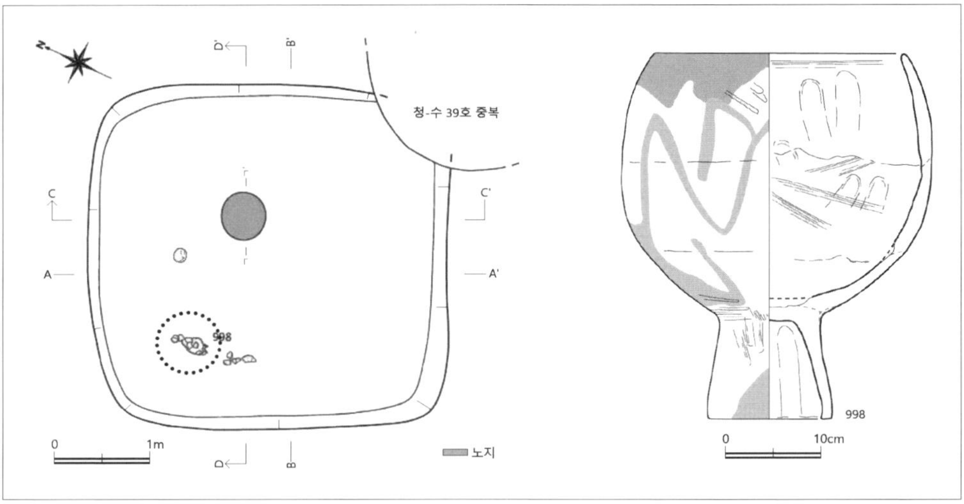

〈그림 6〉 중도 레고랜드 조성부지 E1-210호 소형 방형 지면식노지 주거지의 채문 높은 사선대각식 대부발과 출토 위치

지역에서 출토된 유사 속성의 사선대각식과는 비교가 안 될 정도로 치밀하다.

이러한 점이 춘천분지 높은 사선대각식 대부발의 고유성이다. 춘천분지 적색마연 높은 사선대각식 대부발의 특이성은 신부에 예각의 파상문이나 중선문 등의 채문이 그려져 있는 것들이 있다는 점이다. D2·3 47호 장방형 초석 주거지 출토 구연-견부편과 E1-210호 소형 방형 지면식노지 주거지 출토 완형 적색마연 높은 사선대각식 대부발이 그러한데, 채문까지 시문되어 있는 적색마연 높은 사선대각식 대부발은 남한 지역에서 이 2점이 유일한 사례이다. 이러한 점들을 고려할 때, 가평 달전리 33호는 상류 쪽에 연접해 있는 춘천분지의 영향을 받은 것이거나 외곽의 조품에 속하는 것일 가능성이 있다.

대형 호는 전기를 중심으로 저장용기로 종종 확인되는 기종이다. 다만 적색마연토기로 채택된 사례는 많지 않다. 앞서 언급한 것처럼, 적색마연대형호는 주로 울산~부산에 이르는 동남 연해 지역에서 확인된다. 위 지역은 내륙부의 대구분지와 남강 유역 등지와는 달리 직경 호와 대형 호가 적색마연토기로 제작되는 특징을 보인다.[30] 같은 시기 물질문화상과 거리 등을 감안할 때, 춘천분지가 위 지역의 영향을 받아 중도 제Ⅱ단계 대형 호를 적색마연토기로 채택했다고 볼 수는 없다. 이와 같은 적색마연대형호는 경기지역과 강원 영동 등지에서 보이지 않는 것으로 이 또한 주변 지역과 구분되는

30 金美暎, 2024, 앞의 글, 114쪽.

차이로 볼 수 있다.

호형토기는 춘천분지에서 Ⅳ-2단계를 중심으로 하여 그 전후 시기에 걸쳐 확인된다. 같은 시기 일상용기로 사용하던 호형토기 가운데 광견대구호를 적색마연토기 기종으로 채택한 것이다. 시간적으로 점토다짐면 주거지가 성행한 천전리유형기 이전부터 춘천분지 중심 북한강유역의 고유 기종으로 출현하여 기형의 변화를 거치며 늦은 시기까지 지속된다. 따라서 이와 같은 기종 기형은 춘천분지를 중심으로 하여 북한강 상류역의 집단들이 천전리유형 이전부터 고유한 기종으로 완성하여 오랫동안 사용한 고유 기종이라 할 수 있다. 주변 다른 지역의 적색마연토기에서 이와 같은 기형이 확인되지 않음은 물론이다.

직선외반구연호는 장경호의 경우 금호강유역의 대구분지에서 유행한 적색마연직경호와 연관된 것일 수도 있지만, 그보다는 중도 제Ⅲ단계의 적색마연사장경호가 중도 제Ⅳ단계의 곡경호로 변천하는 과정에 과도적인 중간 형식으로 출현한 것일 가능성이 있다. 다시 말해 일부 표본의 외형이 대구분지 등과 유사하지만 그 발생 맥락은 다르다는 것이다. 이러한 점은 경기지역의 직선외반구연호도 마찬가지여서 시흥 능곡동 1지점 7호 주거지 또한 발생 맥락이 달라 같은 것으로 볼 수 없다. 따라서 현재로서는 소량에 지나지 않지만 춘천분지의 직선외반구연호도 다른 지역과 구분되는 기종이라 할 수 있다.

곡경호는 중도 제Ⅳ-1단계에 출현하여 제Ⅵ단계까지 장기간 확인된다. 춘천분지의 적색마연곡경호는 구연부, 경부, 동체부, 저부를 나누어서 볼 때, 표본에 따라 다른 지역의 곡경호와 상사성을 보이는 것들이 확인된다. 그러나 전체적으로 보면 다른 어느 지역과도 다르다. 전체적으로 보면 구경부의 외반도가 크지 않은데, 이러한 점은 중부이남 지역과 가장 대별되는 특징이다. 경기지역과의 차이도 크다. 경기지역 적색마연토기의 주요 기종을 이루고 있는 동최대경은 동하위에 있고 경부가 없는 옹형은(하남 미사리 숭실대 A-9호, 인천 구월동 1지점 11호 주거지) 현재까지 출토되지 않았다.

춘천분지 곡경호의 이와 같은 기형적 특성은 구연부, 경부, 동체부, 저부 모두에서 일상기의 전형에서 벗어난 특이 속성이 없는 것으로 귀결된다. 이러한 점은 경상도 등지에서 적색마연토기가 무덤의 공헌이나 부장용으로 특화하여 전문적으로 생산되는 것과는 양상이 다르다. 중도 LEGOLAND KOREA 조성부지의 무덤 가운데 적색마연토기가 부장된 것은 A1-18호, D1-6호, 순환-7호 지석묘뿐이다. 춘천분지에서는 적색마연토기가 상장의 주요 물품으로 전문화되지 않았다. 그 결과 일상기 곡경호와 기형적 차이가 없게 된 것이다. 이러한 점이야말로 춘천분지와 다른 지역의 주요한 차이가 아닐까 한다.

2) 지역성

춘천분지의 물질문화 변천은 남한지역의 일반적인 경향성, 즉 돌대문토기 중심에서 기타 복합토기를 거쳐 공렬토기 중심으로 변천하고, 마지막에 무문양 무문토기 중심으로 변모해 나간다. 이러한 점에서 물질문화 변천의 기본적인 방향이 남한의 다른 지역과 크게 다르지 않다고 할 수 있다. 그러나 세부적으로는 주변 지역과는 뚜렷하게 구분되는 주거유형과 유물군을 사용하였다. 이러한 차이의 발로는 춘천분지 집단의 생계전략이 그때그때 주변의 다른 지역과는 구분되었다는 것을 의미한다. 그 결과가 다른 지역과 구분되는 춘천분지의 구체적인 각 단계의 물질문화상이라 할 수 있다.

춘천분지의 적색마연토기 또한 기종 구성과 세부 기형 속성 등에서 주변 지역과 구분되는 강한 개성을 충분하게 발현하고 있다. 그 세부적인 차이에 대해서는 앞 절에서 자세하게 다루었으므로 상론하지 않겠다. 다만 추가로 언급하고 싶은 것은 주변 지역과 구분되는 춘천분지 적색마연토기의 또 다른 차이로 저부 속성을 들 수 있다는 점이다. 저부는 굽이 있는 평저, 굽이 없는 평저, 말각평저, 원저로 나눌 수 있는데, 경기를 제외한 다른 지역, 특히 충남부터 경상도에 이르는 지역은 적색마연토기 초현기부터 저부 속성이 대부분 굽이 없는 평저 또는 말각평저로 조정되어 있다.

예를 들어, 충남 서해 연안과 금강 중상류역의 경우 원저호와 플라스크형호가 전기부터 확인되는데,[31] 두 기종은 초현기부터 말각평저로 조정되어 있다. 원저호의 사례로는 천안 백석동 B-19호 주거지와 서산 부산리 낫골 1호 주거지 등을, 플라스크형호의 사례로는 보령 주교리 18호 주거지와 공주 당암리 소골 5호 주거지 등을 들 수 있다. 이와 같은 현상은 금강유역 이남으로는 더욱 심해지는데, 남강유역의 경우 이른 시기의 적색마연호 저부가 모두 말각평저에 가깝게 처리되어 있다. 진주 대평리 옥방 5-C-4호 주거지, 산청 사월리 10호 주거지 등은 대표적인 사례에 속한다.

경기지역은 금강유역 및 그 이남 지역과는 달리 적색마연토기 초현기에 굽이 있는 평저로 시작한다.[32] 가평 대성리 A-25호 주거지가 대표적인 사례에 속한다. 경기지역에서는 호류의 경우 굽평저가 전기까지는 다수로 유지되지만, 이미 전기에 민평저가 적지 않게 보이기 시작하다가 오산 내삼미동 A-24호 주거지기 이후에는 호류의 경우 절대다수가 민평저와 말각평저로 전환된다. 마연토기까지 포함할 경우, 인천 원당동 Ⅱ 4-가-1호 주거지, 양평 앙덕리 50-2번지 1호 수혈 등을 대표적인 사례로 들 수 있

31 이정은, 2020, 「청동기시대 중기 적색마연토기 연구-충청·전북 지역을 중심으로-」, 『한국고고학보』 114, 71쪽.

32 이정민, 2022, 앞의 글, 49쪽.

다. 따라서 경기지역 또한 호의 경우, 이른 시기를 제외하고는 민평저와 말각평저가 중심이었다.

이에 반해 춘천분지는 저부가 확인 가능한 표본만을 대상으로 하면, 말각평저나 원저는 없고 굽평저와 민평저가 중심을 이루고 있다. 사선대각식만이 확인되는 중도 제Ⅰ-2단계를 빼면, 중도 제Ⅱ~Ⅲ단계는 굽평저만이 확인되고 제Ⅳ-1단계는 굽평저를 중심으로 하여 민평저가 조합하며 제Ⅳ-2단계는 대체로 굽평저와 민평저가 비등하고 제Ⅴ단계는 민평저 중심이되 소량의 굽평저가 잔존하며 제Ⅵ단계는 절대다수가 민평저이다. 이러한 저부 추세는 인접하고 있는 경기지역은 물론 북한강 상류 쪽에 있는 화천에서도 확인되지 않는 현상으로 춘천분지만의 강한 지역성을 드러내는 현상이다.

이와 같은 춘천분지의 강한 지역성은 적색마연대부발에서도 확인된다. 이 토기는 춘천분지에서 독특하게 전형화된 것이다. 여기에서는 이러한 대부토기를 특별히 '중도식 적색마연대부발'이라 명명하고자 한다. 가평 달전리 33호 주거지 외 정선 아우라지 2호 주거지, 천안 백석동 고재미골 Ⅳ-4호 주거지 등에서 유사한 기형의 적색마연토기가 확인되었지만, 대각의 길이와 횡폭비가 중도보다 훨씬 작아 차이가 있는 것들이다. 이 토기들은 지역적 맥락에 따른 별개의 유사 기형이거나(고재미골), 또는 중도식 적색마연대부발의 아이디어가 영향을 끼쳐 파생된 변이(아우라지)일 가능성이 있다.

춘천분지 적색마연토기의 지역성은 당연히 기종 구성, 기형, 각 기종의 변천, 조합관계에서 드러나는 것이지만, 적색마연토기의 대부분이 무덤이 아닌 주거지에서 출토된다는 점이 또 다른 지역성을 이루고 있다. 이와 같은 양상은 경기지역도 비슷하지만 춘천분지는 더욱 심해서 중도 LEGOLAND KOREA 조성부지에서 조사된 청동기시대 무덤 150기 가운데 적색마연토기가 부장 또는 공헌되어 있는 것은 단 3기뿐이다. 이러한 현상은 춘천분지 집단이 근본적으로 적색마연토기의 무덤 부장 관념이 사실상 없었다는 것을 의미한다. 적색마연토기를 오직 실생활에서 소비하는 것이 춘천분지의 또 다른 지역성인 것이다.

춘천분지의 또 다른 지역성은 전적으로 주거지에서 사용되었다고 하더라도 특정 구역의 집단, 특정 집단의 극소수 가구에서만 사용되었다는 데 있다. 물론 다른 지역에서도 그것이 꼭 주거지가 아니더라도 모든 무덤에 적색마연토기가 부장 또는 공헌되어 있는 것은 아니다. 그렇지만 춘천분지의 경우 주거지에 한정해서 사용된 것에 비해 지나치게 소수의 가구에서만 확인되는 특징이 있다. 게다가 특정 소지점 내에 마을을 이룬 여러 집단 가운데서도 특정 지점의 마을을 중심으로 적색마연토기가 제작 사

〈표 2〉 중도 LEGOLAND KOREA 조성부지의 단계별 주거지 총수, 적색마연토기 사용 가구 수, 지점

수/비율/지점 단계		주거지 총수	적색마연토기 출토 주거지 총수	적색마연토기 출토 주거지 점유비	출토 지점
Ⅰ-2		21	1	4.76	E1
Ⅱ		27	2	7.41	C1, D2·3
Ⅲ		76	3	3.94	C1, D1, E1
Ⅳ	1	152	4	2.63	C1, E1, 순환
	2	484	29	5.99	B1, C1, D1, D2·3, E1, 순환
Ⅴ	1	25	2	8	C1
	2	90	4	4.44	A2, B1, E1
Ⅵ	185	1	0.5	순환	

용되는 양상을 보인다. 이 점은 춘천분지의 주목할 만한 지역성이라 할 수 있다.

위의 〈표 2〉를 보면, 제Ⅰ-2단계는 적색마연토기의 초현기로 중도 제Ⅰ-2단계 중도의 여러 지점 가운데 E1구역 마을은 적색마연토기를 신령과 조상 등에 대한 경배 목적으로 처음으로 특별하게 사용하기 시작하였다. 이후 시기에는 E1구역에 조성된 집단이 꾸준하게 사용하였지만 Ⅴ-1단계까지 C1구역에 조성된 마을이 중도 적색마연토기의 제작 및 사용에서 중심적인 위치를 차지한다는 것을 알 수 있다. 제Ⅵ단계는 소멸기 예외적인 상황이므로 순환구역 마을만이 사용했다고 해서 특별한 사정을 반영하는 것은 아닐 것으로 생각된다.

주목할 것은 중도 LEGOLAND KOREA 조성부지의 11개 구역 가운데 해당 시기 소수의 구역, 심지어는 단 1개 구역의 지점에 마을을 이룬 집단에서만 적색마연토기를 제작, 사용하고 있다는 점이다. 이와 같은 사정이 춘천분지만의 사정은 아닐 수도 있지만, 전국적인 데이터 비교 분석이 이루어진다면 그 결과에 따라 춘천분지 지역성과 관련하여 언급할 부분이 있을지도 모른다. 주거지에서만 적색마연토기를 사용한 것에 비해 사용 가구 수가 제한되어 있다든지, 해당 가구와 다른 가구의 유물의 양적, 질적 우월함이 뚜렷하지 않다는 점 또한 춘천분지의 지역성과 관련하여 주목할 점이다.

마지막으로 춘천분지 적색마연토기의 지역성과 관련하여 위의 여러 점과 함께 더욱 특별히 주목할 점이 있다. 적색마연토기의 색조 발현이 그러하다. 춘천분지에서는 앞서 지적한 것처럼 남강유역을 필두로 한반도 남부지역에서 성행한 선홍색의 적색마연토기가 거의 확인되지 않는다. 춘천분지에서 확인되는 적색마연토기는 토기 표

면의 색조를 붉은 색조로 발현시키기 위해 의도한 것은 확인되지만, 그렇다고 해서 선홍색이나 강한 적색이 발현된 것은 극히 드물다. 어떤 토기는 붉은 색조가 토기의 전면에 고르게 도포되어 있지 않아 마치 적색마연토기의 분위기만을 상징적으로 남겨놓은 듯한 인상을 주기도 한다.

이러한 점은 춘천분지 적색마연토기의 매우 독특한 지역색이라 할 수 있다. 춘천분지 적색마연토기는 토기 표면의 마연 또는 마광도가 정치하지 않은 것에서도 확인된다. 비정치적인 마연도는 기술적으로 강박적이리만치 선홍색과 적색 발현에 얽매이지 않은 것과도 관련이 있다. 이와 같은 특색은 춘천분지와 인접한 화천분지와도 차이를 보인다. 물론 화천지역 또한 춘천분지와 유사하게 색조가 강렬하게 발현된 것이 드물다. 이러한 점들로 보아 청동기시대 춘천분지의 집단은 적색마연토기라는 이미지와 상징성만을 차용하였던 것으로 여겨지는데, 이러한 점은 춘천분지 적색마연토기의 또 다른 지역성이다.

5. 맺음말

청동기시대 춘천분지에서는 적색마연토기로 대부토기, 호류, 천발 3대류가 있었다. 이 가운데 대부토기는 대각의 형태와 상대비고를 기준으로 낮은 사선대각식 대부토기(AⅠa식), 높은 사선대각식 대부토기(AⅠb식), 직선대각식 대부토기(AⅡ식), 곡선대각식 대부토기(AⅢ식)가 있다. 호류는 대형 호(B형), 호형토기(C형), 사직경호(DⅠ식), 직경외반구연호(DⅡ식), 곡경호(DⅢ식)로 세분된다. 천발(E형)은 동체의 곡률과 구연부의 내만 여부에 따라 완형과 천발로 나눌 수도 있지만, 양자의 경계가 구분이 모호한 데다 청동기시대 실제 기능이 완이었는지 불분명하기에 천발로 일괄하였다.

춘천분지에서 적색마연토기가 처음으로 출현하는 시기는 중도 제Ⅰ-2단계이다. 낮은 사선대각식과 높은 사선대각식 대부토기가 공존하였을 것으로 여겨지나, 전자는 주거지와 동시적인 관계에서 출토된 것이 없어 주변 지역의 적색마연토기 정황과 형식학적 관계를 통해 유추한 것이다. 다만 낮은 사선대각식의 경우, 중도 제Ⅰ-2단계와 제Ⅱ단계 등 이른 시기의 확실한 사례가 확인되지 않을 뿐, 그 하한은 높은 사선대각식보다 길어 중도 Ⅴ-1단계까지 확인된다. 높은 사선대각식 대부토기는 제Ⅲ단계까지 확인되는데, 동체부에 채문이 칠해져 있는 것이 있는 등 일상기와 뚜렷하게 구분된다.

직선대각식과 곡선대각식 대부토기는 전기 후반과 그 이후 몇 사례만이 확인될 따름인데, 두 형식 모두 남한강유역을 비롯한 주변 지역에서 성행하던 것이 일시적으로 춘천분지에 영향을 끼쳐 제작된 것으로 보인다. 이 외에 대형 호(B형)는 제Ⅱ단계에서만, 호형토기(C형)는 중도 제Ⅳ-2단계를 정점으로 하여 제Ⅲ단계부터 제Ⅴ단계까지, 사직경호(DⅠ식)는 전기에만, 직경외반구연호(DⅡ식)는 중도 Ⅳ-2단계에만 제작된 시간적으로 제한적인 형식들이다. 이에 반해 곡경호(DⅢ식)는 중도 제Ⅳ-1단계부터 제Ⅵ단계에 이르기까지 장기 지속된 대표 형식이다. 천발(E형)은 중도 제Ⅲ~Ⅴ단계에 소량이 확인된다.

춘천분지의 적색마연토기는 시간에 따라 출토 지점과 수직 위치에 변화가 발생한다. 이러한 변화는 적색마연토기의 제작 의도와 사용 맥락 및 사회적 의미 부여와 일정한 연관이 있다. 제I-2단계에는 가옥 뒤쪽 벽면 양 모서리부의 상부에 설치되어 있는 선반과 노지 앞쪽 우대각선 장벽에 연해 있는 지점에 설치되어 있는 소형 탁자에 복수의 높은 사선대각식 대부토기를 배치하여 놓은 것만이 확인되는데, 신령과 조상 등에 대한 경배와 관련이 있을 것으로 여겨진다. 제II단계에는 벽면 배치만 확인되는데, 일상의 안녕 및 풍년 기원과 관련된 것으로 여겨진다. 이는 대형 호를 바닥에 놓은 것으로 유추할 수 있다.

중도 제III단계는 기존의 장벽 배치 외에 노지 주변 배치가 초현하는데, 생명의 안전과 연속을 기원하는 뜻으로 여겨진다. 중도 제IV-1단계에는 기존의 노지 주변 외에 가옥 안쪽 벽면 모서리 배치가 다시 출현하고, 겸해 점토다짐면 바깥쪽 단벽 중앙부 배치가 처음으로 출현한다. 이 가운데 가옥 바깥쪽 단벽 중앙부 배치는 외부로부터 악령과 사기의 침입을 막는 의미가 있을 것으로 여겨진다. 제IV-2단계에는 점토다짐면의 네 둘레, 점토다짐면의 경계부, 노지 상면, 벽면 근접 소수혈 내 등, 가옥의 여러 지점이 선택된다. 이 시기 인구 폭발로 인한 사회 안정과 갈등 해소 등 여러 이유에 따른 것으로 여겨진다.

제V-1단계는 전 단계의 다양한 배치 지점이 점토다짐면 전면부와 그에 연접하거나 근접해 있는 벽면으로 간소화된다. 배치 지점이 점토다짐면과 근접 지점으로 제한된 것으로 보아 거주의 안전과 안녕을 기원하는 것이 주목적이었을 것으로 보인다. 제V-2단계에는 점토다짐면 가운데 벽면 연접부와 가옥 뒤쪽 양 벽면 모서리부, 가옥 전면 양 벽면 모서리로 바뀌는데, 거주의 안전 및 안녕, 무언가를 향한 경배와 기원, 외부 사기의 침입 방지 등의 의미가 담긴 것으로 보인다. 제VI단계는 적색마연토기가 소멸되는 시기로서, 주로 점토다짐면과 주변에 한정되어 있다.

춘천분지의 적색마연토기는 이 지역에서 독특하게 제작한 형식이 아니면 실생활기로 사용하는 그릇을 선택하였다는 점에서 주변 지역의 다른 물질문화 권역과 확연하게 구분되는 기종 구성과 기형적 특색을 보인다. 이 외에 주변 지역과는 달리 저부 속성이 상당히 장기간 굽평저 또는 굽평저 중심으로 유지되는 지역색을 보인다. 적색마연토기의 사용이 철저하게 주거지 중심이면서도 그 사용이 일부 마을의 소수 가옥에만 한정되어 있되, 소수 사용 가옥의 비사용 가옥에 대한 유구와 유물 면에서의 우월성이 잘 보이지 않는 특색을 보인다. 이러한 점 모두 춘천분지의 독특한 지역성이라 할 수 있다.

끝으로 춘천분지의 적색마연토기는 남강 등을 중심으로 한 한반도 남부지역과는 달리 선홍색 또는 적색의 적색마연토기가 거의 확인되지 않는다. 토기 표면의 마연 또한 일반 토기와 비교해 월등할 정도로 정치하게 마연해 놓지 않은 현상이 종종 확인된다. 이 외에 붉은 색조 발현이 토기 전면에 걸쳐 시도되어 있지 않은 경우도 확인된다. 이러한 점들을 고려할 때, 춘천분지에서는 적색마연토기의 이미지와 아이디어만 수용해 자신들의 수요에 맞추어 사용하였던 것으로 여겨진다. 이러한 점 또한 주변 지역과 확연하게 구분되는 춘천분지 적색마연토기의 강렬한 지역색이다.

| 참고문헌 |

• 국어

姜秉學, 2005,「한반도 선사시대 굽다리토기 연구」,『古文化』66.

姜仁求·李健茂·韓永熙·李康承, 1979,『松菊里 Ⅰ-本文·圖版-』, 國立中央博物館.

고민정, 2005,「무문토기시대 횡침선문 적색마연토기 고찰-형식과 연대, 분포-」,『咸安 鳳城里遺蹟』, 慶南發展研究院 歷史文化센터.

金權中, 2008,「江原 嶺西地域 青銅器時代 住居址와 聚落 構造의 變遷」,『韓日聚落研究會 第4回 共同研究會 發表文集 : 한일취락의 연구-생산유적과 취락유적-』, 韓日聚落研究會.

김권중, 2016,「早洞里類型의 時·空間的 正體性」,『고고학』15-1.

김미영, 2011,「嶺南地域 頸部內傾赤色磨研壺 研究」,『慶南研究』5.

金美暎, 2024,『嶺南地域 青銅器時代 喪葬用 赤色磨研壺 研究』, 영남대학교 박사학위논문.

김지현, 2010,「청동기시대 전기의 대부토기에 대한 검토-대부토기의 기원을 중심으로-」,『고고학』9-2.

盧爀眞, 1987,「紅陶」,『韓國史論 17: 韓國의 考古學Ⅵ(補遺篇)』17, 國史編纂委員會.

배진성, 2008,「咸安式赤色磨研壺의 分析」,『韓國民族文化』32.

배진성, 2016,「플라스크형적색마연호의 분포와 성격」,『韓國青銅器學報』18.

배진성, 2020,「부산 출토 적색마연평저호의 검토」,『항도부산』39.

부승아, 2022,「중부지역 청동기시대 적색마연토기 연구-생산, 유통, 소비 양상을 중심으로-」,『한국고고학보』1.

宋滿榮, 2013a,「강원 영서, 영동지역 적색마연토기의 편년과 계보」,『야외고고학』16.

宋滿榮, 2013b,「欣岩里式 土器 發生의 再檢討」,『韓國上古史學報』79.

辛壽和, 2015,「남한강유역 청동기시대 토기 연구」,『韓國青銅器學報』11.

安在晧, 2002,「赤色磨研土器의 出現과 松菊里式土器」,『韓國 農耕文化의 形成』, 학연문화사.

安春培, 1977,「南江上流의 先史文化 研究-紅陶의 傳播徑路를 中心으로-」,『白山學報』23.

오강원, 2004,「遼寧~韓半島地域 琵琶形銅劍과 細形銅劍의 劍柄頭飾 研究」,『東北亞歷史論叢』2.

吳江原, 2016,「청동기~초기 철기시대 춘천분지 일원 유적의 획기와 편년」,『韓國青銅器學報』19.

吳江原, 2023,「춘천 중도 청동기시대 주거지군의 획기와 전개」,『湖西考古學』54.

尹武炳, 1975,「無文土器 型式分類 試攷」,『震檀學報』39.

李南奭·李勳·李賢淑, 1998,『白石洞遺蹟』, 公州大學校博物館·忠淸南道 天安市, 天安市.

李白圭, 1974,「京畿道 出土 無文土器·磨製石器-土器編年을 中心으로-」,『考古學』3, 韓國考古學會.

이정민, 2022, 「청동기시대 경기지역 적색마연토기 연구」, 한국학중앙연구원 한국학대학원 석사학위논문.

이정은, 2020, 「청동기시대 중기 적색마연토기 연구-충청·전북 지역을 중심으로-」, 『한국고고학보』 114.

林炳泰·崔恩珠·金武重·宋滿榮, 1994, 『渼沙里』 3, 渼沙里先史遺蹟發掘調査團·京畿道公營開發事業團.

鄭元喆, 2007, 「강원 영서지역 청동기시대의 편년 연구-주거지 출토 무문토기를 중심으로-」, 『韓國上古史學報』 56.

청동기시대 조기
춘천 중도유적 돌대문토기의 특징

천선행

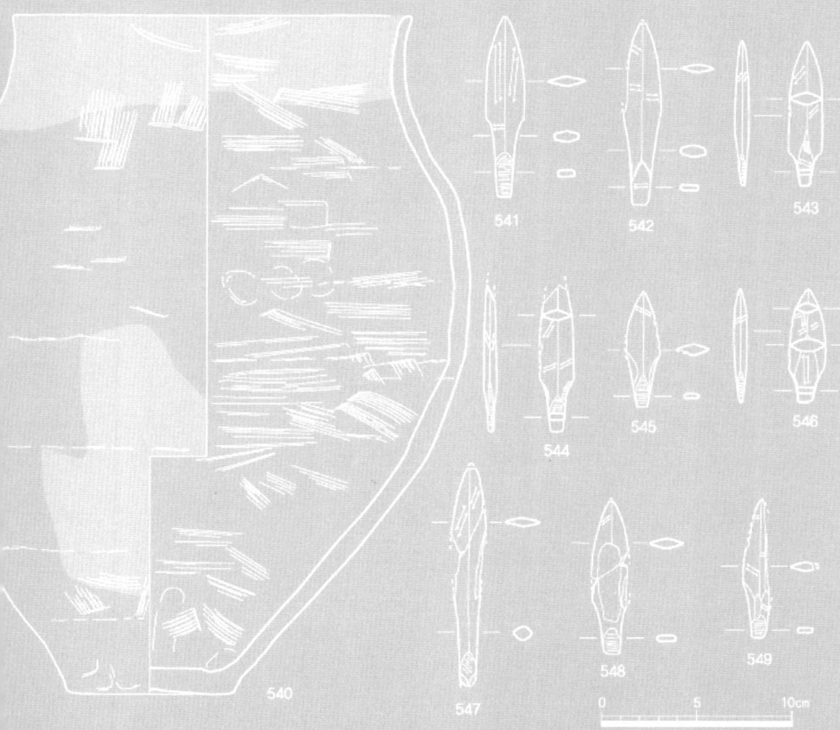

1. 머리말

춘천 LEGOLAND KOREA 부지에 대한 조사(2013~2017)에서 드러난 춘천 중도유적은 청동기시대만 하더라도 환호를 비롯하여 주거 1,273기, 지상건물 14기, 수혈 745기, 소성유구 2기, 분묘 150기가 확인되었다. 주지하는 바와 같이 1977년 국립중앙박물관 북한강유역의 조사를 필두로, 1984년 중도 관광지 개발계획에 따른 강원대학교박물관의 지표조사 등을 통해 알려지기 시작했다. 1980년 국립중앙박물관(원삼국시대 주거지 1기)의 발굴조사를 시작으로 1982년,[1] 1983년,[2] 1995년[3]에 조사가 진행되었고, 2010~2011년에 4대강살리기 사업의 일환으로 발굴조사[4]가 진행되어 유적의 윤곽이 드러났다. 이전 조사에서 확인된 유구 수를 포함하면 중도유적에서 청동기시대 주거만 1,395기가 확인된 명실상부 한국 최대의 취락유적이라고 할 수 있다.

출토 유물로 볼 때, 청동기시대 조·전기로 대표되는 돌대문토기 단계(기원전 15세기)를 시작으로 천전리식 주거로 대표되는 중기, 점토대토기단계의 후기까지 오랜 시간에 걸쳐 취락이 점유되었다. 좀 더 구체적으로 살펴보면, 춘천 중도유적의 청동기시대 취락은 조기 후반부터 전기 전반까지 조성되다가 중단되고 다시 중기에 조성되기 시작하였다(춘천 중도동유적 연합 발굴조사단, 2020). 따라서 시기별로 공존했던 취락의 규모가 다르고 취락의 운영 양상도 일정하지 않다. 더구나 취락이 처음 조성되기 시작하는 돌대문토기 연구 결과의 변화상이 분명하지 않아 돌대문토기나 취락 변화에 대해 연구자마다 제각각 다양한 견해가 제기되고 있어 혼란이 가중되고 있다. 이

1 국립중앙박물관(원삼국시대 주거 1기), 강원대학교박물관(적석총 1기), 숭실대·서울대(지석묘 1기)에서 조사하였다.

2 국립중앙박물관(지석묘 2기), 강원대학교박물관(지석묘 2기)이 조사하였다.

3 한림대학교박물관(청동기시대 주거 7기)이 조사하였다.

4 한백문화재연구원(원삼국시대 주거 24기, 수혈 7기, 구상유구 1기, 토기밀집군 2기, 미상유구 1기 등 35기), 강원고고문화연구원(원삼국시대 주거 12기, 폐기장 1기, 야외 노지 1기, 수혈 36기, 토기밀집군 6기, 매납유구 5기, 경작유구 3개소 등 64기), 강원문화재연구소(청동기시대 주거 86기, 수혈 48기, 지석묘 6기, 추정 주구묘 2기, 구상 7기, 조선시대 수혈 2기 등 151기), 예맥문화재연구원(청동기시대 주거 29기, 수혈 14기, 매납유구 1기 등 44기)에서 조사하였다.

글에서는 춘천 중도유적의 출발점이 되는 돌대문토기 및 돌대문토기 출토 주거를 대상으로 세부 편년을 시도하고 돌대문토기 취락의 전개상을 검토하고자 한다. 다만, 돌대문토기의 돌대 위치, 각목 형태의 차이만으로 시간성을 인식하기 어려운바, 돌대문토기 연구 결과 단계의 공반 양상, 그리고 주거의 규모, 장축 방향의 상관성을 통해 변화상을 파악하고자 한다. 이를 기반으로 춘천 중도동유적의 특징을 검토하고, 환호의 출현 시점과 역삼동유형과 조동리유형을 둘러싼 논쟁점을 간단히 정리하고자 한다.

2. 중도유적 돌대문토기를 둘러싼 논의들

1) 청동기시대 전기 후반의 공백

춘천 중도유적 청동기시대 취락에 대한 지금까지의 조사 결과를 간단히 살펴보면, 중도는 원래 갈수기에 춘천시 사농동에서 걸어서 접근할 수가 있었으나, 1967년 북한강 하류에 의암댐이 준공되면서 섬의 형태를 이루게 되었다. 중도동유적의 고환경 분석에 따르면, 6000~3500BP 경 자갈 사주에서 모래 사주로 전환되었고, 3500BP 이후에 주 하도가 동쪽으로 이동하고 하천의 범람으로 모래와 실트로 구성된 퇴적층이 형성되었다. F구역 및 G3구역에서 신석기시대 수혈유구와 추정 야외 노지가 확인되었으나, 주거지 등은 확인되지 않아 인간의 장기 점유는 청동기시대부터 삼국시대까지 이루어진 것으로 추정된다(춘천 중도동유적 연합 발굴조사단, 2020).

하중도 북쪽 일대에서 북동-남서 방향으로 펼쳐진 저지대를 경계로, 청동기시대 취락이 2개 취락군으로 나누어져 있다. 조사 결과, 남쪽의 취락 Ⅱ군(A~E구역)에서 취락이 먼저 조성되고, 취락 Ⅰ군(H구역 및 순환구역)은 이른 시기에 일부 선택적으로 이용되었으나, 대체로 청동기시대 중기의 어느 시점에 이르러 취락 Ⅱ군에서 확대되어 청동기시대 후기의 어느 시점까지 이용되었을 가능성이 높다(춘천 중도동유적 연합 발굴조사단, 2020: 182). 즉 지점에 따라 취락의 조성 시점이 다르다는 것이다.

한편, 춘천 중도유적에서 돌대문토기 단계와 공렬토기 단계, 후기의 점토대토기가 확인되어 오랜 기간 취락이 지속적으로 조성되었던 것으로 보이지만, 고고학적 성과는 이와 다르다. 즉 청동기시대 조기 단계의 돌대문토기 문화가 확인되나, 북한강 일대 춘천 천전리·신매리·현암리 유적 등에서 확인되는 전형적인 전기 단계의 취락이 확인되지 않아 공백 상태였던 것으로 추정되는 것이다. 보고자의 견해에 따르자면, 조기와 중기 사이, 좀 더 정확하게 표현하자면 돌대문토기 단계 취락 가운데 일부는 전기 전반에 해당할 가능성이 있기 때문에 전기 전반에서 중기 사이인 전기 후반의 공백(200~300년간)이 확인된다(춘천 중도동유적 연합 발굴조사단, 2020: 183).

유사한 공백 양상은 청동기시대와 원삼국시대 사이에서도 확인된다. 한강문화재연구원에서 실시한 「춘천 중도유적지 퇴적환경 복원 및 연대학적 해석」의 자연과학 분석을 참고하면, 퇴적이 안정화된 후 청동기시대 취락이 조성되고, 위에 조립질 모래층이 퇴적된 이후 다시 상향 세립화되고 상부에 머드와 유기물 함량이 높은 퇴적층에 원삼국시대 유적이 분포하는 것이다. 이로 보아, 청동기시대에서 원삼국시대 사이에 홍수가 빈번하게 발생하여 사람들이 거주하기 어려웠던 것으로 추정된다. 또한 원삼국시대 취락이 동쪽으로 이동하여 형성되는 이유 역시 중심 하도의 이동에 의한 것으로 추정된다. 삼국시대에는 중도유적 동서의 근화동·우두동·현암리 등지에 취락이 조성되지만, 중도동에서는 거의 확인되지 않고 대규모 경작유구만 확인되는 점으로 보아 이때도 취락지로 선택되지 못한 것으로 추정된다.

이처럼 청동기시대와 원삼국시대 사이의 공백이라는 현상은 환경 변화를 원인으로 설명하지만, 청동기시대 전기와 중기 사이의 공백에 대해서는 고고학적 현상으로만 확인될 뿐 왜 그러한 공백이 나타나는지 아직 이렇다 할 분명한 설명이 이루어지지 못하고 있다. 더구나 전기 후반 인근으로 주민들이 이동하였다면, 동일 집단에 대한 주변 유적의 점유 현상이 확인되는 것인데, 중도유적뿐만 아니라 이들 유적 간의 관계성을 검토하는 연구들이 향후 필요할 것이다.

2) 돌대문토기의 시간성과 편년

춘천 중도유적에 대한 편년 체계를 살펴보자. 보고서에서는 주거 구조와 출토 유물 조성을 통해 〈표 1〉과 같이 분류하였다. 즉 돌대문토기 출토 위석식 노지가 있는 방형주거지(Ⅰ유형), 돌대문토기가 출토되고 무시설 노지[5]가 있는 방형주거지(ⅡA유형), 공렬토기가 출토되고 무시설 노지가 있는 방형·장방형주거지(ⅡB유형), 공렬토기가 출토되고 무시설식노지가 있으며 점토다짐구역이 있는 방형·장방형주거지(ⅢA유형), 공렬토기가 출토되고 무시설 노지가 있으며 점토다짐구역이 있는 세장방형주거지(ⅢB유형), 공렬토기 또는 무문양토기가 출토되고 내부시설이 불분명한 방형·장방형주거지(Ⅳ유형)로 나누어진다. Ⅰ유형과 ⅡA유형에서 돌대문토기가 출토되어 조기 혹은 전기 전반으로 파악되며, 나머지는 중기~후기의 취락으로 이해된다.

5 보고서와 연구자에 따라 수혈식, 평지식, 무시설식이 혼용되어 사용된다. 여기서는 편의상 일괄하여 무시설식으로 명명한다.

〈표 1〉 보고서의 청동기시대 취락 분류 체계와 편년 대비

<table>
<tr><th colspan="7">춘천 중도동유적 연합 발굴조사단, 2020</th><th rowspan="2">정원철, 2019</th><th rowspan="2">오강원, 2023</th></tr>
<tr><th colspan="2">형식</th><th>평면</th><th>노지</th><th>바닥</th><th>토기</th><th>단계</th></tr>
<tr><td colspan="2">Ⅰ</td><td>(장)방형</td><td>(석상)위석식</td><td>무시설식</td><td>(절상)돌대문토기</td><td rowspan="2">조기(후반)
~전기전반</td><td rowspan="2">Ⅰ유형
ⅡA유형</td><td>Ⅰ단계 후 Ⅱ단계</td></tr>
<tr><td rowspan="3">Ⅱ</td><td>A</td><td>(장)방형</td><td>수혈식(평지)</td><td>무시설식</td><td>(절상)돌대문토기</td><td>Ⅰ단계 전</td></tr>
<tr><td rowspan="2">B</td><td rowspan="2">(장)방형</td><td rowspan="2">수혈식(평지)</td><td rowspan="2">무시설식</td><td rowspan="2">공렬토기</td><td rowspan="6">중기~후기</td><td rowspan="2">ⅡB유형
ⅡC유형</td><td>Ⅲ단계</td></tr>
<tr><td>Ⅳ-1단계</td></tr>
<tr><td rowspan="3">Ⅲ</td><td rowspan="2">A</td><td rowspan="2">(장)방형</td><td rowspan="2">수혈식(평지)</td><td rowspan="2">점토다짐구역</td><td rowspan="2">공렬토기</td><td rowspan="2">ⅢA유형</td><td>Ⅳ-2단계</td></tr>
<tr><td>Ⅴ-2단계</td></tr>
<tr><td>B</td><td>세장방형</td><td>수혈식(평지)</td><td>점토다짐구역</td><td>공렬토기</td><td>ⅢB유형</td><td>Ⅴ-1단계</td></tr>
<tr><td colspan="2">Ⅳ</td><td>(장)방형</td><td>없음</td><td>무시설식</td><td>(공렬토기)</td><td>Ⅳ유형</td><td>Ⅵ단계</td></tr>
</table>

단계별 특징을 살펴보면, 조기는 돌대문토기, (옹)발형의 (절상/각목)돌대문토기, 이중구연, 외반구연, 호형토기가 조성되고 대형 개체가 많으며, 그 외 대각토기와 환저토기가 출토된다. 주거는 위석노와 무시설식노를 갖춘 대형 장방형주거를 중심으로 무시설식노를 갖춘 소형의 (장)방형주거로 구분된다. 석기는 합인석부, 편인석부, 석검, 석촉, 석도, 연석 세트와 방추차, 지석이 출토되는데, 석부가 많고 석촉은 적으며 대체로 조기 후반에 해당하며 일부 전기 전반까지로 지속된다.

중기는 천전리식주거의 점유율이 높은 것이 특징이다. (심)발형 무문토기, 공렬토기, 천발, 호형토기로 토기 종류가 단순해지고, 발형은 공렬보다 무문의 비중이 높다. 팽이형토기가 공반하기도 한다. 석기는 합인석부, 유구석부, (편평/주상)편인석부, 석검, 석촉, 석도, 연석, 방추차 등이 있는데, 특히 정형성 있는 식품 가공구가 없고, 비정형의 연석이 출토되는 것이 특징이다. 후기는 소형 발형토기와 천발형토기의 수량이 증가하는데, 역제형 석도, 원형점토대토기, 두형토기, 양이부호, 비파형동검, 선형동부, 검파두식이 확인된다. 주거는 천전리식주거를 기반으로 소형화 및 방형화 경향이 확인되지만, 초대형 주거도 확인되어 위계 차가 나타난다.

이와 달리, Ⅱ유형을 A·B·C의 3개 소유형으로 나누기도 한다(정원철, 2019: 150). 이에 따르면, ⅡA유형은 [방형+수혈식(평지) 노지+무시설식바닥+(절상)돌대문토기]로, ⅡB유형은 [(장)방형+수혈식(평지) 노지+무시설식바닥+공렬토기]로, ⅡC유형은 [凹형+수혈식(평지) 노지+무시설식바닥+공렬토기]를 특징으로 한다. 특히 ⅡA유형 주거에서 돌대문토기가 출토되고 연대 측정치가 1420~1120BC, 1390~1120BC로 이르게 확인되어 Ⅰ유형과 ⅡA유형 주거지를 동시기에 조성된 성격이 다른 주거형태로 추정하기

〈표 2〉 춘천 중도유적 청동기시대 조 · 전기 취락 편년(박영구, 2022; 오강원, 2023 참조하여 작성)

오강원, 2023				박영구, 2022			
단계	유구	주거	유물	단계	유구	주거	유물
Ⅰ단계 기원전 11세기	• A1-1/2/4/5/7/26 • A2-27/34 • C1-20	• 소형 무시설식 노지 • 주거지평균 8.97m²	• (각목)돌대문/이중구연/환저토기/발형/심발형 • 토제 양측결구 어망추/장방형연석	**Ⅰ단계** 3190 ~3090BP	• 중도동 C1-174/163/69/20 C2-1 • 천전리 Ⅰ 유적 21/49/54/56/59	• 장방 대형 주거 • 석상 위석식노 • 소형·방형 주거 • 무시설식 노	• 돌대문 • 절상돌대문 • 환저형토기
	• A1-3 • E1-164/186/202/206/208/230 • B1-58/145/203/213 • C1-16/113/114 • C2-3 • D2·3-3/40/78/80/164 • H1-18	• 중대형 위석식 노지 • 주거지 평균 76.64m²	• (각목)돌대문토기/절상(각목)돌대문/구연외각목문/사직경호,장직경호/이중구연/이중구연유사거치문/이중구연단사선문/이중구연단수선문/구순각목문/적색마연토기(두형)/장직경호/사장직경호/외반구연장경호/발형/심발형 • 장삼각무경식석촉/단삼각무경식석촉/합인석부/편평편인석부/주상편인석부/석착/자방형석도/미호배호인 장방상석도/즐형석도/석제 방추차/토제 算珠狀방추차/토제 양측결구 장방상·타원형·삼각상어망추/토제 短管狀어망추/유공원구형 환상석기/장방형연석/세장방형연석/옥제 편평편인석부/옥제 석착/옥제원형식				
Ⅱ단계 기원전 10세기	• A1-6/8 • A2-33/35/44 • B1-223 • C1-61/68/69/127/173 • D1-26/28/33/34 • D2·3-22/47/100/108/121/124/153/159/208 • 순환-47/54	• 대형 위석식노/무시설식노 • 방형 타원형 석상위석식노 +무시설식노 • 방형계 무시설식노 • 단장방형 장방상·타원형 석상위석식 노지+무시설식 노지 • 장방형 장방상·타원형석상 위석식 노지 • 장방형 장방형·장방상·다각형·타원형석상 위석식 노지 +무시설식 노지 • 주거지 평균 105.7m²	• (각목)돌대문/절상(각목)돌대문/퇴화돌대문/이중구연/구연외각목문(사장경호)/환평저토기/환저토기/외절구연구연/적색마연(단경호,사장경호)/흑색마연/옹형/사장경호/외반구연단경호/호형/발형/옹형발/심발형 • 세장무경식석촉/합인석부/편인석부/즐형석도/제형석도/삼각상석도/호배주형석도/토제 양측결구 타원형 어망추/토제 장방상·산주상 어망추/토제 산주상 방추차/토제 원형방추차/석제 방추차/장방타원상 연석	**Ⅱ단계** 3030 ~2910BP	• 중도동 B1-203/B1-171 E1-202/ A2-33 • 거례리(강고) 41/45/61 • 거례리(예맥) 20 • 거례리(강문) 16 • 원천리 Ⅱ-8 • 신매제방1 • 사농동 • 근화동 • 천전리 121-23 -2	• 장방·중(대)형 주거 • 세장방 초대형 주거 • 방형 중(대)형 주거 • 석상 위석식노 • 위석식노 • 초석, 저장공	• 돌대문 • 절상돌대문 • 이중구연단사선 • 공렬문 • 적색마연
Ⅲ단계 기원전 9세기	• A2-38/41/58 • B1-43/57/91/120/122/124/128/65~170/172~176/226 • C1-4/9/62/64/84~86/88/90/116/165~167/170~172/174 • D1-3~7/12/15/17/21~23/40 • D2·3-7/12/14/19/34/57/71/89/92/94~96/107/113/133/134/144/149/162/190/191 • E1-52/193/210/222/226/235 • H1-23~25/66/76 • H2-43 • 순환-41/43	• 소형 무시설식 노지 • 방형·방형계 무시설식 노지 • 단장방형 무시설식 노지 • 주거지 평균 15.41m²	• (각목)돌대문/절상(각목)돌대문/이중구연/환저/구순각목문/공렬문/적색마연/사장경호/단직경호/장동단직경호/천발/발형/심발형 • 세장무경식석촉/유엽형석촉/일단경식석촉/합인석부/편평편인석부/석착/장방형석도/호배주형석도/토제 산주상·원형방추차/장방상타원형연석/세장방형연석	**Ⅲ단계** 2900 ~2800BP	• 중도동 A1-6 • 거례리(강고) 34/43 • 원천리 Ⅰ-1/13호 • 신매리Ⅲ Ⅰ-21/24/Ⅱ-9 • 현암리 1/3/4 • 금산리 A-1/B-1/6 • 근화동 • 천전리 121-16-7	• 장방·중형 주거 • 위석식 노 • 무시설식 • 주공/저장공/출입구	• 돌대문 • 절상돌대문 • 이중구연단사선 • 심발형 • 호형토기(중형) • 구순각목

도 한다(정원철, 2019: 156). 결국 정원철의 Ⅰ유형과 ⅡA유형은 보고서의 Ⅰ유형 내에 포함되어 동시기로 정리되었다.

중도유적에 대한 편년 연구를 살펴보면, 박영구(2022)는 돌대문토기를 기준으로 토기류와 주거 구조, 방사성탄소연대측정을 종합하였는데, 구체적인 편년 기준이 제시되어 있지는 않다. 한편, 대규모로 밀집하는 중도유적에서 주거 형태와 구조, 출토 유물 조성을 통한 일관된 변화를 파악하기 어렵다고 보고, 주거지 평면, 규모, 내부시설과 주축 방향, 주거군의 배열, 중복 관계를 고려하여 구역별로 일정한 시간 폭을 갖는 선후의 주거군으로 구분한 뒤, 각 구역의 구분된 주거지군을 전체적으로 대비하여 다시 100~200년의 시간 폭을 갖는 단계로 묶어 선후관계를 조정하여 6개 단계 8개 획기(오강원, 2023: 50)로 나누기도 한다. 그 결과는 〈표 2〉와 같다. 이에 따르면, 소형 무시설식노지 주거지와 중대형 위석식 노지 주거지 단계로 돌대문토기와 이중구연토기 등 가장 이른 속성의 유물만이 조합하는 주거지군(제Ⅰ단계), 장방형과 방형 외에 타원형과 다각형 평면의 위석식 노지와 수혈식 노지가 조합하면서 다소 늦은 속성의 유물이 조합하는 주거지군(제Ⅱ단계), 공렬토기와 지면식 노지가 돌출적인 방형의 소형주거지군(제Ⅲ단계), 석검, 석창 외에 비파형동검이 출토되는 방형과 단장방형 등의 소형과 중소형 주거지군(제Ⅳ단계), 원형점토대토기, 선형동부 등이 돌출적인 대형 세장방형과 중소형 장방형 주거지군(제Ⅴ단계), 공렬토기가 쇠퇴하는 소형 방형주거지군(제Ⅵ단계)으로 조정하였다(오강원, 2023: 53). 보고서와 연구자들의 돌대문토기가 출토되는 단계를 비교해 보면, 〈표 2〉와 같다. 물론 연대관이 다르기 때문에 각 단계가 서로 대응하지 않지만, 각 단계에 해당하는 유구의 상대적 관계는 유사할 것이라고 예상된다. 그런데 같은 주거라도 단계가 다르게 설정된 경우가 많다. 예를 들어 박영구 Ⅰ단계의 C1-174호와 69호는 각각 오강원의 Ⅲ단계·Ⅱ단계로 설정되었다. 이러한 견해차는 시간을 판단하는 속성의 선택 차이도 있을 것이고, 각 단계를 시간적 선후관계로 나누는 방식의 차이에 기인할 것이다.

중도유적의 유구는 개별적으로 인식하고 처리하기에 한계가 있을 정도로 방대한 양이다. 연구자마다 시간 속성, 주거의 각 속성, 출토 유물이 연속적으로 나타나고 있어 중도유적 돌대문토기 문화 단계의 설정은 결코 용이하지 않다. 이로 인해 육안으로 식별 가능한 주거의 형태와 구조를 1차적 기준으로 삼는 것이다. 더구나 이르다고 판단되는 주거에서 이른 요소로 여겨지는 돌대문토기의 출토비율이 높다는 점과 맞물려 주거의 형태, 구조, 규모에 따른 주거 유형이 그대로 시차를 가지며 전개되는 것으로 이해되는 듯하다. 이러한 분류체계에서 위석식 노지나 돌대문 요소가 모두 이른 시기에 국한되지 않고, 시간 폭이 있을 것이라는 점에 전적으로 동의한다. 다만, 다양한 요소가 광범위하게 확인되고, 토기와 주거의 변화 속도가 다르기 때문에 연대측정치를 기준으로 하는가, 토기를 기준으로 하는가, 주거 규모와 구조를 기준으로 하는가에 따라 설정된 유구의 소속 시기가 달라질 수밖에 없다. 더구나 주거군에서 중복이 확인되는 경우, 각 주거군의 중복단계가 다른 주거군의 중복단계와 그대로 일치하는 것도 아니다. 주거가 소형에서 점차 커졌다가 작아지는 경향이 있기 때문에 그러한 경향 자체가 문제는 아니지만, 단계별로 중·소형과 대형주거가 공존할 가능성을 모두 시간차로 인식하는 것은 동의하기 어렵다.

자료가 증가함에 따라 더 이상 [돌대문 → 이중구연 → 공렬], [무시설식노지 → (석상)위석식 노지 → 무시설식노지]로 일률적으로 변화하지 않음이 확인되었다. 변화의 흐름은 인정되어도 특정 노지나 문양이 확인된다고 하여 시기를 판정하기는 더 이상 어렵다(천선행, 2015: 8). 예를 들어 위석식 노지는 분명 이른 요소이긴 하지만, 점토다짐구역이 설치된 Ⅲ유형 주거에서 확인되는 사례(A2-9·45호, E1-80호)가 존재하고, 점토다짐구역이 있고 위석식과 관련되는 것으로 추정되는 부석식 노가 있는 주거(E1-1·11·80·86·96·130·177·251호)가 있다. 따라서 주거의 각 요소 및 유물도 매우 중요하지만, 특정 구조와 유물을 그대로 유무로 치환하여 편년하기에는 복잡하게 전개되는 중도유적의 취락의 시간성을 해결하는 데 한계가 있다. 이러한 문제 인식하에 이 글에서는 돌대문토기가 출토되는 Ⅰ유형 및 Ⅱ유형을 대상으로 돌대문토기 및 유물 조성, 주거의 형태, 구조, 규모의 상관성을 토대로 변화를 추적해 나가고자 한다.

3) 역삼동유형인가, 조동리유형인가

춘천 중도유적을 포함한 북한강유역에서 청동기시대 전기의 논쟁점은 조동리유형과 역삼동유형일 것이다. 조동리유형의 공간성을 영서지역 전역에 걸치는 전기문화로 보는 견해(송만영, 2013; 송만영, 2019)와 남한강유역의 전기문화로 국한하는 견해(김권중, 2016; 김권중, 2024)로 나뉘고, 후자는 조동리유형과 대비되는 북한강유역의 전기문화로 역삼동유형을 들고 있다. 더구나 이러한 논의는 조기의 돌대문토기 문화(미사리유형)에서 어떻게 전기문화로 전환되는지와 관련되어 있어서, 미사리유형을 바탕으로 자체적으로 변화하여 조동리유형이 되었다고 보는 견해(송만영, 2013; 송만영, 2019),[6] 남한강유역은 미사리유형에서 조동리유형으로 변하지만, 북한강유역은 한강 하류의 역삼동유형이 파급되어 미사리유형을 대체하는 것으로 이해하는(김권중, 2016; 김권중, 2024) 차이가 있다.[7] 이러한 논쟁은 역삼동유형의 시간성에 대한 인식 차이도 내포하고 있는데, 역삼동유형[8]을 중기로 보는 입장에서는 북한강유역의 공렬토기와 무시석실 노지가 설치된 (세)장방형 주거는 모두 조동리유형 뒤에 나타나는 요소로 파악하고 있으며, 영서지역 전체가 미사리유형(초기) → 조동리유형(전기) → 천전리유형(중기)으로 변하는 것으로 인식한다. 한편, 역삼동유형을 전기로 보는 입장에서는 영서지역에서 미사리유형을 대체하듯 한강하류의 역삼동유형이 북한강유역으로 유입되어 나타나는 것으로 이해한다.

위 논의는 유형을 집단을 반영하는 실체로 인식하는 공통점이 있지만, 유구와 유물 복합체가 북한강유역과 남한강유역이 동질적인지의 여부에 견해차가 드러나고, 이전의 돌대문토기 문화(미사리유형)와의 관계에 대한 인식에 차이가 있다. 필자는 유형이 청동기시대의 집단·사회·경제·환경 등을 설명하는 데에 한계가 있다고 보고, 유형 자체의 연구보다 그 이면의 인간 행위와 모습, 관계를 드러내는 연구가 필요하고, 이를 위해서 유형의 개념과 구조를 해체하여 재인식하고 재편하는 과정이 필요하다고 제기한 바 있다(천선행, 2024). 유형이 가진 문제점으로는 유형을 집단에 대응시킬 수 없는 점, 유형을 설정하는 요건과 유구·유물 복합체를 만족시키는 것이 불가능한 점, 유형을 인식하는 방법이 특정 유물 혹은 유구로 집중되어 개념과 실체 간의 괴리가 확인되는 문제점을 제기한 바 있다. 청동기시대 조·전기에 돌대문, 이중구연사선문, 공렬문, 구순각목 등의 문양이 한반도 남부에 공유되었으며, 이러한 요소들이 다양한 차원의 집단에 의해 수용되어 사용되었고 다양한 물질 자료의 조합이 지역단위 집단 혹은 유적 단위의 집단에 의해 선택되고 수용되었다고 제기한 바 있다(천선행, 2024: 18~23). 여기서 관련 내용을 재론하지 않지만, 춘천 중도유적의 조·전기로 대표되는 돌대문토기와 전기로 대표되는 이중구연 혹은 공렬토기도 이러한 유형 논쟁의 측면에서 재검토할 필요가 있을 것이다.

6 남한강유역의 조동리유형이 남한강유역에만 국한되지 않고 북한강유역을 포괄한 지역에서 분포하고, 북한강유역에서는 세장방형으로 위석식 또는 토광형 노지가 설치된 사례가 많은 것을 지역 차가 아닌 시간차로 이해하기도 한다(송만영, 2013; 2019). 따라서 이 경우에는 북한강과 남한강유역 모두 미사리유형 → 조동리유형 → 천전리유형으로 전개되는 것으로 이해하고, 미사리유형을 계승하여 물질문화가 시간 흐름과 더불어 변하는 것으로 이해한다.

7 영서지역을 북한강과 남한강유역을 분리하여, 북한강유역은 미사리유형 → 미사리유형(하한 2950BP)·역삼동유형(상한 2950BP) → 천전리유형(2750BP) → 천전리유형 지속·수석리유형(상한 2550BP)으로 전개되고, 남한강유역에서는 미사리유형이 북한강유역보다 늦은 조기 후반(북한강유역은 3240bp, 남한강·금강·낙동강유역은 3100bp경) 정도에 형성되어(김권중, 2024; 정유진, 2021), 미사리유형 → 미사리유형 지속(2900BP)·조동리유형(상한 2950BP) → 중기까지 감소하며 지속 → 수석리유형(상한 2550BP)으로 전개되는 것으로 보고 있다(김권중, 2020; 2024).

8 이때의 역삼동유형은 전기의 가락동유형이 변화하여 경기 남부와 아산만 일대에서 백석동유형(전기)으로 변화하고 다시 역삼동유형(중기)으로 변화하는 것으로 이해하고 있다(송만명, 2013; 2019).

3. 돌대문토기 출토 주거와 토기 조성

돌대문토기가 출토되는 주거와 전후 단계를 모두 포함하면, 중도유적에서 출토된 모든 주거를 검토 대상으로 삼아야 한다. 돌대문토기 단계의 변화상을 집중적으로 확인하기 위해서 관련 주거가 적은 취락 Ⅰ군(순환구역·H구역)을 제외하고, 돌대문토기 출토 주거가 밀집하는 취락 Ⅱ군(A~E구역) 자료를 중심으로 살펴보고자 한다.

1) 주거 규모

취락 Ⅱ군에서 Ⅰ유형 주거 46기,[9] ⅡA유형 주거 25기,[10] ⅡB유형 주거 203기, Ⅱ유형으로 보고된 주거가 26기이다. 이를 Ⅰ유형과 Ⅱ유형으로 대비시켜 주거의 장단축을 표시한 것이 〈그림 1〉이다. 북한강유역 주거는 소형(장축 길이 2.3~6m, 면적 30m² 미만), 중형(장축 길이 7~13m, 면적 30~110m²), 대형(장축 길이 13~18m, 면적 110~200m²), 초대형(장축 길이 18m 이상, 면적 200m² 이상)으로 구분(박영구, 2022:70)된다.

그런데 중도유적 주거의 길이와 너비의 분포를 살펴보면, Ⅰ유형은 규모 편차가 커서 뚜렷하게 길이 6m, 11m, 17m를 기준으로 나누어볼 수 있고, Ⅱ유형은 대체로 3~4m에 가장 집중되고, Ⅲ유형은 4~7m에 가장 집중되고 있어 규모 분류가 유형마다 약간 차이가 있다. Ⅰ유형에서 보이는 규격 차, Ⅱ유형이 대체로 6m 이하에 집중되는 점을 고려할 때, 길이 6m, 11m, 17m를 기준으로 규격 차를 확인할 수 있다(그림 1·2).

여기서 주목되는 점은 길이보다 주거 너비의 격차가 뚜렷하다는 점이다. 〈그림 1〉

9 A1구역 3·6호, A2구역 8·33·34·35·44호, B1구역 58·145·171·203호, C1구역 16·43·61·68·69·113·114·127·163·173호, D1구역 26·28·33호, D2-3구역 3·22·40·47·78·80·100·108·121·124·153·159·164·209호, E1구역 164·186·202·206·208·221·230·261호로 46기이다.

10 A1구역 1·2·4·7호, A2구역 26·27·29·41·49·61·67호, C1구역 20·117·170·174호, D1구역 22·34호, D2-3구역 113호, E1구역 152·193·213·222·223·226·249호로 25기이다.

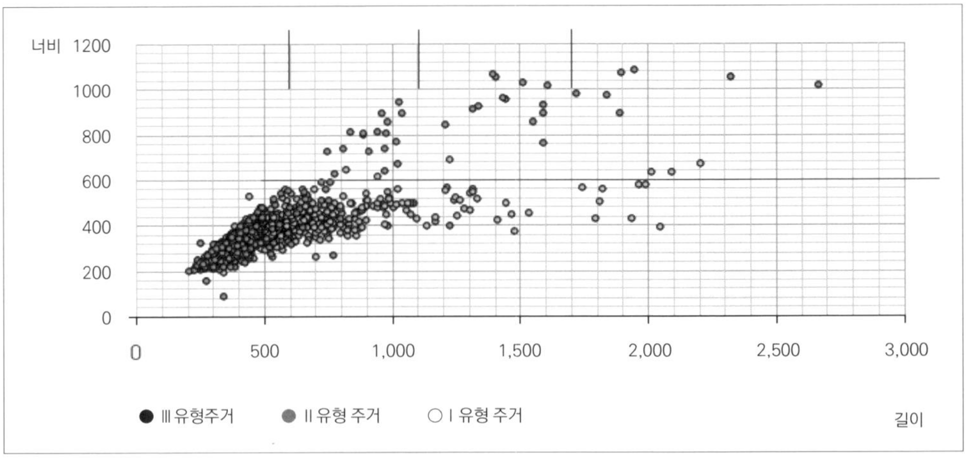

〈그림 1〉 중도유적 주거 유형별 규모

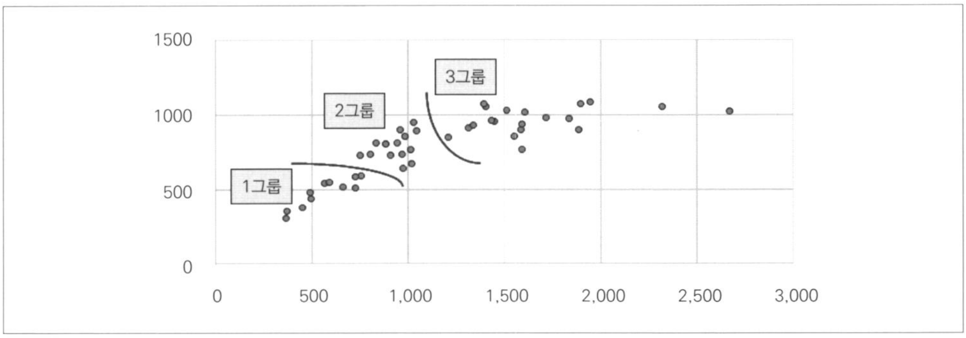

〈그림 2〉 중도유적 Ⅰ유형 주거 규모

과 같이 주거 너비는 대체로 6m를 기준으로 양분되는 점을 알 수 있다. 〈그림 2〉의 Ⅰ유형은 너비 6m를 기준으로 하고 길이까지 포함하자면 3개 그룹으로 나누어진다. 그뿐만 아니라 〈그림 1〉에서와 같이 Ⅱ유형과 Ⅲ유형의 주거들은 일부 극소수를 제외하고 대부분 너비가 6m 이하로 분포하고 있어 Ⅱ유형과 Ⅲ유형은 동일 계열의 변화를 나타낸다고 볼 수 있다. 따라서 Ⅰ유형은 길이와 너비가 함께 커지며 규모가 대형화되는데, Ⅱ유형과 Ⅲ유형은 대체로 너비 규모가 정해진 상태에서 길이 방향의 확장이 두드러지는 결과로 볼 수 있고, 이러한 규제는 칸 개념의 정립과 주거 확장에 따른 결과로 여겨지기도 한다(구준모, 2013; 2024).

다만, Ⅱ유형은 Ⅰ유형 및 Ⅲ유형과도 유사하여 시간에 따라 너비가 점차 축소되는 것인지 아니면, Ⅰ유형 및 Ⅲ유형의 계열이 각각 달랐던 결과인지는 주거 규모만으로는

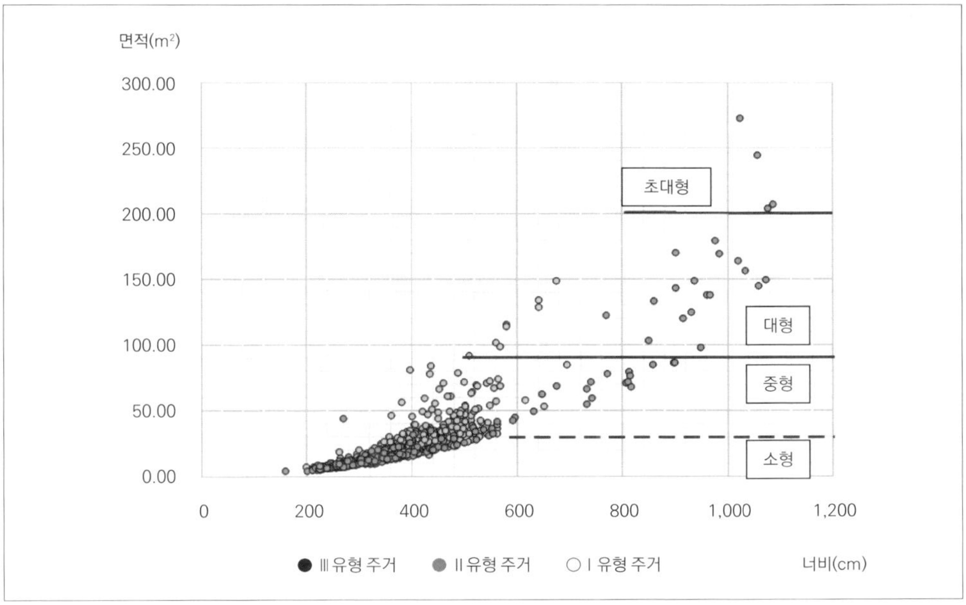

〈그림 3〉 중도유적 주거유형별 면적

알기 어렵다. 왜냐하면 Ⅰ유형과 Ⅲ유형의 차이가 두드러지고 있어 현재 전기(후반)의 자료가 공백으로 남아 있기 때문에 그 격차를 메우는 자료가 부재하기 때문이다.

〈그림 3〉은 너비(x축)와 면적(y축)의 관계를 나타낸 것이다. Ⅰ유형 주거는 너비와 길이 편차가 크기 때문에 기존의 분류대로 대형과 초대형으로 나누어진다.[11] 문제는 대부분의 주거가 중형 이하로 분포하여 소형과 중형의 구분이 쉽지 않다는 것이다. 더구나 소형과 중형의 구분 기준인 30m²도 사실 Ⅲ유형과 Ⅱ유형의 면적 분포차와 거의 동일하다.

이와 같이 주거 너비와 면적의 분포 양상으로 볼 때 유형별 주거 너비 및 면적의 격차가 확실하지만, 이들 주거에서 시기를 판별하는 토기가 광범위하게 공유되고 있어 일률적으로 소형에서 중형으로 혹은 중형에서 소형으로 변한다고 보기는 어렵다. 오히려 중소형의 방형과 장방형이 오랜 기간 조성되었을 가능성을 염두에 두어야 할 필요가 있다.

춘천 중도유적에서 돌대문토기 단계의 주거를 중(대)형의 장(방형), 초대형 세장방

11 다만, 대형의 기준을 110m²보다는 90m²로 보는 것이 타당해 보인다.

〈표 3〉 춘천 중도유적 돌대문토기 출토 주거(노 구조에서 굵은 글씨체는 평면 방형임)

연번	유구	주거 유형	장축 방향	규모	형태	노 구조	노 위치	토기	석기	비고
1	A1-3	Ⅰa1	직교	소형	장방형	석상위석식1	서벽 쪽	• 절상돌대(무각목)1/저부1	• 바닥(편인석부1/발화석1) • 내부(삼각만입석촉1)	
2	A1-5	-	-	소형	방형	무시설식1	중앙	• 돌대문(각목)1	-	
3	A1-6	Ⅰb	직교	중형	장방형	석상위석식1 무시설식1	양 단벽 북 단벽(위석)	• 돌대문5/심발1/구연부2/이중구연?1/저부3/마연발구연1/방추차1	• 바닥(합인석부1/석재1) • 내부(지석1/재가공품1/석재2)	
4	A1-8	Ⅰa2	평행	중형	장방형	위석식1	장벽 쪽(북)	• 호구연1	• 내부(합인석부1/석재2/수정1)	
5	A2-26	Ⅱa	-	소형	방형	무시설식1	중앙	• 내부〔돌대문(각목1/무각목1)/저부1/어망추1〕	• 지석2/발화석1	
6	A2-27	Ⅱa	-	소형	방형	무시설식1	중앙	• 돌대문(각목 외반)1	• 내부(석재1)	
7	A2-29	Ⅱa	-	소형	장방형	무시설식1	중앙	• 돌대(각목 2열)1/발구연1/저부1	• 내부(합인석부1/지석2/석재1)	• 돌대 2줄
8	A2-33	Ⅰb	직교	초대형	장방형	석상위석식1 무시설식1	- 북 단벽(위석) - 중앙	• 내부〔돌대문(각목/외반)1/발형1/구연편3/호저부1/저부1〕	• 바닥(방추차1/지석2/찰절석기1/반제품1) • 내부(합인석부2/갈돌2/공이2/반제품2/석기재가공품1/석재1)	
9	A2-34	Ⅰa1	직교?	소형?	장방형	위석식1	북 단벽쪽?	• 바닥(저부1) • 내부〔돌대문(각목1/구연근접1)/발형구연1〕	• 내부(반제품1)	
10	A2-35	Ⅰb	직교	대형	장방형	무시설식2	양 단벽	• 내부〔돌대문(각목1/무각목1)/발형구연1/호구연1/저부1/방추차1〕	• 바닥(옥1/편인석부2/갈돌1/공이1/석재2) • 내부〔석도(장방형2)/석부3/지석1/공이1/반제품1/석재8〕	• 초석2열
11	A2-41	Ⅱa	직교?	소형	장방형	무시설식1	남 단벽	• 돌대문1/저부1	-	
12	A2-44	Ⅰb	직교	대형	장방형	무시설식1 석상위석식1	양 단벽 (위석 남 단벽)	• 바닥(심발1) • 내부(구연부1/저부1)	• 내부(석도1/합인석부1/편인석부1/공이1/석재2)	
13	A2-62	Ⅱa	-	(소형)	(방형)	무시설식1	중앙	• 돌대문구연부1	• 내부(반제품1)	

14	B1-43	Ⅱ	직교	중형	장방형	무시설식1	북 단벽	-	-	
15	B1-58	Ⅰ	직교	중형	방형	석상위석식1 평지식1	양 단벽 (위석 남 단벽)	-	-	
16	B1-145	Ⅰ	직교?	소형	방형?	석상위석식1	중앙	• 완형1	• 미상 석기	
17	B1-171	Ⅰ	평행	중형	장방형	석상위석식1	중앙	• 돌대문(각목일주1/구연접＋외각구순1)/호형(평저)/발형/환저1?/저부2	• 합인석부/편인석부1/미완성 석부/석도2/찰절구1/미상석기	
18	B1-203	Ⅰ	-	중형	방형	석상위석식1	북벽	• 심발형1/평저장경호2/호3/대각토기1	• 석도3/지석2/미완성 석기1/미상 석기5	
19	C1-16	Ⅰ	-	소형	방형	**석상위석식1**	서벽	• 원형토제품1	• 지석1	
20	C1-20	ⅡA	-	소형	방형	수혈식1	중앙 (약간 남벽)	• 환저2/돌대문/심발형2	• 연석/연석봉	
21	C1-43	Ⅰ	직교	대형	장방형	**석상위석식1** 수혈식1	양 단벽 (위석 북벽)	• 돌대문(구연접1/뉴상1)/저부1/호형저부1/토제방추차1	• 장방형석도1/이형석도편1/석도편1/지석1/연석봉1/미완성석기3/미상석기	• 수당리유사
22	C1-49	ⅢA	-	소형	빙형	-	-	• 돌대문편1	• 일단병석검1/합인석부1	• 제외
23	C1-61	Ⅰ	직교	중형	장방형	**석상위석식1** 수혈식1	양 단벽 (위석 남벽)	• 외절구연1/동체부편1	• 석부1/이형석도1/무경식석촉1	
24	C1-68	Ⅰ	직교	대형	장방형	**위석식1**	남벽	• 돌대문(각목일주2/절상1)/발형2	• 석부3/방추차3/지석1/이형석도1	• 69→68
25	C1-69	Ⅰ	직교	대형	장방형	석상위석식1 수혈식1	중앙(수혈) 남벽(위석)	• 돌대문(구연접2)	• 방추차1	• 69→68 • 43호 유사
26	C1-113	Ⅰ	평행	중형	장방형	**석상위석식1**	동 단벽	-	• 미완성석부1/석제방추차1/석도1	• 114→113
27	C1-114	Ⅰ	평행	중형	장방형	**석상위석식1**	서 단벽	• 돌대문(절상1)	• 이형석도1/장방형석도1/미완성석부5	• 114→113
28	C1-127	Ⅰ	직교	중형	장방형	**석상위석식1** 수혈식1	중앙(수혈) 남벽(위석)	• 돌대문(무각목1)/이중구연1/발형1	• 갈돌 등	
29	C1-163	Ⅰ	직교	대형	장방형	석상위석식1 수혈식1	남 단벽 (수혈/위석)	• 돌대문(각목일주3/무각일주3/긴절상1/뉴상1)/발형4/이중구연사선1/호형2(1점은 구순각목)/평저장경호1/저부1	• 합인석부3/편인석부1/지석2/즐형석도1/석도2/이형석도1/방추차4/석착1/미상8	• 초석 • 127호 유사 • 69,68호 유사
30	C1-170	ⅡA	-	소형	방형	수혈식1	중앙	• 무각돌대1	• 지석	

연번	유구	주거 유형	장축 방향	규모	형태	노 구조	노 위치	토기	석기	비고
31	C1-173	Ⅰ	직교	대형	장방형	**석상위석식1** 수혈식(3)	양 단벽과 중앙 (위석 남벽)	• 돌대문(각목1/긴절상1)/구연편2/호형1/환저저부1/저부2	• 방추차/미완성석부 등/갈돌/갈판	
32	C1-174	ⅡA	-	소형	방형	수혈식1	중앙	• 돌대문1/발형1	• 석부편?1 등	• 173유사
33	C2-3		직교에 가까움	중형	장방형	**석상위석식1**	남벽	• 돌대(구연접)1	• 미완성석기 등	
34	D1-14	ⅢA	직교	소형	장방형	-		• 돌대문구연편1	• 석부1/지석1/방추차1	• 제외
35	D1-22	ⅡA	-	소형	방형	무시설식1	중앙?	• 돌대문(각목일주1/긴절상1)/외각구순각목1/호형동체편2	• 석기	
36	D1-26	Ⅰ	평행	소형	방형	석상위석식1	중앙	• 무각목돌대1/호형구연부1/발형1/공렬편1	• 지석	
37	D1-28	Ⅰ	직교에 근접	중형	방형	위석식1 무시설식1	양 단벽 (위석 북벽)	• 호형구연부편1	• 석부반제품1/방추차1	
38	D1-33	Ⅰ	평행에 근접	중형	방형	**석상위석식1**	동벽 쪽?	-	• 석촉1/지석2/어망추2	
39	D1-34	ⅡA	평행	소형	장방형	무시설식1	중앙 (약간 북장벽)	• 돌대문(각목일주3/무각목일주1/뉴상1)/외각구순1/외절구연1	• 지석1/어망추1/방추차1	
40	D2·3-3	Ⅰ	직교	중형	방형	**석상위석식1**	북 단벽	• 돌류문구연편1/호형1	• 석촉1	
41	D2·3-7	?	직교	?	?	무시설식1	남 단벽	• 돌대문2/발형1	• 석재1	
42	D2·3-10	ⅢA	평행	소형	장방형	무시설식1	중앙	• 돌대문구연부1/저부1	• 석검1/석촉4/방추차1 등등	• 제외
43	D2·3-22	Ⅰ	직교	대형	장방형	무시설식1 석상위석식1	중앙(위석) 남 단벽	• 돌대(구연접1/뉴상1)/이중구연1/환저1/발형2/저부2	• 합인석부1/주상편인석부/장방형석도1/석착1/지석1/갈판1/무경촉1/일체형석촉2	
44	D2·3-40	Ⅰ	직교	중형	방형	**석상위석식1**	북 단벽	• 돌대문2/절상1/외각구순1/돌류문구연부편1/발형1/외절구연편1	• 합인석부2/석도미완성1/즐형석도1/지석1/미상석기2	
45	D2·3-46	ⅡB	직교	중형	장방형	무시설식1	북 단벽	• 이중구연편1/내만구연편1	• 석도편1/이형석도2	

46	D2·3-47	Ⅰ	직교	초대형	장방형	-	-	• 돌대문1/무각목돌대2/호형1/발형1/외절구연1	• 지석1/석부1/미완성석기1	• 초석
47	D2·3-78	Ⅰ	직교	대형	장방형	위석식1	북 단벽	• 돌대문1/이중구연구연편2/호형1/호형구연부편1/저부/발형2	• 지석/갈돌/갈판/1단병식석검/방추차1 등	• 초석
48	D2·3-80	Ⅰ	-	중형	방형	위석식1	중앙(남벽 쪽)	• 발형1/호형구연부편1/이중구연1/저부	• 석부1/석도편1/미상1	
49	D2·3-100	Ⅰ	직교	중형	장방형	**석상위석식1**	남 단벽	• 무각돌대 or 이중구연1/발형3/호형1	• 갈돌1/편인석부1/석기반제품1	
50	D2·3-102	ⅢA	평행	중형	장방형	무시석식2	중앙/동 단벽	• 이중구연?1/발형1		• 제외
51	D2·3-103	Ⅳ	평행	소형	장방형	-		• 돌대문1/호형구연부2	• 편인석부1/석도1/유구석부	
52	D2·3-108	Ⅰ	평행	초대형	장방형	**석상위석식1**	서단 벽	• 돌류2/돌대7/발형1/구연부1/호형1/저부1/동체부2	• 무경촉1/유경촉1/어형석도1/지석2/어망추1/미상석기	
53	D2·3-113	ⅡA	-	소형	방형	무시설식1	중앙	• 절상돌대문1/호형1		
54	D2·3-121	Ⅰ	직교	초대형	장방형	**석상**위석식1 무시설식2	양 단벽 (위석 남 단벽)	• 돌대문2/이중구연1/저부1/방추차2	• 석부1/석촉1/지석1	초석
55	D2·3-124	Ⅰ	-	중형	방형	위석식1 무시설식3	양 단벽 (위석 북벽)	• 발형1/구연편1/저부편1/방추차3	• 석부2/어망추	
56	D2·3-129	ⅡB	-	소형	방형	무시설식1	서벽	• 외각구순1/방추차1		
57	D2·3-142	Ⅳ	평행	소형	장방형	-	-	• 돌대문1/방추차1	• 합인석부1	
58	D2·3-149	ⅡB	-	중형	방형	무시설식1	중앙	• 발형구연부2/유공저부1/환저저부1/방추차1	• 장방형석도1/갈돌	
59	D2·3-153	Ⅰ	직교	대형	장방형	**석상위석식1** 무시설식2	북벽 ??	• 호형1/발형1/방추차1	• 석부1/방추차1	초석
60	D2·3-159	Ⅰ	직교	대형	장방형	석상위석식1 무시설식1	양 단벽 (위석 남벽)	• 공렬1/외반구연편1/발형1	• 석부2/일체형석촉2	
61	D2·3-162	ⅡB	-	소형	방형	무시설식1	중앙	• 돌대문1/발형구연부2	• 일체형석촉1	
62	D2·3-164	Ⅰ	직교	대형	장방형	**석상위석식1**	남 단벽	• 돌대문3/무각돌대1/이중구연단사선7/이중구연2/구순각목1/발형4/외절구연구순각목1/호형2/저부1/방추차1	• 어망추2/합인석부3/편인석부4/장방형석도2/방추차3/지석6/곤봉두1	• 초석2열

연번	유구	주거 유형	장축 방향	규모	형태	노 구조	노 위치	토기	석기	비고
63	D2·3-205	ⅢA	평행	중형	장방형	무시설식2	중앙/서 단벽	• 돌대문1/돌류문1/발형1/발구연부편1	• 석부4/석도1/석도미완성품1/일체형석촉1	• 제외
64	D2·3-208	?	평행?		장방형 ?	석상위석식1 무시설식1	중앙 남 장벽(위석)	• 돌대문1/호형동체1		
65	D2·3-209	Ⅰ	평행	중형	장방형	석상위석식1 무시설식1	남 장벽	• 호형1/발형1	• 석부1/지석1/장방형석도1	
66	E1-164	Ⅰ	-	중형	방형	석상위석식1	북벽	• 긴절상돌대1	• 합인석부1/편인석부1/석도미완성1 등	
67	E1-183	ⅢAb	평행	중형	장방형	무시설식2	중앙/동 단벽	• 돌대문1/호형2/발형4	• 일체형석촉29/무경식석촉1/석창1/석검1 등	• 제외
68	E1-186	Ⅰ	직교	중형	장방형	석상위석식1	중앙			
69	E1-193	ⅡA	-	소형	방형	무시설식1	중앙	• 돌대문?(환저형?)		
70	E1-202	Ⅰ	직교	대형	장방형	석상위석식1	북 단벽	• 돌대문2/절상1/외각구순2/구순각목1/발형3/환저토기1/저부1/호형10/호형저부3/대각토기3/평저장경호7/방추차	• 합인석부/편인석부1/장방형석도6/방추차4/지석/연석 등	초석
71	E1-206	Ⅰ	직교	대형	장방형	석상위석식1	북 단벽	• 돌대문1/호형구연편1/저부2	• 합인석부1/석착1/장방형석도1/연석1	
72	E1-208	Ⅰ	직교	대형	장방형	석상위석식?1	남 단벽	• 절상돌대2/무각목돌대1/저부편1	• 합인석부1/석재 등	
73	E1-210	ⅡB	-	소형	방형	무시설식1	중앙	• 대각토기1		
74	E1-213	ⅡA	-	소형	방형	무시설식1	중앙	• 내각구순1/호형1/저부편1		
75	E1-221	Ⅰ	-	중형	방형	석상위석식1	남 단벽	• 돌대문1/구순각목1/발형3/호형4/저부2/방추차2	• 합인석부1/편인석부1/즐형석도2/장방형석도2/방추차3 등	
76	E1-223	ⅡA	직교	소형	장방형	무시설식1	중간 (남 단벽 근접)	• 뉴상2/돌대문1	• 합인석부1	
77	E1-226	ⅡA	-	소형	방형	무시설식1	중앙	• 절상돌대1		
78	E1-230	Ⅰ	-	대형	방형	석상위석식1	남 단벽	• 뉴상1/호형구연부편2/저부편2	• 합인석부1/편인석부2/장방형석도3/갈돌1/ 갈판1	
79	E1-261	Ⅰ	평행	대형	장방형	석상위석식2	중앙/동 단벽	• 돌대문1/이중구연1/발형구연1/호형구연1/호형동체부1/저부3	• 합인석부2/장방형석도2/지석1/연석 등	

형 주거에 석상(위석식) 노가 설치된 형태(I유형)와 소형의 방형주거에 무시설식 노가 설치된 형태(II유형)로 분류(김권중, 2020)하고, II유형을 돌대문토기 단계 이른 시기로 보는 견해(김권중, 2020; 박영구, 2022; 오강원, 2023), 즉 주거 평면 및 규모가 일률적으로 시간에 따라 변화할 것이라 보고 시간적 선후관계로 파악하는 것은 재고가 필요하다. 오히려 (장)방형의 중소형 주거가 다른 주거와 병렬적으로 존재(정원철, 2019: 156)하였을 가능성이 높음을 보여준다.

2) 주거의 장축 방향과 노의 위치

돌대문토기 출토 주거의 장축 방향은 일반적으로 하천에 직교하다가 점차 평행해지는 것으로 알려져 있다. 물론 이러한 변화가 뚜렷한 획기를 가지고 전개되는 것은 아니지만, 시간성을 반영하는 요소임이 분명하다. 다음으로 노의 위치는 마을 내부 공간 설계, 취락 축조를 위한 관습, 방위성, 의식, 환경과 결부되어 결정되었을 가능성이 클 것이다. 그러한 사례로 정선 아우라지유적과 구리 토평동유적을 들 수 있다.

구리 토평동유적에서는 환구 주변을 둘러싸듯 주거가 조성되고, 이들 주거 가운데 17호를 제외하고 노지는 모두 환구 쪽이 아닌 반대편 단벽에 치우쳐 조성된다. 즉 이들 주거는 대부분 입구가 환구를 향해 설치되었을 것으로 생각되고, 입구에서 떨어진 안쪽에 노지가 조성된 것으로 볼 수 있다. 정선 아우라지유적에서는 돌대문토기와 공렬토기 출토 주거가 모두 조성되는데, 아우라지 I구역에서는 하천에 직교하는 주거 가운데 남단 벽 쪽에 노지가 설치되는 사례들이 있지만, II구역의 II-2호(공렬), 6호(무문), 10호(구순각목), 12호(구순각목), 13호(무문), 22호(구순각목/구순각목+공렬), 23호(구순각목+공렬)같이 구순각목 혹은 공렬이 출토되는 주거들은 위석노가 중앙 및 북쪽 혹은 양단 벽에 조성되는 것이 많다.

이러한 정황을 고려하면, 춘천 중도유적도 하천에 직교하는 주거들은 노가 남 단벽에 치우쳐 있는 것이 이르고, 직교하면서 노가 북 단벽에 위치하는 것이 늦을 가능성이 있다. 중도유적의 돌대문토기 출토 주거를 조사한 것이 〈표 4〉이다. 노가 남 단벽에 위치하는 것이 대체로 연대 측정치가 이른 편이고, 북단 벽에 위치하는 것은 연대 측정치가 상대적으로 늦다. 모든 충적지상에 조성된 주거를 살펴본 것은 아니지만, 대체로 하천의 흐름에 맞추어 동서 방향으로 길게 형성된 충적지를 선호하였을 가능성이 크고 주거도 남북 방향으로 설치하였을 가능성이 엿보인다. 하지만 왜 당시 사람들이 남 단벽에 노를 주로 설치하다 점차 북 단벽으로 노 위치를 옮겨갔는지 이유는 분

〈표 4〉 춘천 중도유적 돌대문토기 출토 주거의 노 위치와 절대연대 측정치

<table>
<tr><th rowspan="2" colspan="2">노위치</th><th colspan="3">장축 방향</th></tr>
<tr><th>직교</th><th>평행(라군)</th><th>방형+중앙(마군)</th></tr>
<tr><td rowspan="2" colspan="2">남 단벽
(가군)</td><td>• 소형: A2-41 E1-223
• 중형: C1-127/C2-3/D2·3-100/E1-221
• 대형: C1-68·69·163·<u>173</u>/D2·3-<u>22</u>·164/E1-208·230</td><td rowspan="3">• 소형 : D1-34·26/D2·3-103·142
• 중형 :A1-8/<u>B1-171</u>/D1-33/D2·3-208·209
• 대형:C1-113·114/E1-261
• 초대형:D2·3-108</td><td rowspan="3">• A1-1·2·3·4·5
• A2-26·27·29·62
• C1-16·<u>20</u>·170·174
• D1-22·26
• D2·3-80·113·129·149·162
• E1-124·164·193·210·213·226</td></tr>
<tr><td>• C1-163〔3175±23bp(1494~1422BC)〕
• C1-68〔3239±20bp(1529~1460BC)〕</td></tr>
<tr><td rowspan="3">양
단
벽
(나군)</td><td>남
벽</td><td>• 소형 : A2-44
• 중형 : B1-58/C1-61
• 대형 : A2-35/D2·3-159
• 초대형 : D2·3-121</td></tr>
<tr><td rowspan="2">북
벽</td><td>• 중형 : A1-6/D1-28/D2·3-124
• 대형 : C1-43</td><td rowspan="5">• A1-8〔2960±25bp(1217~1126BC)〕
• B1-171〔3020±40bp(1400~1120BC)〕
〔2970±40bp(1260~1120BC)〕
• E1-261〔2910±30bp(1155~1045BC)〕</td><td rowspan="5">• A1-3〔2930±40bp(1210~1050BC)〕
• B1-203(중앙이나 북벽쪽)
〔3020±40bp(1260~1110BC)〕
〔2960±40bp(1380~1210BC)〕
• C1-20〔3169±24bp(1493~1419BC)〕
• C1-174〔3187±22bp(1496~1434BC)〕</td></tr>
<tr><td>• A1-6〔2900±25bp(1122~1019BC)〕</td></tr>
<tr><td rowspan="2" colspan="2">북 단벽
(다군)</td><td>• 소형 : A2-34
• 중형:B1-43·203/D2·3-3·40·46/E1-164
• 대형: D2·3-78·153/E1-<u>202</u>·206
• 초대형 : A2-33</td></tr>
<tr><td>• A2-33〔3010±40bp(1380~1130BC)〕
• A2-34〔2890±40bp(1130~1000BC)〕
• E1-202〔2960±30bp(1220~1120BC)〕</td></tr>
<tr><td colspan="2">중앙</td><td>• 중형 : E1-186
• 소형 : B1-145/A1-3(서벽)</td></tr>
</table>

※진한 글씨(이중구연), 밑줄(환저), 이탤릭체(대각토기) 출토
※방형 가운데, 특정 방향에 노가 치우쳐 있는 경우에 한해서는 직교, 평행으로 판단하였다.

명하지 않다. 다만, 주거를 설계하는 기획의 정형성이 점차 흐트러지고 아울러 장축 방향이 하천과 평행한 방향으로 바뀌는 것과도 관련이 있을 것이다.

3) 돌대문토기와 토기 조성

돌대문토기는 일주하는 돌대를 중심으로 절상·유상이 출현한다. 돌대의 위치는 점차 구연단으로 가까워지며, 각목의 형태로 뚜렷한 것에서 선상으로 변화한다(천선행, 2005). 그러나 이러한 변화가 일률적으로 나타나지 않으며, 돌대문토기는 일주 단계부터 절상과 함께 등장한다(천선행, 2005). 따라서 일정한 경향성은 확인되지만, 주거에서 편으로 출토되는 토기편 몇몇을 통해 단계를 명확하게 설정할 수 없음은 분명하다. 따라서 이 글에서는 기종 구성이 풍부한 자료를 바탕으로 경향성을 확인하고, 앞서 살펴본 장축 방향 및 노 위치의 조합과 토기 조성의 상관성을 검토해 보고자 한다.

직교하며 노가 남 단벽에 있는 가군, 노가 양단 벽에 있으나 위석식 노가 남쪽에 있는 것은 나1군, 북쪽에 있는 것을 나2군, 직교하며 노가 북 단벽에 있는 것을 다군, 장축이 평행하는 것을 라군으로 나누어 군별로 토기유물의 조합상을 살펴보았다(표 5). 〈표 5〉와 같이 가군은 각목돌대문, 이중구연이 조합되는 경우가 많고, 돌대문도 일주하는 각목돌대문을 비롯하여 절상돌대문, 돌대형구순각목도 출토된다(D2·3-164). 이러한 조합상은 정선 아우라지유적의 I-8호 단계와 유사하나, 아우라지에 비해 이중구연의 수량이 많고 이중구연상에 거치문이 시문되는 차이가 있다. 더구나 가군 가운데 이중구연과 조합되지 않고 돌대문만 확인되는 주거도 상당수 확인된다(C1-68·69·173호, E1-223호 등). 이들은 나군, 다군과도 유사한 양상이라 일부는 나군과 공존 가능성이 있지만, 출토 유물 수가 적고 절상돌대 혹은 유상돌대의 비율은 낮은 점에서 차이가 있어 가군에 근접한 시점으로 판단된다.

다음으로 나군은 이중구연이 조합되는 양상이 즐어들고 대체로 돌대문(A1-6호, A2-35호, C1-43호)만 확인되거나 무문양만 출토(A2-44호, D2·3-124, C1-61호)된다. 돌대문은 일주하는 각목돌대문보다 구연에 접하거나 절상돌대 혹은 유상돌대의 비율이 확실하게 많아진다. 다군부터는 전체 해당 주거에 비해 이중구연이 출토되는 주거가 더욱 줄어들고, 돌대문만 확인되거나 무문양토기만 출토되며, 일부에서는 대각토기, 평저장경호, 돌류문 등이 함께 조성되는 등 토기 조성이 다양해진다(E1-202·210호, D2·3-3·40·44호). 이러한 양상은 라군도 마찬가지로, E1-261, B1-171, D2·3-108호의 유물 조성이 제각각이다. D2·3-108호에서는 돌대문이 구연에 접하여 이중구연 효과가 나는 것인데, 돌류문이 함께 조성되고, 주형 또는 어형 석도가 출토된다. E1-261호도 돌대문이 출토되나 저경비가 넓은 형태(정유진, 2021)이고, B1-171호도 돌대문이 구연에 접하고 구순각목이 시문된 것과 함께 출토된다. 특히 B1-171호와 E1-261호에서 함께 평저장경호가 출토되는 점이 공통적이다. 라군은 출토 유

〈표 5〉 춘천 중도유적 돌대문토기 출토 주거지와 출토 유물 관계(※표시는 방형주거)

장축 및 노 위치	돌대문+이중구연	돌대만	발형만	기타
직교 + 노 남 단벽 (가)	• D2·3-164(돌대, 이중구연사선(거치), 돌대형구순각목) • C1-127(무각목, 이중구연) • D2·3-22(돌대 구연접, 유상돌대, 이중구연, 환저) • D2·3-100(이중구연, 무문) • C1-163(돌대, 돌대 구연접, 절상, 유상, 이중구연?, 돌대형 구순각목 호형)	• C1-69(돌대 구연접) • C1-68(돌대 구연접, 절상, 거치상각목) • E1-223(무각목절상, 돌대) • C1-173(긴절상, 돌대, 환저토기) • E1-208(절상돌대) • C2-3(돌대 구연접) ※A2-41(돌대 구연근접) ※E1-221(돌대 구연근접, 구순각목)주거 방형 ※E1-230(절상돌대, 경계 불분명 호?)주거 방형		
직교 + 양 단벽 (위석 남) (나1)	• D2·3-121(돌대 구연접, 절상, 이중구연)	• A2-35(돌대 구연근접)	• A2-44 • C1-61 (외절구연)	
직교 + 양 단벽 (위석 북) (나2)	○	• A1-6(돌대, 돌대 구연접, 발형) • C1-43(돌대 구연접, 유상돌기-수당리유사, 적색마연 동체 원저)	※D1-28(호형) • D2·3-124 • A1-6	
직교 + 노 북 단벽 (다)	• D2·3-78(돌대 구연접, 이중구연, 석검) • D2·3-46(이중구연사선)	• E1-202(돌대 구연접, 절상돌대, 구순각목, 돌대형구순각목, 환저토기, 대각토기, 평저장경호) ※B1-203(대각토기, 평저장경호, E1-202와 동일 • D2·3-40(절상돌대, 돌대 구연접, 사선문) • A2-33(돌대, 무문) • A2-34(돌대 구연근접) ※E1-164(절상) • E1-206(돌대 구연접)	• D2·3-153	• D2·3-3 (돌류)
방형 + 노 중앙 (마)	• D2·3-**80**(돌대 구연접 or 이중구연)	• C1-20(돌대, 환저토기) • C1-174(돌대) • D1-26(돌대 구연접) • D1-22(돌대 구연근접, 절상, 돌대형 구순?) • D2·3-162(돌대 구연접) • D2·3-113(절상) • D2·3-142(절상돌대) • E1-226(절상) • A2-26(돌대, 돌대 구연근접) • A2-27(돌대) • A2-29(돌대 2줄) • A2-62(돌대) • A1-4(돌대형 구순각목) • A1-3(유상돌대) • A1-5(돌대)	• D2·3-149 • E1-193 • A1-1	• E1-210 (대각토기) • E1-213 (거치문)
평행 (라)	?	※D1-34(돌대 구연근접, 돌대형 구순각목) • E1-261(돌대, 돌대 구연접, 평저장경호?) • B1-171(돌대 구연근접, 평저장경호, 원저토기?) ※C1-114(절상) • D2·3-208(돌대 구연근접, 마연호?)		• D2·3-108 (돌대 구연접하여 이중구연화, 돌류문, 이중구연사선)
직교 + 노지 없음		• D2·3-47(돌대 구연접)		

물이 적어서인지 시차가 있기 때문인지 확실하지 않지만, 이중구연이 거의 공반하지 않는 것이 특징적이다.

이상으로 주거 구조, 특히 장축 방향 및 노 위치와 토기 조성에 일정한 상관성이 확인된다고 할 수 있다. 따라서 경계에 해당하는 사례들은 전후 단계에 포함될 여지가 있지만, 대체로 돌대문토기가 출토되는 주거는 [가군 → (나군)[12]다군 → 라군]으로 변화하는 것으로 판단된다. 특히 가군에서 양호한 유물상을 보여주는 D2·3-164호의 양상은 전기 후반으로 볼 수 있는 정선 아우라지유적 I-8호 단계와 유사하고, 나군 이하는 대체로 전기에 포함되는 것으로 추정된다.

한편, 환저토기에 대해 북한강유역에서는 중도유적에서만 출토된다. 환저토기가 출토되는 주거지는 무시설식 노를 갖춘 중형 이하의 방형주거지로, 각목돌대문, 절상돌대문, 이중구연문 등 조기단계에 출토되는 대부분의 토기 종류가 공반된다고 보고(박영구·허의행, 2022: 12), 조기 전반의 표지유물로 인식(박영구, 2022: 75)하고 있다. 그러나 구리 토평동유적에서 구순각목된 환저가 출토되어 전기 전반으로 편년하기도 한다(구준모, 2020). 환저토기가 조기의 지표인지 전기 전반까지 내려오는지는 구체적인 검토가 필요하고 공반상에 따라 지속되는 시기에 차이가 있지만, 어떻든 동일한 구성이 확인된다면 비교적 동시기의 것으로 볼 수 있고, 조·전기 토기문화 전개상 이른 시기의 요소라고 보는 데에는 의문이 없을 것이다. 그런데 중도유적의 환저토기는 〈표 5〉 가군 C1-173, D2·3-22, 〈표 5〉 마군 C1-20, D2·3-149, 〈표 5〉 라군 B1-171호에서 확인되고 무시설식 노도 있지만, 석상위석식도 함께 확인된다. 대부분은 방형의 소형주거를 비롯하여, 직교하는 대형 주거지에서 남 단벽에 노지가 위치하는 주거에서 출토되지만, 일부 B1-171호는 장축 방향이 평행하고, E1-202호는 노가 북 단벽에 있다. 따라서 환저토기의 출토 상황으로 볼 때, 반드시 조기로 한정한다고 보기는 어렵고 조기부터 전기 일정 기간까지 공반한 것으로 추정된다. 다만 B1-171호는 완전한 환저라기보다는 평저에 가까운 형태(E1-193도)이기도 하여 검토가 필요하다.

대각토기는 B1-202·203·210호에서 확인된다. 대부분 노지가 북 단벽(E1-202) 혹은 방형 주거의 중앙(B1-203호 노지가 중앙에서 북벽에 약간 치우침. E1-210호)에서 확인된다. 대각의 형태는 컵형으로 정선 아우라지에서 출토되는 것과 비슷하지만, 대각부의 형태에 차이가 있다. 정선 아우라지의 사례를 감안하면, 춘천 중도유적에서도 조기 후반에 대각토기 및 평저장경호가 공반되어도 무리가 없을 것 같은데, 현재로서는

12 나군이 마군(방형+노 중앙) 주거가 2기 합쳐져 있는 양상이기도 하여, 나군이 가군과 다군 사이에 개재하는 변화의 현상인지는 분명하지 않다.

이른 요소의 토기보다는 늦은 요소의 토기들과 공반하는 것이 사실이다. 이러한 대각토기와 평저장경호의 등장 시점의 차이는 남한강유역과의 지역적 차이와 시간차를 의미하는 것으로 추정되고, 춘천 중도유적에서는 소위 흔암리식토기의 양상이 많이 두드러지지 않는 점도 포함하여 시사하는 바가 크다.

4. 중도유적 돌대문토기와 취락의 특징

1) 돌대문토기 출토 주거의 전개

춘천 중도유적의 돌대문토기 출토 주거는 대체로 조기 후반부터 전기 전반에 걸친다. 다만, 소형과 중대형 주거의 관계에 대해서는 현재 시간적 선후관계로 인식하는 견해(오강원, 2023)와 기능 차[13]가 있는 것으로 보는 견해(김권중, 2024: 2)로 나누어진다. 특히 시간차로 보는 이유는 주거지군이 무시설식노지군과 위석식 노지군으로 구분되고, 주거지 규모 또한 전자는 모두 평균면적 8.97m²의 소형이며, 반면 후자는 소형도 소수 있고 절대다수가 평균면적 76.64m² 전후의 대형이라는 점에서 차이가 있다. 또한 전자에 각목돌대문토기 외에 이중구연토기와 환저 직립구연토기가 적극 조합되기 때문이다(오강원, 2023).

그러나 결론적으로 말하면 이러한 차이가 시간적 속성인지는 분명하지 않다. 환저토기가 무시설식노지(C1-20)에서도 출토되고, 두 주거군은 각목돌대문토기와 토제 양측결구 어망추 등이 출토되는 공통점도 있기 때문이다(오강원, 2023). 그렇다고 기능 차라는 양자택일적 선택도 할 수 없는 상황이다. 소형의 방형주거의 규모가 작아 출토 유물이 풍부하지 않은 데 기인하기도 하지만, 소형과 중대형이 병렬적으로 동시에 존재하며 전개된 것으로 추정된다. 소형 방형인 C1-20호에서 환저토기가 출토되고, 대체로 다른 토기의 공반 없이 돌대문과 출토되며, 돌대문만 출토되는 경우는 사실상 조기 후반부터 전기 전반까지 지속적으로 확인되기 때문에 규모를 시간차의 근거로 보기는 어렵다.

앞서 분석한 내용에 따라 주거의 장축 방향 및 노의 위치를 근거로 해당하는 주거의 공간 분포를 살펴보면, 〈그림 4〉와 같다. 돌대문토기 출토 주거는 충적지를 따라 선상

13 소형 방형주거지에서 취사용의 심발과 저장용 호형토기, 연석과 연석봉이 출토되는 것을 근거로 취사 전용의 유구(김권중, 2024: 2)로 보기도 한다.

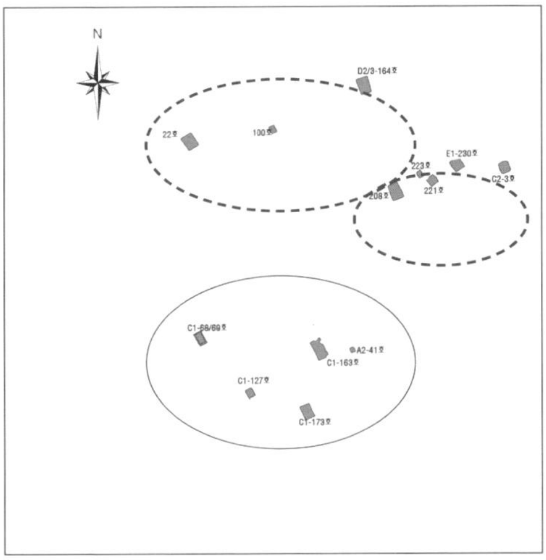

① 가군의 주거 분포

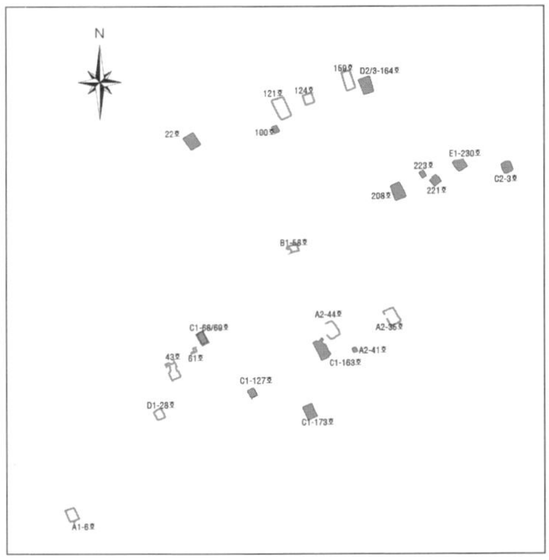

② 가군 및 나군 주거 분포

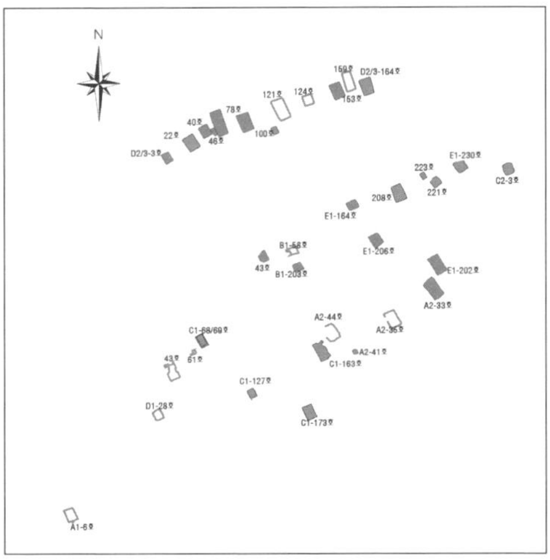

③ 가~다군 주거 분포

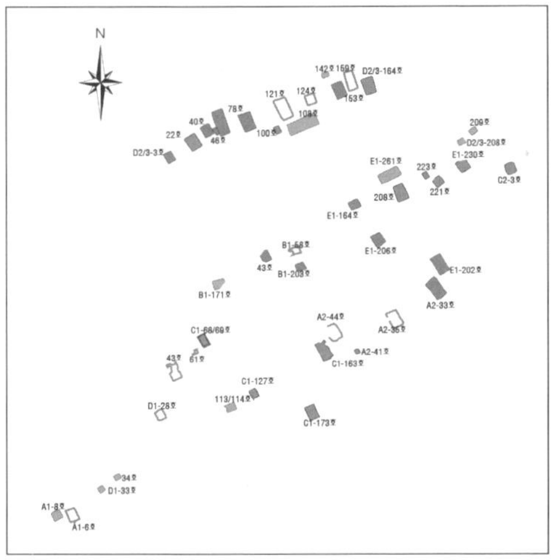

④ 가~라군 주거분포

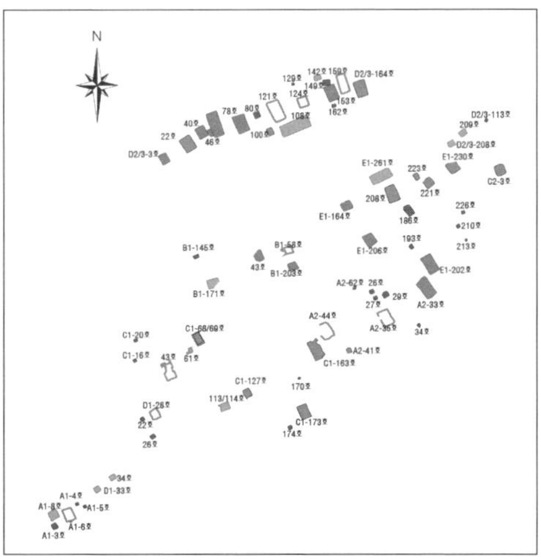

⑤ 가~마군 주거 분포

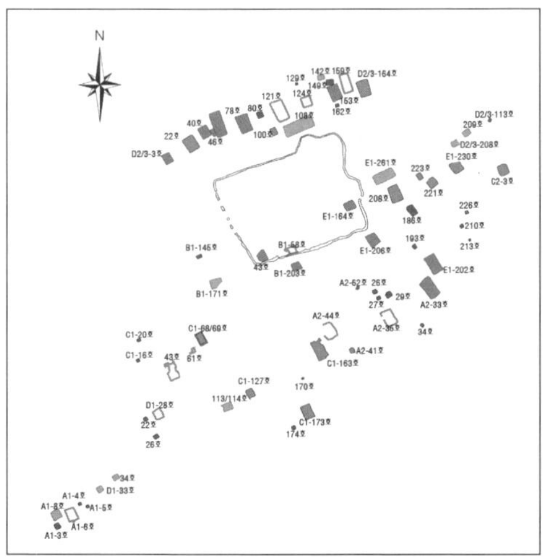

⑥ 가~마군 주거 및 환호 분포

〈그림 4〉 춘천 중도동유적 돌대문토기 출토 주거 분포

으로 배치된다고 알려져 있지만(박영구, 2022; 김권중, 2024),[14] 이러한 선상 배치가 처음부터 완성되는 것은 아니다. 지금까지의 분석 결과로 볼 때, 선상 배치는 시간의 누적에 따른 주거의 확산 결과로 볼 수 있다(그림 4·5). 장축 방향이 하천에 직교하고 노가 남단 벽에 위치하는 가군 주거들이 중도동유적에서 가장 먼저 취락을 형성하는데, 대체로 3개 지점(E1구역, C1구역, D2·3구역)으로 나누어져 일정한 거리를 두고 주거가 독립적으로 조성되기 시작한다(그림 4-①). 이후 나군 및 다군 주거가 가군 주거 옆으로 조성되면서 점차 선상 혹은 열상배치 양상을 띠게 된다(그림 4-②·③). 그 외에 장축 방향이 평행하는 라군, 그리고 방형주거의 마군을 모두 합하여도 기존 주거 배치 패턴에서 크게 벗어나지 않는 지점으로 주거가 조성되어 있음을 알 수 있다(그림 4-④·⑤).

그리고 가군과 (나군)다군, 라군은 주거의 축조 시점에서는 차이가 날 수 있지만, 가군 주거가 폐기된 후, (나군)다군, 라군이 차례로 축조되었다고 보기는 어렵다. 중복 관계가 거의 확인되지도 않지만,[15] 주거가 추가로 설치되는 과정을 살펴보면, 분명하게 기존 주거의 위치를 인지하고 감안한 상태에서 주거가 주변으로 설치되는 양상이 확인되기 때문이다.

여기서 주목되는 점은 돌대문토기가 출토되는 주거만을 기준으로 하여 보면, D2·3구역과 E1구, B1구역 사이에 공지가 확인된다는 점이다(그림 4-⑥). 돌대문토기 출토 주거 가운데, 나군에 해당하는 B-58호는 환호보다 먼저 축조되었지만, 이후 다군에 해당하는 E1-164호, B1-43호는 환호 내부에 배치되어 있다. 배치되는 지점이 주목되는데, 모두 환호의 출입구 인근에 배치되어 있다. 이러한 공간 배치상은 돌대문토기 단계, 즉 조기에서 전기 사이의 어느 시점에 환호가 설치되었을 가능성을 시사한다. 물론 이를 주장하기 어려운 증거도 있다. 환호와 주거의 중복 관계 때문이다. E1구역-29·40·100호가 환호보다 먼저 축조되었고, B1구역에서는 54·55·58·59·62·67호 주거가 환호보다 먼저 축조되었다. 대부분은 파괴가 심하여 구조를 알 수 없지만, 대

14 돌대문토기 출토 취락의 조성과 확산에 대해 단계별로 2~4개 주거군으로 선상배치를 띠는 것으로 보고 있다(박영구, 2022). 이에 따르면, 1단계에는 중도 남서쪽에 위치한 C1구역에 미사리유형 주거가 처음으로 조성되는데, 중(대)형의 장방형 주거지와 소형 방형 주거지를 포함하여 10여 동이 축조되는 소규모 취락으로 형성된다. 2단계에는 1단계에 축조된 세대공동체의 공동주거형인 중(대)형의 장방형 주거지와 소형 방형 주거지의 축조가 증가한다. B1구역과 D1구역에 먼저 주거군이 형성되고, 점차적으로 동쪽(E1) 구역과 북쪽(D2·3구역)으로 확장되어, 대규모 취락이 조성된다. 3단계에는 취락 규모가 축소되면서 남서쪽 일부에만 주거가 축조된다고 본다.

15 중복 관계가 빈번하지 않다는 점은 절대적 근거는 아니다. 상식적으로 생각하면, 땅을 파고 주거가 설치되고 폐기되면서 내부가 토기, 석기, 각종 부재가 퇴적되었을 것으로 생각되는데, 이들이 모두 자연적으로 메워지기까지 시간도 걸릴 것이고, 설사 의도적으로 메웠다고 하더라도 생활 쓰레기가 섞인 기존 주거지를 다시 파고 단단하게 다져지지 않은 퇴적면을 생활면으로 그대로 사용하였다고 보기는 어렵기 때문이다.

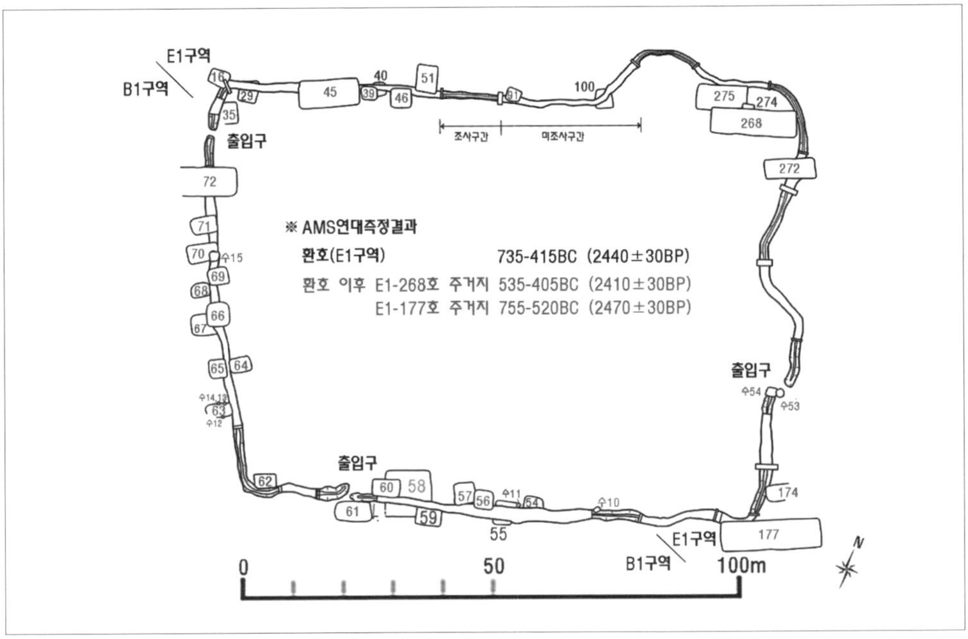

〈그림 5〉 환호와 주거의 중복 관계(이형원, 2020)

체로 내부에 무시설식노지만 확인되나, B1-55·59·67호에서는 주거 내부에 점토다짐구역이 확인되는 것이다. 선후관계상 점토다짐구역이 마련된 주거를 파괴하고 환호가 설치되었기 때문에, 시간상 환호는 그 이후에 조성된 것으로서 결국 청동기시대 중후기에 설치되어 이용된 것으로 이해되는 것이다(이형원, 2020; 2021).

그러나 앞서 설명한 바와 같이 돌대문토기 출토 주거와의 중복 관계는 B1구역 58호 주거를 제외하고 확인되지 않으며, 돌대문토기 주거가 분포하지 않은 공지에 환호가 설치되며, 돌대문토기 주거는 환호 주변으로 배치된다. 한편, 청동기시대 중기의 지표로 여겨지는 점토다짐구역이 마련된 주거와도 중복 관계가 확인되고, 중도동유적의 주거가 매우 많이 조성됨에도 불구하고 중복 관계가 심하지 않으며, 환호와의 중복 관계도 많지 않은 점을 고려하면, 환호의 기능은 중기까지도 유지되었던 것으로 생각된다. 특히나 현재까지의 성과로 볼 때, 돌대문토기 출토 주거는 조기 후반에서 전기 전반, 이후 중기부터 주거가 다시 조성되는 점을 고려할 때, 환호의 축조, 환호 사용 중단, 환호의 재사용이라는 측면에서도 접근할 필요가 있을 것이다.

2) 춘천 중도유적 돌대문토기 문화의 특징

춘천 중도유적의 돌대문토기 출토 주거는 대체로 조기 후반부터 전기 전반에 걸쳐 조성되었음을 재확인하였다. 중도동유적을 포함하여 북한강유역 돌대문토기의 연대에 대하여 대체로 조기 전반의 하한 3100BP, 조기 후반의 하한 2950BP, 전기 전반 2950-2800BP로 논의되고 있다(김권중, 2020). 지금까지 측정된 연대 폭을 감안(표 4)하면, 돌대문토기 출토 주거는 대체로 서기 전 11세기까지 지속되었던 것이 된다. 이 연대를 그대로 수용할지의 문제를 떠나 다음 단계의 주거 연대가 대체로 2500~2400BP(800-400BC)에 집중하는 점으로 보아 돌대문토기 출토 취락과 다음 단계의 취락 사이에 어느 정도의 공백기가 연대상으로 확인된다. 이는 출토 유물상에서 돌대문토기 단계 이후 북한강유역의 특징적인 공렬토기문화가 확인되지 않는 단절적 양상과 일맥상통한다.[16] 그 원인을 기후 환경 악화로 인해 중도유적에 인접한 금산리(박영구, 2022; 김권중, 2024) 혹은 금산리, 현암리나 근화동 지역으로 주민집단이 이주한 결과로 이해하기도 한다. 그러나 기후 변화로 바로 강 건너편으로 주민이 이동하는 선택의 당위성이 분명하게 성립된다고 보기 어려워, 전기 전반 이후 주민의 이동을 추동하는 요인이 무엇인지, 그리고 이동하였다면 주변 유적과의 관계성이 어떠한지 등의 검토들이 향후 보완되어야 할 것이다.

이와 같이 이주에 의한 결과라고 하여도 조기 후반에서 전기 전반에 집중하는 중도유적의 주거 출토 유물에 의문이 남는다. 전기 전반에 조성되는 소위 흔암리식토기가 확인되지 않는다는 점이다. 이러한 상황이 유적의 조성 시점에 따른 차이인 것인지, 중도유적을 비롯한 북한강유역 일대의 지역적 차이인 것인지 검토가 필요하다. 이러한 논의는 앞서 설명한 영서지역의 조·전기문화의 유형론과 관련되기도 한다. 영서지역 유형론을 전개하는 입장에서 남한강유역과 북한강유역 문화 전통(집단)의 분리 여부, 미사리유형과 전기문화의 관련성, 구순각목공렬토기로 대표되는 역삼동유형의 출현시점과 공간성에 견해차가 극명히 드러난다.

필자는 어느 한쪽의 견해에 손을 들 수 있는 것은 아니며, 토기 문양을 집단으로 이해하고 집단차 혹은 시간 차이로만 인식하는 것의 오류를 지적하고, 청동기시대 토기

16 A2구역 보고자는 고고학적 양상에서 공백이 확인되는 것과 달리, 조기에 해당하는 I유형 주거, 돌대문이 확인되는 II유형 주거는 모두 중도유적 내에서 3,239~2,890BP로 공백이 확인되지 않는다(춘천 중도동유적 연합 발굴조사단, 2020, II-13권, 628쪽)고 문제를 제기하였지만, 이는 오히려 조기 후반에서 전기 전반의 취락 연속성을 보여주는 근거 자료로 볼 수 있다.

〈표 6〉 조·전기 영서지역 물질문화 차이

<table>
<tr><th colspan="2">항목</th><th>북한강유역</th><th>남한강유역</th></tr>
<tr><td rowspan="3">주거</td><td>규모</td><td>• 주거 폭 6m 이상/4m 이하
• 전기에 4m 이하로 수렴</td><td>• 수거 폭 6m 이상 多
• 전기 이후도 4m 이상 多</td></tr>
<tr><td>노</td><td>• 석상위석식 → 무시설식 노로 전환</td><td>• 토광위석식 多
• 석상위석식 少</td></tr>
<tr><td>기둥 구멍</td><td>• 초석 少 → 주거 폭의 축소와 더불어 중앙 1열 혹은 벽주혈</td><td>• 초석 多</td></tr>
<tr><td rowspan="3">토기</td><td>문양 조성</td><td>• 각목돌대, 절상돌대, 유상돌대, 돌대형구순각목, 이중구연 → 각목돌대 쇠퇴, 절상 및 유상돌대 증가, 돌대형구순각목지속 혹은 구순각목, 돌류문 증가
• 절상돌대 多</td><td>• 각목돌대, 절상돌대, 유상돌대, 돌대형구순각목, 이중구연, 돌류문 → 절상돌대, 유상돌대 증가, 흔암리식토기, 구순각목, 돌류문, 구순각목공렬토기 조합</td></tr>
<tr><td>구순각목 비율</td><td>• 구순각목공렬토기의 비율 少
• 구순각목 少</td><td>• 구순각목공렬토기 비율 多
• 구순각목 多</td></tr>
<tr><td>기타 토기 조성</td><td>• 대각토기 少
• 평저장경호 少
※대각토기 형태 차 있음
• 출현 시점 전기?</td><td>• 대각토기 多 • 평저장경호 多
※대각토기 형태 차 있음</td></tr>
</table>

문양이 지역에 따라 다양한 집단 차원에서 구성되고 조성 비율 차이가 있음을 지적한 바 있다(천선행, 2024: 19~23). 이 글에서는 중도유적을 비롯한 북한강유역과 남한강유역의 조·전기문화의 차이점만 확인하도록 하겠다.

청동기시대 조·전기에 대체로 돌대문, 이중구연, 공렬문, 구순각목이 상존하는 상황이고, 시간에 따라 돌대문이 쇠퇴하고 이중구연 혹은 공렬 또는 구순각목의 비율이 증가하는 경향성이 확인된다. 그러나 지역별로 절상돌대는 북한강유역에 많고(정유진, 2021), 구순각목공렬토기 및 구순각목 문양은 남한강유역에서 많이 조성된다. 더구나 대각토기와 평저장경호의 경우 남한강유역의 정선 아우라지유적에서는 조기 후반에 등장하지만, 중도유적에서는 조기의 이른 요소보다는 절상돌대문, 유상돌기 등 늦은 요소가 함께 소량 출현하고 있다. 이처럼 남한강유역과 관련되는 요소들이 시차를 가지고 출현하여 공유되는 현상은 확인되지만, 이는 서로 다른 집단의 관계를 통해 나타나는 현상인 것이다. 그뿐만 아니라, 주거의 구조에서도 규모, 노 형태, 기둥 구멍 위치에서 비율 차이가 확인되고 있다. 남한강유역의 경우 조동리유형의 표지 유적인 조동리유적은 기원전 900~800년 전 사이로 전기의 마지막 단계로 편년된다. 주거의 규모는 축소되지만 여전히 장방형이고, 일부는 단축 폭이 6m가 넘는 사례가 확인된다는 점에서 단축 4m이하 세장방형화의 변화를 보이는 북한강유역과 차이가 있다.

공렬토기문화가 어디서 어떻게 형성되고 공렬 요소와 구순각목 요소가 함께 혹은 별도로 출현하는지도 확실하지 않지만, 영서지역 일대에서 돌대문토기와 더불어 공존하였던 문양 요소임에 분명하고 각각은 북한강유역 일대 주민과 남한강유역 일대 주민들에 따라 조합되는 방식이 달랐던 것으로 추정된다. 물론 북한강유역 수계에 해당하지만 남한강유역과 지리적으로 가까운 홍천강유역에서는 여전히 위석노와 초석이 설치되는 주거가 많은 것처럼 유역권 내 하위 지역 단위에서도 차이가 존재할 것임은 분명하다.[17]

17 현재 남한강유역의 조사 사례가 많지 않지만, 정선 아우라지에서 가장 많고 다양한 변이들이 함께 나타나고, 태자하유역 마성자문화와 관련성을 보이는 초기 청동기 유물이 확인되는 점을 감안할 때, 돌대문토기 문화의 정착 및 구순각목, 공렬의 요소는 남한강유역 일대를 중심으로 먼저 정착, 형성되었던 것으로 추정되고 강을 따라 북한강, 낙동강, 금강유역으로 문화들이 파급되었던 것으로 추정된다.

5. 맺음말

춘천 중도유적은 한반도 최대 규모의 청동기시대 취락지이다. 한정된 지역 내 유구가 매우 밀집되어 분포하고, 주거 내 출토 유물이 모두 고르게 풍부한 것도 아니어서 그 변화와 획기를 파악하는 일이 결코 쉽지 않다. 돌대문토기 자체도 한반도 남부 다른 지역에서 확인되는 것과 마찬가지로 각목돌대문, 절상돌대문, 유상돌대 등 다양하게 확인되어 시공간적 특징을 읽어내기가 쉽지 않다. 이러한 현상을 돌파하여 실마리를 찾기 위해 이 글에서는 주거 규모(주거 규모를 좌우하는 단축 폭, 면적), 주거 장축 방향, 주거와 취락 구조 설계에서 중요한 노 위치를 기반으로 주거를 유형화하였다. 또한 유물은 토기의 문양 조합의 변화상, 각종 돌대문의 비율 차이를 고려하여 이들 양상과 주거 양상을 대비하여 변화상을 살펴보았다.

그 결과, 춘천 중도유적 돌대문토기 출토 주거는 대체로 조기 후반에서 전기 전반으로 두 단계에 걸쳐 있음을 재확인하였다. 주거 규모를 통해 조·전기 주거와 점토다짐 구역이 있는 주거와의 설계 패턴 차이를 확인하였고, 이러한 단절은 공백기 혹은 북한강유역에서 나타나는 특징적인 계열로도 해석할 수 있다. 그리고 돌대문토기 주거는 대체로 하천 흐름에 직교하는 장축 방향에서 평행으로, 노는 남 단벽에서 북 단벽 쪽으로 이동해가는 양상을 확인하였다. 중도유적에 돌대문토기 집단이 처음 정착할 당시에는 3개 구역에서 독립적으로 조성되기 시작하며 점차 이들 주거 인근으로 주거가 추가로 설치되며 시간 누적의 결과로 최종적으로 선상 배치를 형성하였음을 확인하였다. 아울러 이러한 돌대문토기 출토 주거의 공간성과 환호의 위치를 감안할 때, 환호가 기존 견해처럼 중기(천전리유형) 단계에 처음 설치된 것이 아니라 돌대문토기 출토 주거가 조성되는 동안에 처음 조성되었고 이후 주민의 이동과 더불어 중단되었다가 다시 중기에 주민들이 모여들면서 기존의 환호가 재사용되었을 가능성을 제기하였다.

마지막으로 춘천 중도유적의 돌대문토기 문화는 각목돌대, 절상돌대, 유상돌대, 이중구연 등 다양하게 조합되지만, 절상돌대의 수량이 남한강유역에 비해 많고, 이중구연토기의 다양성 및 구순각목과 공렬토기의 조합 다양성이 낮은 사실을 재확인하였다. 이러한 양상을 단순히 시간차로 설명하기 어렵고, 돌대문, 이중구연, 구순각목, 공렬토기의 다양한 문양이 상존하는 상황에서 지역별 조합 비율의 차이에 기인하는 것임을 확인하였다.

위의 결론들은 전기 후반의 자료를 종합하여 결론을 내려야 할 것이나, 현재 중도유적의 전기 후반 자료가 부재한 탓에 가능성을 제기하는 수준에서 머물고 있다. 중도유적의 조·전기 토기와 주거 문화를 토대로 당시 사람들의 행위를 좀 더 구체적으로 이해하기 위해서는 전기 후반에 중도유적의 주민들이 인근 지역으로 이동한 배경이 무엇인지, 그리고 동일 취락집단의 이주와 이동에 따른 취락 점유과정을 포함하여 앞으로 검토가 진행되어야 할 것이다.

| 참고문헌 |

• 국어

구준모, 2013, 「청동기시대 주거의 구조와 공간: 중서부지역 전기유적을 중심으로」, 한양대학교 석사학위논문.

구준모, 2024, 「경기지역 청동기시대 취락유형의 분포와 전개」, 『청동기시대 취락 유형의 경계와 교류』, 2024년 한국청동기학회 정기학술대회.

金權中, 2020, 『嶺西地域 靑銅器時代 文化 硏究』, 영남대학교 박사학위논문.

김권중, 2016, 「早洞里類型의 時空間的 正體性」, 『고고학』 15-1.

김권중, 2024, 「영서지역 청동기시대 취락유형의 경계와 교류」, 『청동기시대 취락 유형의 경계와 교류』, 2024년 한국청동기학회 정기학술대회.

金範哲, 2014, 「'住居址'에서 '居住者'로」, 『한국고고학보』 90.

김세진, 2023, 「북한강유역 청동기시대 대형 취락의 형성 과정에 관한 연구」, 『한국청동기학보』 32.

박영구, 2016, 「강원영서지역 청동기시대 취락의 전개양상」, 『숭실사학』 36.

박영구, 2022, 「춘천 중도동유적 돌대문토기 단계 주거와 취락양상」, 『호서고고학』 51.

박영구·허의행, 2022, 「북한강유역 미사리유형 취락의 입지환경 변화 연구」, 『청동기학보』 31.

송만영, 2013, 「欣岩里式 土器 發生의 再檢討」 『韓國上古史學報』 79.

송만영, 2019, 「북한강유역 역삼동유형 영향설에 대한 검토」, 『고고학』 18-2.

엄민지, 2020, 「강원지역 돌대문토기 문화 연구」, 한림대학교 석사학위논문.

오강원, 2016, 「청동기~초기 철기시대 춘천분지 일원 유적의 획기와 편년」, 『한국청동기학보』 19.

오강원, 2023, 「춘천 중도 청동기시대 주거지군의 획기와 전개」, 『호서고고학』 54.

이형원, 2014, 「취락과 사회구조」, 『청동기시대의 고고학3 취락』, 서경문화사.

李亨源, 2015, 「住居文化로 본 粘土帶土器文化의 流入과 文化變動: 江原嶺東 및 嶺西地域을 中心으로」, 『韓國靑銅器學報』 16.

이형원, 2016, 「춘천의 청동기시대 취락」, 『고고학과 문헌으로 본 춘천문화의 정체성』, 진인진.

이형원, 2017, 「"청동기·초기철기시대 한강유역의 마을과 생업경제"에 대한 토론문: 소위 '구상경작유구'의 성격 재고」, 『한강유역의 마을과 생업경제』, 한강유역 신규 발굴유물특별전시회 연계 학술대회 발표요지문, 한국매장문화재협회.

이형원, 2020, 「춘천 중도동유적 청동기시대 취락」, 『춘천 중도동유적 학술심포지엄』.

이형원, 2021, 「춘천 중도 청동기시대 취락의 발굴성과와 연구과제」, 『숭실사학』 46.

이형원·이혜령, 2017, 「중부지역 청동기시대 전기 주거의 공간 활용」, 『崇實史學』 32.

정유진, 2021, 「남한지역 돌대문토기의 전개과정」, 『한국청동기학보』 29.

鄭元喆, 2007, 「강원 영서지역 청동기시대의 편년 연구」, 『韓國上古史學報』 56.

정원철, 2019, 「청동기시대 중도유적의 발굴성과와 연구 쟁점」, 2019년 중부고고학회 정기학술대회.

千羨幸, 2005, 「한반도 돌대문토기의 형성과 전개」, 『韓國考古學報』 57.

천선행, 2015, 「청동기시대 조기 설정 재고」, 『호남고고학보』 51.

천선행, 2024, 「청동기시대 유형에 대한 재인식」, 『湖南考古學報』 77.

춘천 중도동유적 연합 발굴조사단, 2020, 『春川 中島洞遺蹟: 춘천 중도 LEGOLAND KOREA Project A~H구역 · 순환구역 내 유적 발굴조사 통합보고서』 I ~ VI권.

홍주희, 2009, 「북한강유역 청동기시대 취락의 전개와 석기제작시스템의 확립」, 『韓國青銅器學報』 5.

청동기시대
춘천 중도유적 석기의 특징

손준호

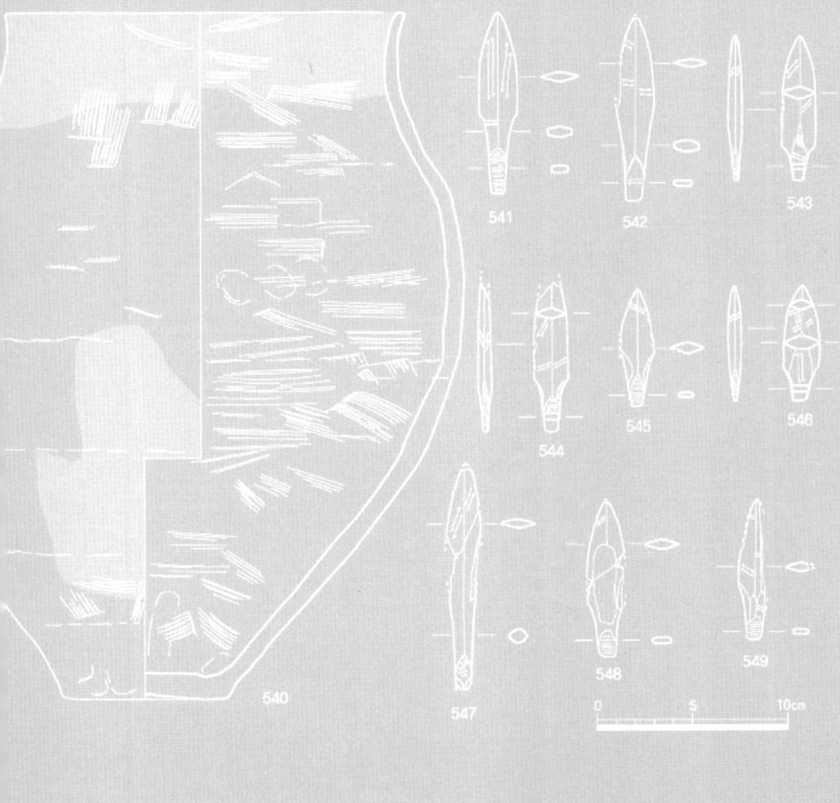

1. 머리말

춘천 중도유적은 지금까지 한국에서 조사된 청동기시대 취락 중 최대 규모이며, 다종다양한 유구와 유물이 다수 확인되어 해당 지역의 편년과 취락 연구는 물론 당시의 경제·사회·문화 복원에 중요한 자료를 제공한다. 1982~1983년(盧爀眞·崔恩珠, 1982; 지건길·이영훈, 1983; 최복규, 1984)과 1996년(최영희 외, 2002)에 국립중앙박물관과 지역의 대학박물관을 중심으로 조사한 이후, 2010~2011년(江原文化財硏究所, 2013; 예맥문화재연구원, 2012)과 2013~2017년(춘천 중도동유적 연합 발굴조사단, 2020)에 조사기관들의 연합 발굴을 통해 청동기시대의 주거지 1,394기, 분묘 162기, 수혈유구 807기, 지상식건물지 14기, 구상유구 7기, 소성유구 2기, 매납유구 1기, 환호 1기, 구상경작유구 등이 확인되었다.

이와 같이 방대한 자료를 바탕으로 다양한 연구가 시도되었지만, 아직까지 출토 석기에 대한 정밀한 분석은 이루어진 바 없다. 심지어 보고서의 고찰에서도 석기에 대한 언급은 간단한 자료 정리 수준에 머무르고 있다. 특히 전체적인 석기의 수량과 비율 등이 제시되지 않아 기본적인 비교 분석도 쉽지 않은 상황이다. 이 글은 이러한 문제를 조금이나마 해결하고자 작성되었다. 80년대부터 진행된 발굴조사 자료를 망라하여 먼저 2장에서 유구별 석기의 출토 양상과 그 의미에 대해 살펴보았다. 그리고 3장에서는 기종별로 석기를 구분하여 형식을 나눈 후 각 형식의 시공간적인 의미와 함께 그 외의 다양한 정보들을 제시하였으며, 4장에서 석기의 기능별 조성비를 다른 유적과 비교하여 중도 취락의 생계적 측면에 대해 언급하였다.

2. 출토 양상

청동기시대 석기 가운데 지표 수습 유물을 제외한 유구 출토품은 총 4,129점이다. 유구별로 구분하면 주거지 3,857점, 분묘 204점, 수혈유구 67점, 환호 1점으로, 주거지 출토품이 90% 이상을 차지한다. 기종별 출토량은 석검 180점, 석촉 630점, 석도 403점, 석부 1,251점, 지석 343점, 환석 8점, 찰절구 1점, 석추(돌송곳) 13점, 고석 79점, 대석 34점, 갈돌 91점, 갈판 236점, 부리형석기 1점, 방추차 173점, 어망추 4점, 검파두식 6점, 장신구 1점, 옥 62점, 격지 71점, 불명석기 542점이다. 출토 점수가 가장 많은 기종은 석부인데, 그중에서도 특히 양인석부가 597점으로 다수를 차지하는 것이 특징이다.

총 1,394기의 주거지 가운데 석기가 출토된 유구는 970기로 약 70%를 차지한다. 이 중 석기 출토량이 10점 이상인 주거지는 모두 80기이며, 약 51%에 해당하는 41기가 화재로 폐기된 상태이다(그림 1). 석기가 30점 이상인 경우 5기 중 4기가 화재 폐기되었는데, 관련 흔적이 확인되지 않은 한림대 5호 주거지는 벽선을 찾지 못할 정도로 유구가 훼손되어 보고된 56점의 석기 모두 소속 유물로 인정하기 어렵다. 결국 석기가 다량 출토된 주거지의 대다수가 화재로 폐기된 셈이기 때문에, 석기의 집중 현상은 주거의 폐기 과정과 관련된 결과로 이해된다. 이러한 내용은 흔암리나 가학동유적의 석기 분석에서도 확인된 바 있다(서울대학교박물관, 2005: 131; 손준호, 2017a: 109).

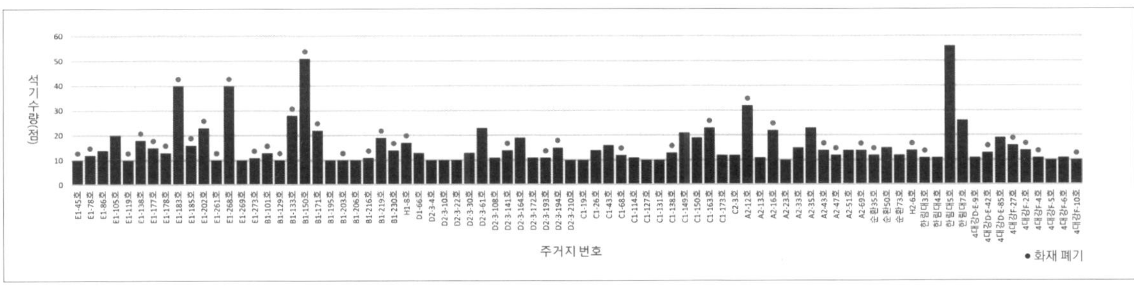

〈그림 1〉 석기 출토량 10점 이상 주거지

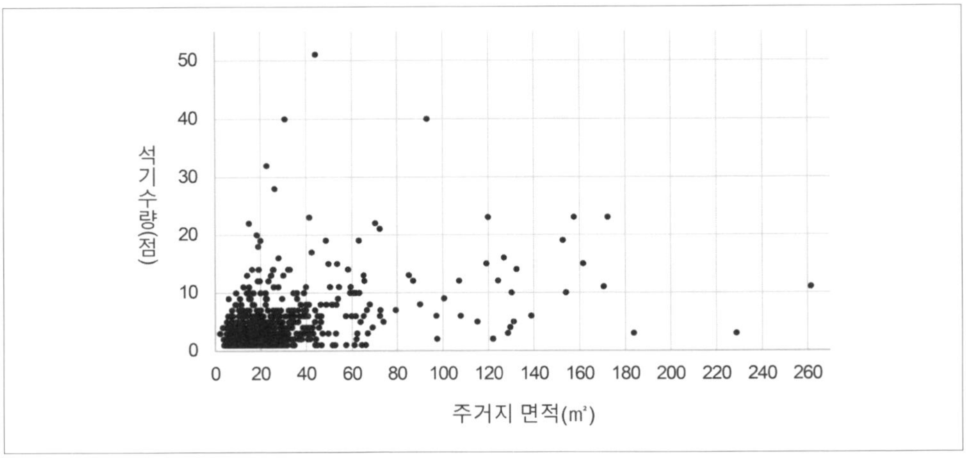

〈그림 2〉 주거지 면적과 석기 수량의 산점도

주거별 석기 보유량을 취락 내 위계와 결부시킨 사례도 있다(孫晙鎬, 2003: 23). 상위 신분의 점유를 나타내는 지표(金承玉, 1997: 109) 가운데 위신재의 존재나 주거지 면적과 석기 수량의 관련성을 살펴보면, 먼저 상기한 80기의 주거지 중 12기에서 위신재로 추정되는 청동기, 검파두식, 옥, 석창을 제외한 석검류(손준호, 2013: 64), 환상석부(손준호, 2019: 326) 등이 출토되었다. 그런데 12기 가운데 10기가 화재로 폐기되어, 위신재 소유와의 관계보다는 폐기와 관련된 잔존 여부를 더 강하게 반영하는 것으로 보인다. 한편, 면적 추정이 가능한 주거지 899기를 대상으로 한 석기 수량과의 비교 결과에서도 뚜렷한 상관관계는 확인되지 않는다(그림 2). 따라서 중도유적에서는 석기 출토량이 위계를 반영한다고 보기 어려울 것 같다.

오히려 특정 문화 유형과 관련하여 석기가 다수 출토되는 양상이 확인된다. 최근 이루어진 분류에 따르면 돌대문토기 단계에 해당하는 주거지는 모두 76기이다(박영구, 2022: 71-72). 이 가운데 석기 출토량이 10점 이상인 경우가 17기로 약 22%를 차지한다. 상기한 바와 같이 전체 주거지 중 10점 이상의 석기가 출토된 것이 80기(약 5.7%)뿐인 점을 감안하면, 돌대문토기로 대표되는 특정 시기나 문화 유형의 주거지에서 다수 석기의 집중 현상이 관찰된다고 할 수 있다. 17기의 주거지 중에서 화재로 폐기된 사례는 6기(약 35%)에 불과하여, 화재 폐기율이 특별히 높은 것은 아니다. 따라서 화재와 관련 없이 주거 폐기 과정에서의 특별한 행위가 존재하였을 가능성이나, 주거 점유 시 상대적 다수 석기의 보유 가능성 등을 상정할 수 있다.

석기 출토량이 30점 이상인 주거지 가운데 화재로 폐기된 것은 E1-183호, E1-268호, B1-150호, A2-12호 4기이다. 이 주거지들에서 일반적인 석기 보관의 모습을

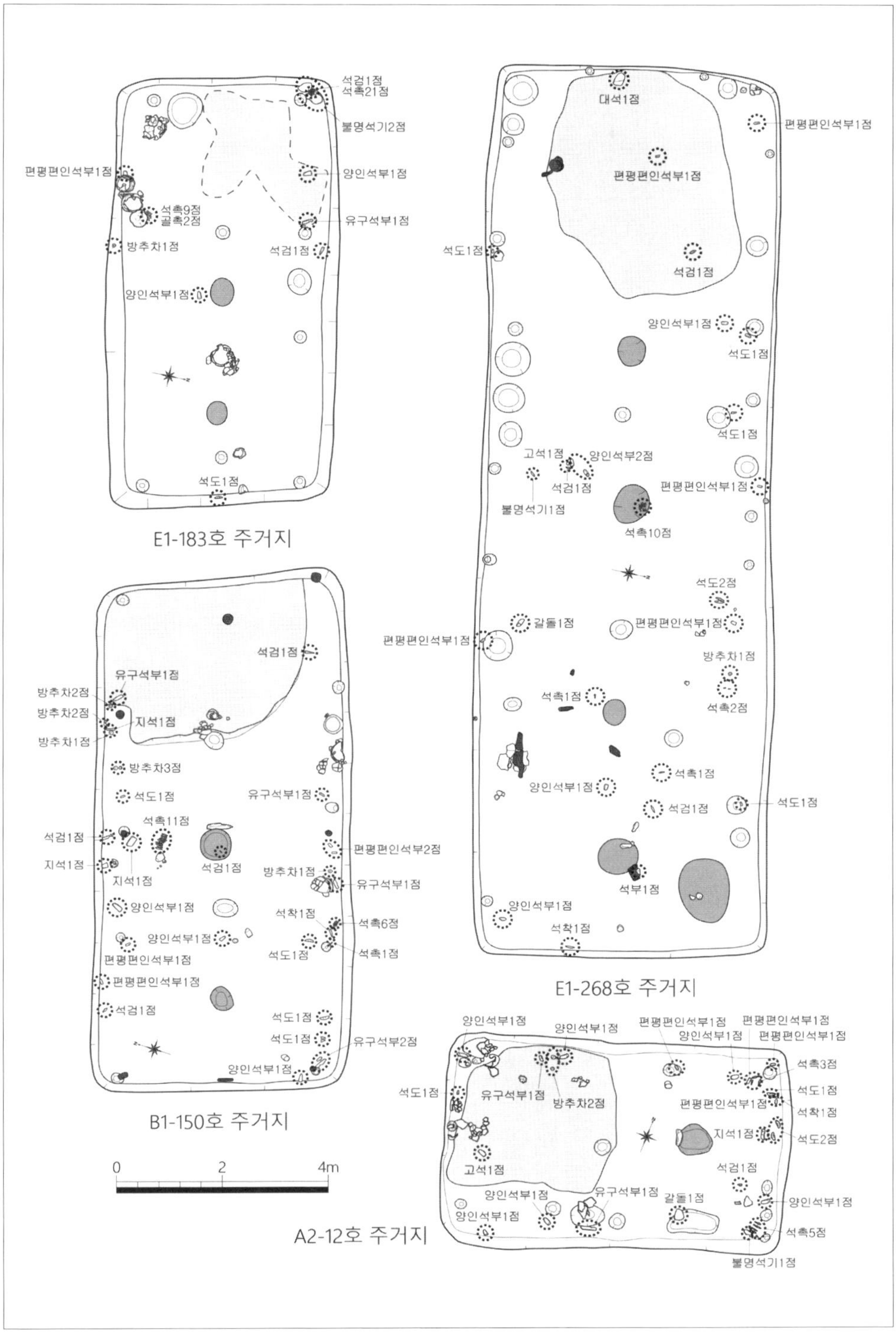

〈그림 3〉 석기 출토량 30점 이상 화재 폐기 주거지의 유물 분포

살펴볼 수 있다(그림 3). 대체로 벽가를 따라 개별 분포하는데, 청동기시대 전기 주거지에서 흔히 관찰되는 양상이며(오용제, 2012: 31) 보관과 관련된 출토 맥락으로 이해된다(배군열, 2018: 50). 예외적으로 석촉은 각각 5점, 6점, 9점, 10점, 11점, 21점이 집중 분포한다. 이는 화살의 다발 보관을 나타내는 것으로, 5개 정도가 하나의 단위를 이루었을 가능성도 짐작된다. 또, E1-183호 주거지 북서쪽에서 석촉 21점과 석창으로 분류되는 장경식 석검 1점, 남서쪽에서 석촉 9점과 골촉 2점이 출토되었는데, 그 기능을 감안할 때 각각의 수렵구 세트로 상정할 수 있다. 한편, A2-12호 주거지에서 벽가를 따라 어느 정도의 간격을 유지하며 1점씩 분포한 양인석부 6점은 벌채용구의 일반적 보관 상태를 반영하는 것으로 추정된다.[18]

석기 출토 양상과 관련하여 특이한 사례로 D2·3-61호 주거지를 들 수 있다(그림 4). 반파된 강돌 13점이 내부 퇴적토에서 출토되었는데(그림 4-1~13), 암질은 편마암, 석영암, 혼펠스, 이암, 사암으로 다양하다. 정확한 출토 위치는 알 수 없지만, 비슷한 크기와 형태의 석기 13점이 하나의 유구에서 수습되었기 때문에 동일한 지점에 분포하였을 가능성이 높아 보인다. 보고 내용을 볼 때 의도적인 타격이 있었음은 분명하지만, 석기의 용도를 알 수 없고 출토 맥락도 불확실하여 의미 부여가 어려운 상황이다. 석기의 특별한 용도와 관련하여 특정 기종을 다수 보관하거나, 주거 폐기 또는 그 이후의 특수 행위를 상정하는 것도 가능하다. 석기의 실물 관찰과 함께, 보다 뚜렷한 출토 맥락의 유사 사례가 보고되기를 기대한다.

생산과 관련하여 석기의 출토량을 이해하는 것도 가능하다. 석기가 확인되지 않은 경우까지 모두 포함하여 주거지 1기당 석기 출토량을 계산하면 약 2.8점 정도가 되는데, 이는 석기 생산 전문 취락의 평균 출토량(황창한, 2013: 23)에 비해 적은 편이다. 총 613점의 미제품을 기종별로 구분하면 석검 19점, 석촉 57점, 석도 54점, 석부 405점, 방추차 14점, 옥 2점, 불명석기 62점이며, 이 밖에도 제작 부산물이나 석기의 원재료가 될 수 있는 격지 71점이 출토되었다. 석부의 다량 출토와 함께 미제품 역시 다수를 차지하는데, 양인석부의 미제품이 219점으로 가장 많은 것도 같은 이유로 설명된다. 구분이 애매하여 모두 불명으로 분류한 기종 가운데 석기 재료도 존재하지만, 전체 유물 출토량에 비해 다수는 아니다. 뒤에서 다시 언급하겠지만 석기 제작 도구의 비율 또한 높지 않다.

미제품이 가장 많이 출토된 주거지는 E1-268호의 11점인데, 해당 유구의 전체 석기

18 이와 달리 B1-171호와 D2·3-193호 주거지에서는 양인석부의 집중 분포 양상이 관찰되기도 한다.

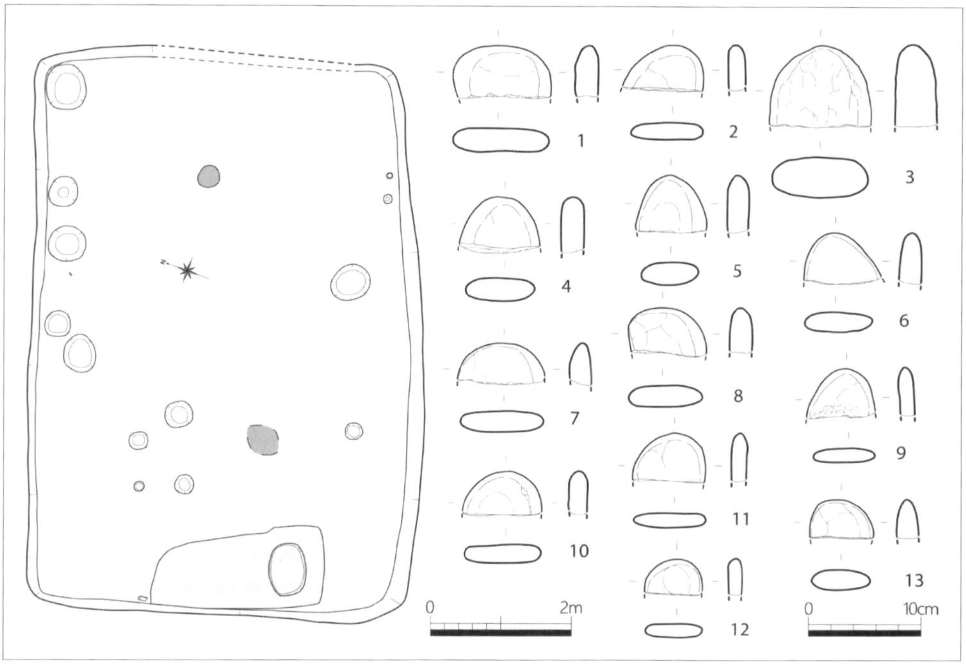

〈그림 4〉 D2·3-61호 주거지와 출토 석기

출토량이 40점이기 때문에 미제품의 비율이 그렇게 높은 것은 아니다. 석기의 제작 양상은 E1-105호나 E1-269호 주거지에서 잘 관찰된다(그림 5). 전자의 경우 출토된 20점의 석기 가운데 제작 관련 유물은 석부와 불명석기 미제품 각 1점(그림 5-1·2), 고석 2점(그림 5-3·4), 지석 1점(그림 5-5), 격지 4점(그림 5-6~9)이며, 석재로 보고된 불명석기 4점(그림 5-10~13)도 원재료에 해당할 가능성이 충분하다. 후자에서는 10점의 석기 중 제작 관련 유물로 편평편인석부, 석착, 석도 미제품 각 1점(그림 5-14~16), 대석 1점(그림 5-19), 석재로 보고된 불명석기 2점(그림 5-17·18)이 출토되었다. 또, 타제석부로 분류된 석기 2점(그림 5-20·21)도 단면 편평형 석부의 미제품일 가능성이 있다.

이 2기의 주거지는 노지가 존재하지 않고 중앙부에 넓은 점토다짐면과 경화면, 탄화유기물흔이 형성되어 공방에 해당한다(홍주희, 2017: 5-6). 중도유적의 공방은 상기한 두 유구 외에 E1-152호, 153호, 256호, 266호, 270호, B1-80호, C1-22호, 4대강 D·E-66호 주거지와 4대강 F-9호 수혈 등이 있는데, 내부 시설로 작업공이나 저장공이 설치되며 석기 제작 도구, 미제품, 격지, 석분, 석재 등의 유물이 출토된다. 과거 필자는 작업공과 점토다짐구역을 석기 제작의 증거로 파악하여 취락의 성격을 상정한

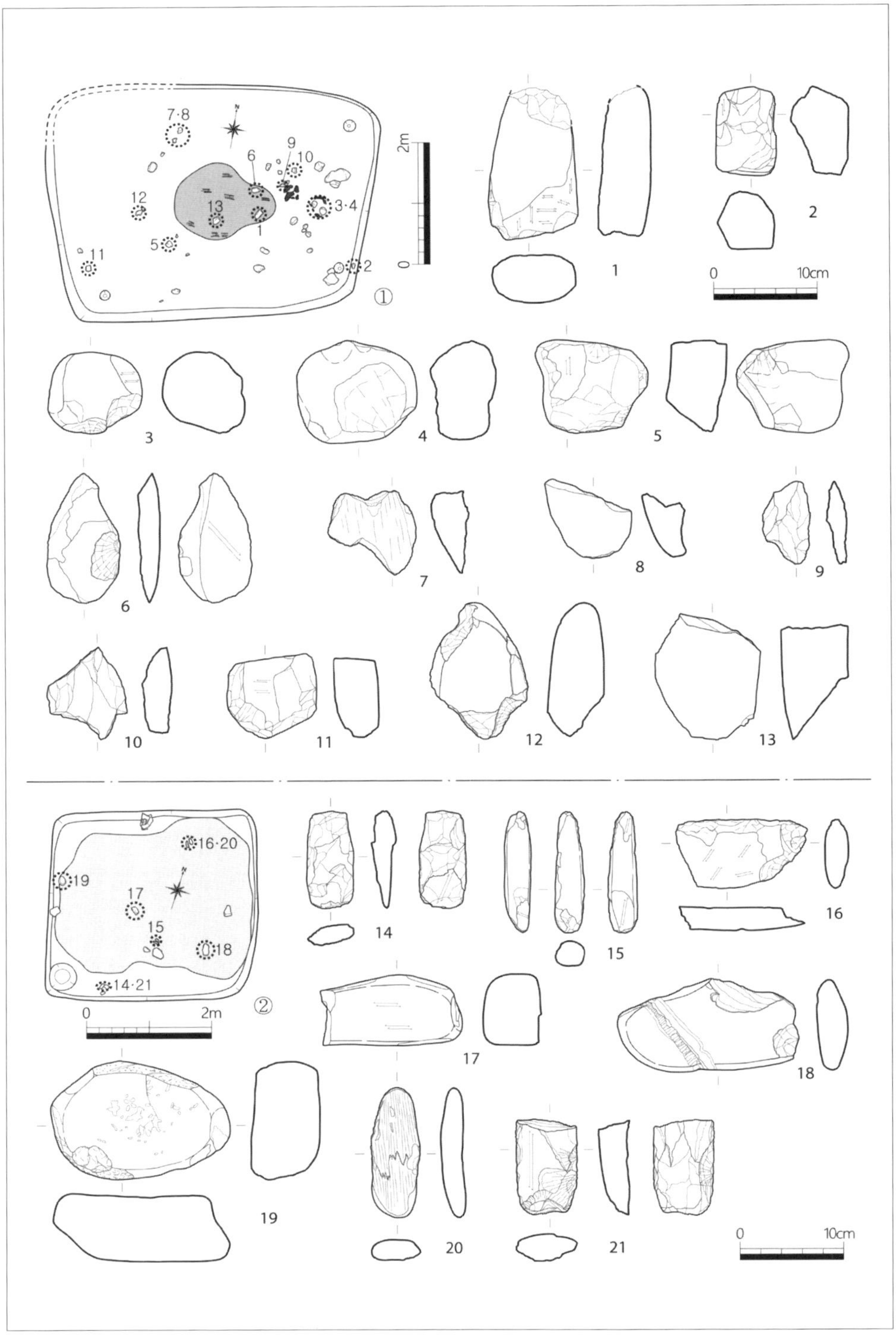

〈그림 5〉 E1-105호(①), E1-269호(②) 주거지와 출토 석기

바 있지만(손준호, 2010a: 51~54), 중도유적에만 이러한 시설을 갖춘 천전리식 주거지가 735기 존재하여(손현철, 2023: 4) 이 모두를 석기 제작 유구로 볼 수는 없을 것 같다. 공방을 중심으로 석기 제작이 이루어지고 노가 설치된 일반 주거에서는 주로 재가공이나 수리가 행해졌을 것이라 생각되며, 공방의 수가 많지 않기 때문에 취락 내 소비를 목적으로 한 생산일 가능성이 높다고 판단된다.

마지막으로 분묘 출토 석기 204점에 대해 간단히 언급하면 다음과 같다. 먼저 부장품을 관내와 관외로 구분하면(平郡達哉, 2006: 279-280), 전자 119점, 후자 32점에 기타 분묘 노출 과정이나 묘역 내 적석부, 묘광 상부나 내부 퇴적토 등에서 출토된 것이 53점이다. 기종별로 관내 부장품은 석검 6점, 석촉 89점, 석도 1점, 옥 23점, 관외 부장품은 석촉 9점과 옥 23점으로 나누어진다. 부장품 이외의 석기는 석검 4점, 석촉 20점, 석도 4점, 석부 13점, 방추차 4점, 장신구 1점, 옥 3점, 불명석기 4점이 출토되었다. 부장품 가운데 석도 1점은 D2·3-2호에서 확인되었는데, 관내로 분류되었으나 분묘 일부가 훼손되어 출토 맥락이 다소 불분명하다. 따라서 부장품은 석검, 석촉, 옥의 3개 기종으로 한정되었다고 할 수 있다.

3. 기종별 특징

이제부터는 유구 출토 석기 4,129점을 기종별로 구분하여 살펴보고자 한다. 검토에 앞서 일정한 기준에 따라 이루어진 기종 분류가 필수적인데, 여러 기관에서 보고되다 보니 동일한 기종이 다르게 분류되거나 그 반대인 경우도 종종 관찰된다. 하지만 실물 관찰이 어려운 상황에서 구분이 애매한 경우 보고자의 견해를 어느 정도 따를 수밖에 없다. 따라서 비교적 확실하게 기종 구분이 잘못되었다고 판단되는 것들만 수정하였다. 대표적인 사례만 언급하면, 먼저 주상편인석부로 보고된 유물 가운데 비교적 소형이며 인부의 폭이 좁은 것들을 모두 석착으로 분류하였다. 또, 타제석부나 굴지구로 보고된 유물이 거의 없는데, 충적지 유적에서 일반적으로 해당 기종이 다수 출토되는 점을 감안하여 단면이 편평하고 고타나 마연의 흔적이 확인되지 않는 석부의 상당수를 타제석부로 구분하였다. 그리고 석재로 분류된 석기 가운데 용도 추정이 어려운 경우 모두 불명석기에 포함시켰다.

기종별 설명에 앞서 석기 전체에 대한 암질 동정 결과를 요약하면, 화성암 1,009점, 퇴적암 1,156점, 변성암 1,806점, 혼성암 8점, 미상 150점으로 변성암을 이용한 경우가 다수를 차지한다.[19] 산지 추정 분석 결과 대부분 하천변을 포함한 주변 지역에서 입수한 것으로 확인되었는데(최기주, 2020a; 2020b), 이는 청동기시대 석재 채취의 일반적인 양상에 해당한다(손준호, 2010a: 44). 단, D2·3-97호 주거지 출토 현무암제 불명석기와 A2-9호 지석묘 출토 천하석제 환옥 등에 대해서는 외부 유입 가능성을 상정할 수도 있을 것 같다. 옥은 일찍부터 알려진 춘천시 동부의 연옥 산지(魯振煥 外, 1993: 203-204)로부터 공급되었을 가능성이 있지만, 실제 출토 유물 가운데 연옥으로 동정된 사례는 1점도 없다.

19 보고서의 암질 동정은 지나치게 세분된 경향이 있어, 울산문화유산연구원 황창한 선생님의 도움을 받아 유사한 암질의 다른 명칭들을 하나로 통합하여 분석에 활용하였다.

1) 석검

석검의 암질은 이암 131점, 편암과 천매암 각 13점, 점판암 12점, 혼펠스 7점, 사암 3점, 응회암 1점으로 이암이 대다수를 차지한다. 총 180점이며 병부의 유무에 따라 유병식 19점, 유경식 126점, 기타 형식 구분이 어려운 35점으로 대별된다. 유병식은 다시 중기의 표지 형식인 일단병식(孫晙鎬, 2008b: 716) 16점과 기타 3점으로 세분되는데, 전기 이단병식과의 관련성이 인정되는 심부유단식(孫晙鎬, 2009: 24)은 확인되지 않고 대부분 심부유절식에 해당된다(그림 6-1~5). 심부유절식에 포함되지만 심부의 구분이 애매하거나(그림 6-3~5), 좌우 돌출로만 심부를 표현한 심부무단무절병식도 확인된다(그림 6-6). 이 가운데 D2·3-78호 주거지와 국박-Ⅱ호 지석묘 출토품은 전체 길이가 각각 16cm와 10.8cm인데(그림 6-4·5), 중기 이전에 등장한 소형 일단병식(李亨源, 2006: 231)과 유사한 크기로 주목된다.

유경식은 경부가 전체 길이의 1/4을 넘는 장경식 64점과 그 이하인 단경식 21점, 기타 41점으로 구분되며, 필자는 이 가운데 장경식을 석창으로 명명한 바 있다(孫晙鎬, 2008b: 708). 석창은 상대적으로 소형이 다수 확인되어 '장경'이라기보다 '단신'에 가까운 것이 많다. 전체 길이가 석촉보다 작은 것도 있는데, 신부나 경부의 폭이 비교적 넓은 편이다. 경부의 형태에 따라 다시 양측결입식 5점(그림 6-7~9), 하단돌출식 12점(그림 6-10~13), 특별한 변형이 없는 형식 37점(그림 6-14~21), 기타 10점으로 세분된다. 양측결입식 중에는 양측에 결입부가 2개씩 형성된 것도 있다(그림 6-7·8). 순환구역-41호 주거지 출토품의 경우 석촉으로 보기에는 지나치게 대형이며, 경부는 존재하지 않지만 자루 장착 시 삽입되는 부위가 전체 길이의 1/4 이상으로 추정되어 석창으로 분류하였다(그림 6-21).

단경식은 양측결입식 11점(그림 6-22~24), 하단돌출식 3점(그림 6-25·26), 특별한 변형이 없는 형식 7점(그림 6-27·28)으로 세분되는데, 단경의 양측결입식과 하단돌출식은 중기의 표지 형식에 해당한다(孫晙鎬, 2008b: 716). 이 가운데 순환구역-33호 주거지 출토품의 신부 양측이 잘록한 형태(그림 6-26)는 비파형동검을 모방한 것으로 추정된 바 있다(리기련, 1980: 97). 또, D2·3-192호 주거지 출토품은 신부 아래쪽 양측에 오목부가 형성되어 폭이 좁아지면서 경부와 연결되는데(그림 6-27), 이는 소위 '송국리형석검(趙現鐘, 1989: 50)'에서 관찰되는 특징이지만 하단 돌출 여부에 차이가 있다. 한편, 순환구역-64호 주거지 출토품은 아래쪽의 두께가 얇은 부분에 자루를 장착하였음이 분명하지만(그림 6-29), 신부와 경부의 구분이 뚜렷하지 않아 기타 유경식으로 분류하였다.

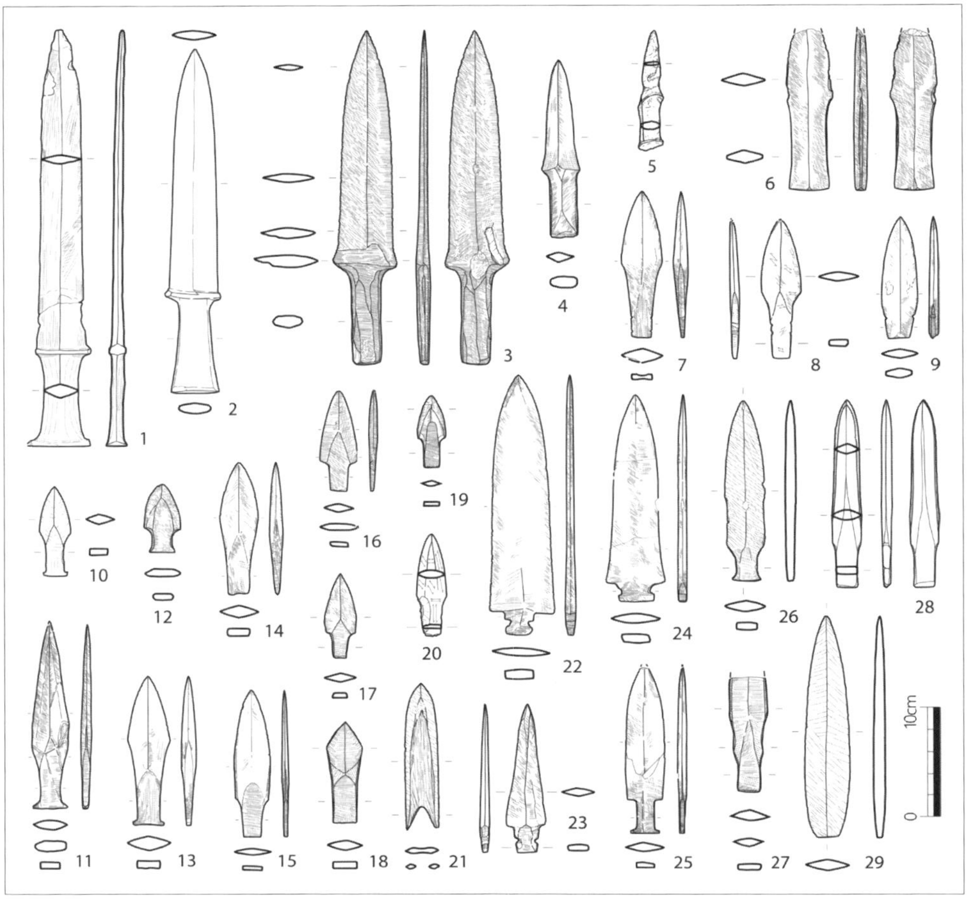

〈그림 6〉 유적 출토 석검 각종

2) 석촉

석촉의 암질은 이암 538점, 천매암 47점, 점판암 15점, 편암 12점, 편마암과 혼펠스 각 4점, 맥암과 사암 각 2점, 응회암 1점, 미상 5점으로 이암이 대다수를 차지한다. 총 630점이며 신부의 단면 형태에 따라 편평형 58점, 능형 527점, 기타 형식 구분이 어려운 45점으로 대별된다. 편평형은 다시 기부 형태에 따라 만입식 42점(그림 7-1~14), 평기식 2점(그림 7-15·16), 기타 14점으로 세분되는데, 신부 단면이 오목한 것(그림 7-1~9)과 편평한 것(그림 7-10~16)으로 나누기도 한다(中村大介, 2005: 56). 만입식은 전기에 주로 사용되지만 중기까지 잔존하며, 평기식은 후기의 표지 형식이다(손준호, 2007: 100). 단, 평기 또는 평기에 가까운 소형 만입식은 돌대문토기 단계의 표지 형식

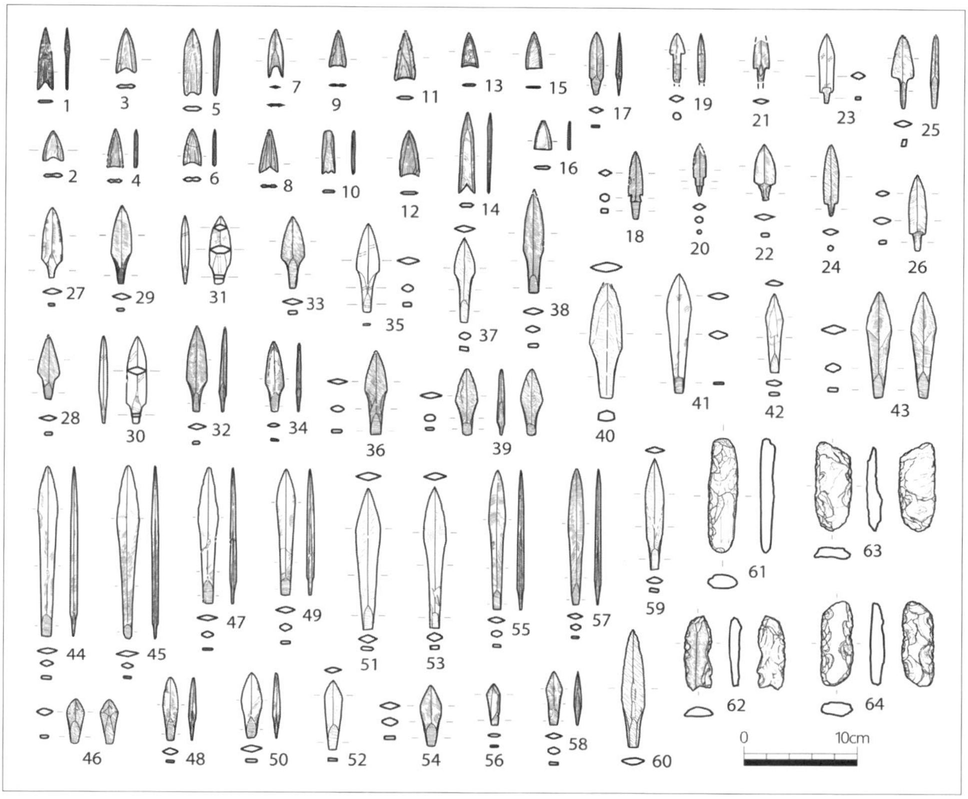

〈그림 7〉 유적 출토 석촉 각종

으로 상정되기도 한다(공민규, 2006: 70). 만입식 중에는 D2·3-115호와 4대강 D·E-85호 주거지 출토품처럼 기부 중간에 돌기가 형성된 것도 있다(그림 7-9·10).

능형은 경부 형태에 따라 이단경식 6점(그림 7-17~20), 일단경식 491점(그림 7-21~60), 기타 30점으로 구분된다. 일단경식은 다시 관부의 각도에 따라 예각 1점(그림 7-21), 직각 13점(그림 7-22~26), 둔각 63점(그림 7-27~40), 그리고 신부와 경부의 구분이 애매한 일체형 414점(그림 7-41~60)으로 나누어진다. 표지 형식으로는 전기의 이단경식과 중기의 일체형을 들 수 있지만(손준호, 2007: 100), B1-129호와 150호 주거지에서는 양자의 공반 사례도 확인된다. 일단경식은 관부가 예각에서 둔각을 거쳐 일체형으로 변화하는데(송만영, 2012: 12), 둔각의 경우 일체형과 구분이 애매한 것도 다수 관찰된다(그림 7-35~39). 경부 하단의 형태는 이단경식과 직각일단경식의 첨근 사례 3점(그림 7-20·24·25)을 제외한 대부분이 평근인데, 이는 대나무 확보가 어려운 지역에서 화살대로 싸릿대 등을 이용한 결과로 추정된다(황창한, 2012: 20).

특이한 사례로 대형 석촉의 존재가 주목되는데, 잔존 길이 10.5cm의 A2-13호 주거지 출토 둔각일단경식(그림 7-40), 길이 15cm와 15.8cm의 B1-150호 주거지 출토 일체형 2점(그림 7-44·45) 등이 대표적이다. 일체형의 경우 분묘 부장품으로도 다수 확인되지만, 생활 유구 출토품과의 크기 차이는 거의 없다. 또, D2·3-52호와 61호 주거지 출토 직각일단경식(그림 7-22)과 일체형(그림 7-56)의 경부 양측에는 결입부가 형성되어 있다. 한편, 석촉 제작의 효율성 증가와 관련하여 중기에 등장한 선형석기(黃昌漢·金賢植, 2006: 307-308)도 5점 출토되었다(그림 7-61~64). 전체 석촉 출토량에 비하면 상당히 적은 편인데, 제작이 상대적으로 활발하지 않았음을 나타내는 것으로도 볼 수 있다. 아무튼 이 글에서는 별도의 기종으로 상정하지 않고 석촉 미제품으로 분류하였다.

3) 석도

석도는 총 403점이며 수확구인 반월형 계통 387점과 다른 용도가 추정되는 무공석도 16점으로 대별된다. 전자의 암질은 사암 122점, 이암 40점, 화강암 39점, 점판암과 석영암 각 32점, 맥암 26점, 반암 25점, 유문암 19점, 천매암 15점, 편암 14점, 혼펠스 6점, 응회암 5점, 산성암 3점, 반려암, 규암, 석회암 각 1점, 미상 6점으로 사암이 다수를 차지한다. 평면 형태에 따라 장방형 38점(그림 8-1~5), 어형 30점(그림 8-6~9), 즐형 6점(그림 8-10·11), 제형 2점(그림 8-12), 주형 226점(그림 8-13~20), 역제형 47점(그림 8-21~25), 편주형 4점(그림 8-26), 기타 형식 구분이 어려운 34점으로 세분된다. 이 가운데 어형과 역제형은 각각 전기와 중기의 표지 형식에 해당하며(孫晙鎬, 2006: 76-77), 평면 장방형(홍주희, 2012: 7)과 양인(김재윤, 2004: 39)이 돌대문토기 단계의 형태적 특징으로 지적되기도 한다.

다른 유적에 비해 역제형이 다수 출토되는데, 직선적인 3개의 날이 특징적이다(孫晙鎬, 2002: 113). 날이 구분되지 않지만 평면이 역제형에 가깝거나(그림 8-19·20) 평면은 주형이지만 날이 3개로 이루어진 것(그림 8-21·22)은 모두 주형과 역제형의 중간적 형태로서,[20] 유적 내에서 양자의 점진적 변화 과정을 살펴볼 수 있다. 날의 단면 형태는 장방형 20점, 어형 1점, 즐형 3점, 주형 2점, 기타 2점이 양인으로, 장방형을 제외

20 3개의 날이 역제형의 특징이라는 점을 감안하여 전자는 주형, 후자는 역제형으로 분류하였다.

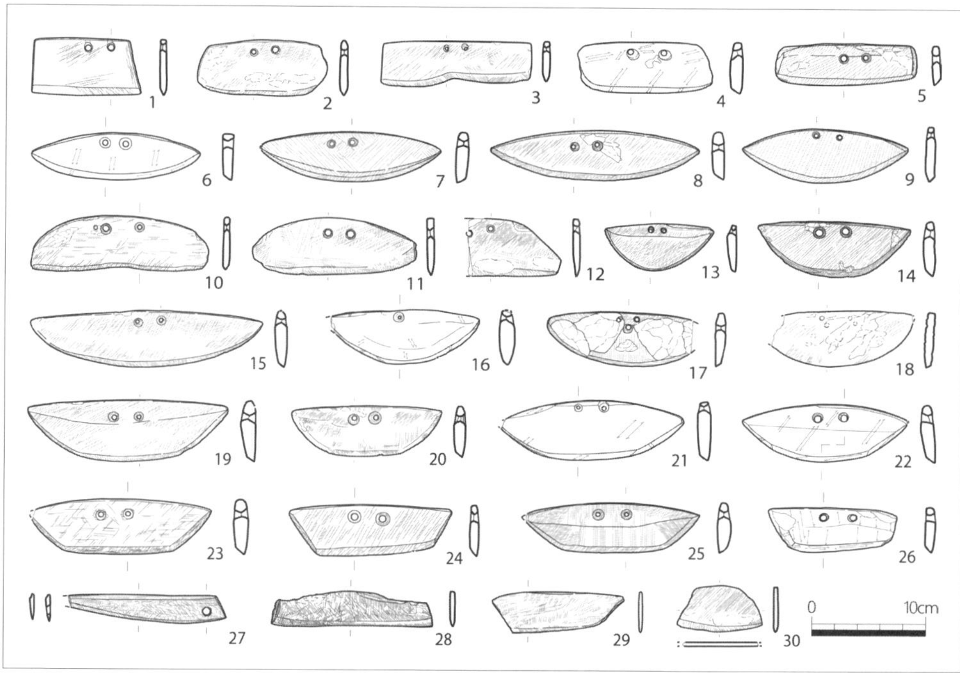

〈그림 8〉 유적 출토 석도 각종

하면 편인이 압도적 다수를 차지한다. 구멍의 수는 대부분 2개이며 일부 1개도 확인되는데, D2·3-141호 주거지 출토품의 경우 1개의 구멍 위쪽에 2개의 작은 구멍이 뚫린 특이한 형태를 이룬다(그림 8-17). 한편, B1-130호 주거지 출토 미제품에서는 상하 2개씩의 천공 시도흔이 관찰되는데(그림 8-18), 2개씩 시차를 두고 천공된 좌우 4공석도(孫晙鎬, 2017b: 16)와 제작 목적이나 과정이 전혀 달랐음을 보여주는 자료로 주목된다.

무공석도(그림 8-27~30) 또한 돌대문토기 단계의 특징적 형식으로 상정된 바 있다(金旼志, 2012: 52). 암질은 이암 8점, 점판암 4점, 편암 2점, 사암과 유문암 각 1점씩이다. 사용 실험을 바탕으로 구근류 껍질 깎기, 어육 및 계육 손질, 과실 채집, 가죽 손질 등의 용도로 추정되었으며(金旼志, 2012: 76-77), 사용흔 분석을 통해 독특한 광택이 관찰되기도 하였다(손준호, 2020: 52). 후술할 찰절구와의 형태적 차이가 크지 않은데, 무공석도의 상하 폭이 비교적 좁은 편이지만 뚜렷하게 구분하기는 어렵다. 찰절구와 동일한 용도로 사용되었을 가능성도 충분하다. D2·3-22호 주거지 출토품의 경우 구멍이 뚫려 있어 휴대용일 가능성이 높은데(그림 8-27), 새롭게 확인된 형식으로 보고자의 유물 설명을 반영하여 '도자형석도'로 부르고자 한다. 날의 단면 형태는 편인 5점, 양인 11점으로 후자의 비율이 높다.

4) 석부

석부는 총 1,251점이며 양인석부 597점, 타제석부 56점, 환상석부 9점, 편인석부 540점, 기타 형식 구분이 어려운 49점으로 대별된다. 이 중 양인석부의 암질은 편암 162점, 편마암 161점, 혼펠스 77점, 각섬암 70점, 사암 26점, 화강암 22점, 반려암 19점, 섬록암 16점, 천매암 13점, 반암과 안산암 각 5점, 휘록암 4점, 백립암 3점, 맥암, 이암, 점판암, 유문암, 혼성암, 염기성암, 철광석 각 1점, 미상 7점으로 편암과 편마암이 절반 이상을 차지한다. 신부의 단면 형태에 따라 편평형 83점(그림 9-1~4), 타원형과 원형 459점(그림 9-5~7), 장방형과 방형 43점(그림 9-8·9), 그리고 돌대문토기 단계의 표지 형식인 편평양인석부(裵眞晟, 2014: 34) 5점(그림 9-10), 기타 7점으로 세분된다. 단면 원형계의 출토량이 압도적인데, 중기의 특징으로 방형계의 감소와 원형계의 비율 증가가 지적된 바 있다(孫晙鎬, 2010b: 19).

타제석부(그림 9-11·12)의 암질은 편암 16점, 편마암 12점, 혼펠스 10점, 각섬암 6점, 화강암, 이암, 사암 각 2점, 맥암, 안산암, 휘록암, 혼성암 각 1점, 미상 2점으로 양인석부와 유사한 편이다. 다른 유적에 비해 수량이 많은 것은 중기의 특징 중 하나이지만(김지원, 2021: 67), 단면 편평형 석부의 미제품이 일부 포함되었을 가능성도 충분하다. 환상석부(그림 9-13·14)의 암질은 혼펠스 4점에, 각섬암, 편암, 편마암, 이암, 사암이 각 1점씩이다. 대부분 평면 대형에 단면이 얇고 날은 날카로운데, 이는 중기의 특징적인 형태에 해당한다(崔承希, 2004: 51). 반대로 전기의 표지 유물인 다두석부(孫晙鎬, 2010b: 20)는 전혀 확인되지 않는다. 천공부에 단이 형성된 환상석부도 B1-42호 주거지에서 출토되었다(그림 9-13).

편인석부는 주상편인석부 37점, 유구석부 74점, 편평편인석부 369점, 석착 60점으로 구분된다. 이 중 주상편인석부와 유구석부의 암질은 편암 47점, 각섬암 19점, 혼펠스 15점, 편마암 6점, 섬록암, 휘록암, 반려암 각 4점, 사암과 이암 각 3점, 화강암과 반암 각 2점, 맥암과 미상이 각 1점씩이다. 주상편인석부(그림 9-15~18)는 주로 전기의 늦은 시기에 사용되기 시작하는데(裵眞晟, 2013: 15), 횡단면의 좌우 폭이 상하보다 넓은 것들은 다른 지역에서 확인되지 않는 특이한 형식이다(그림 9-15·16). 유구석부는 구하부의 각도에 따라 사선 49점(그림 9-19~23)과 직선 16점(그림 9-24~26), 기타 9점으로 세분된다. 중기와 후기의 표지 형식으로(孫晙鎬, 2010b: 20), 사선에서 점차 직선화되는 변화 방향이 제시된 바 있다(朴智熙, 2007: 33). 사선과 직선의 공반 관계도 관찰되며, 양자의 구분이 애매한 경우도 존재한다(그림 9-23). A2-16호와 C1-29호 주거지 출토품은 특이하게 구의 위치가 인부와 가까운 쪽에 형성되어 있다(그림 9-19·25).

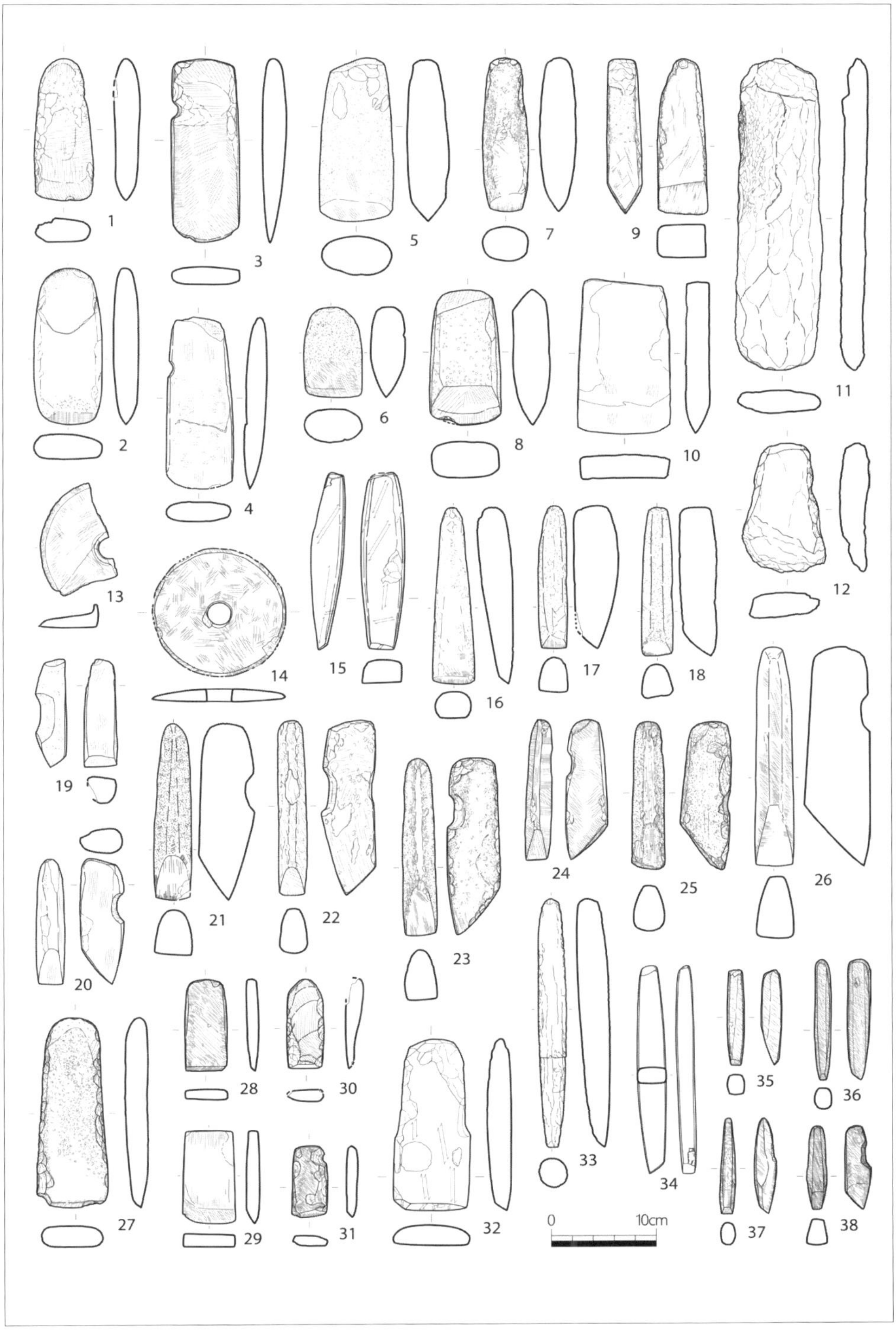

〈그림 9〉 유적 출토 석부 각종

편평편인석부(그림 9-27~32)의 암질은 편암 154점, 혼펠스 75점, 이암 27점, 편마암 18점, 각섬암 17점, 점판암 15점, 반려암과 사암 각 11점, 천매암 10점, 맥암 8점, 휘록암 6점, 섬록암과 반암 각 2점, 석영암과 안산암 각 1점, 미상 11점이다. 돌대문토기 단계의 표지 형식 중 하나인 '편평석착(홍주희, 2012: 6)'이나, 날이 반대로 장착되어 다른 용도로 추정된 '후두형 편평편인석부(윤재빈, 2017: 58)'도 해당 기종에 포함된다(그림 9-29·30). 석착(그림 9-33~38)의 암질은 편암 23점, 혼펠스 10점, 반려암과 이암 각 6점, 각섬암 5점, 편마암 3점, 사암 2점, 화강암, 섬록암, 휘록암, 안산암, 미상이 각 1점씩이다. 편평편인석부와 석착은 모두 소형이 다수를 차지하는데, 길이 18.8cm의 C1-12호 주거지 출토 편평편인석부(그림 9-27), 길이 24.65cm, 20.4cm의 H1-58호 주거지와 국박-Ⅱ호 지석묘 출토 석착(그림 9-33·34) 등은 예외적으로 크다.

중도유적 출토 석부의 특징으로 형태와 크기의 다양성을 들 수 있다. 상기한 바와 같이 다른 지역에서 보이지 않는 새로운 형식도 확인되며, 크기와 관련해서는 특히 대형 석착의 높은 비율이 주목된다. 이 밖에도 장착이나 사용의 편의를 위한 개량형 석부도 다수 관찰된다. D2·3-5호 주거지와 A1-12호 지석묘의 한쪽 측면에 구가 형성된 양인석부(그림 9-3·4), 순환구역-24호 주거지의 구 반대쪽에 얕은 홈이 형성된 유구석부(그림 9-22), C1-56호 주거지의 한쪽 측면에 구가 형성된 편평편인석부(그림 9-31), E1-183호 주거지의 신부 중간 양측에 단이 형성된 대형 편평편인석부(그림 9-32), C1-37호와 128호 주거지의 구 설치 석착(그림 9-37·38) 등이 대표적인데, 이 모두를 기능 강화를 위한 발전 형식으로 상정할 수 있다.

5) 기타

지석은 총 343점이며 암질은 화강암 119점, 사암 78점, 유문암 50점, 이암 24점, 편암 15점, 편마암 10점, 맥암 9점, 규암 8점, 석영암 7점, 응회암 5점, 혼펠스 3점, 천매암 2점, 각섬암, 반암, 안산암, 역암, 염기성암 각 1점, 미상 8점이다. 형태에 따라 주상(그림 10-42), 판상(그림 10-43), 부정형(그림 10-44)으로 구분되는데(김태민, 2015: 9), 평면 장방형의 얇은 판상지석(그림 10-1·2)을 돌대문토기 단계의 요소로 보기도 한다(안재호, 2022: 13). 표면에 둥근 홈이 다수 형성된 것을 발화석으로 보고한 사례도 있지만(그림 10-45), 회전을 통해 소형 석기나 특정 부위를 가공하는 용도의 지석일 가능성이 높아 보인다. 환석(그림 10-3·4)은 총 8점으로 암질은 혼펠스 3점, 편암 2점에 화강암, 반암, 이암이 각 1점씩이다. 환상석부보다 작고 날을 세우지 않았으며, 상대적으로 이른 시기에 등장한다(崔承希, 2004: 51). 측면에 종방향의 홈이 반복적으로 새겨진 것도 있다(그림 10-4).

석추는 총 13점이 출토되었는데, 암질은 이암 7점에 석영암, 천매암, 점판암, 혼펠스, 사암, 수정이 각 1점씩이다. 대부분 좁고 긴 각추 형태를 이루며, 타제(그림 10-5·6)와 마제(그림 10-7·8)로 구분된다. 예외적으로 D2·3-123호 주거지 출토품만 비교적 넓고 평평한 상부와 좁고 뾰족한 구멍 뚫는 부위로 구성되어 있다(그림 10-9). 고석은 총 79점이며 암질은 편마암 35점, 화강암 16점, 편암 10점, 천매암 3점, 각섬암, 반려암, 반암, 혼펠스 각 2점, 맥암, 섬록암, 석영암, 사암, 혼성암 각 1점, 미상 2점이다. 봉상을 이루는 것(그림 10-10)과 평면 원형 또는 말각방형(그림 10-11·12)으로 구분되며, 타격에 의한 홈이 중앙부에 형성된 것도 있다(그림 10-13). 고석과 갈돌의 2가지 용도가 동시에 상정된 경우 형태별 주요 기능을 추정하여 봉상은 갈돌(그림 10-16), 원형 또는 말각방형은 고석(그림 10-14)으로 분류하였다. 대석은 34점이며 암질은 화강암 23점, 편마암 8점, 규암 2점, 유문암 1점이다. 대체로 단면이 편평한 자연석을 이용하는데(그림 10-46), 1면만 편평한 사례도 일부 확인된다(그림 10-47).

갈돌은 91점, 갈판은 236점이다. 양자의 암질은 화강암 207점, 편마암 35점, 편암 16점, 석영암 14점, 각섬암과 사암 각 12점, 규암 9점, 혼펠스 4점, 유문암 3점, 섬록암, 천매암, 혼성암 각 2점, 백립암, 반암, 산성암 각 1점, 미상 6점으로 화강암이 다수를 차지한다. 갈돌은 마봉(그림 10-15·16)과 마석(그림 10-17)으로 세분되는데, 중기에 마봉의 비율 감소 현상이 지적된 바 있다(孫晙鎬·上條信彦, 2011: 11). 특히 양단 돌출 마봉(그림 10-15)은 신석기시대 중기 이후의 대표적 유물이기 때문에(박성근, 2016: 239), 상대적으로 청동기시대의 이른 시기에 해당할 가능성이 높다. 갈돌과 조합하여 사용하는 갈판은 가공으로 일정한 형태를 갖춘 것(그림 10-48)과 자연석을 그대로 이용한 것(그림 10-49)으로 구분된다.

방추차(그림 10-18·19)는 총 173점이며 암질은 천매암 73점, 편암 26점, 사암 15점, 이암 14점, 혼펠스 8점, 편마암과 점판암 각 7점, 유문암과 석영암 각 6점, 화강암 4점, 각섬암 2점, 반려암, 규암, 반암, 대리암, 중성암 각 1점씩이다. 형태는 모두 평면 원형에 단면이 납작한 장방형으로 대동소이하다. 이와 달리 어망추 4점은 결입식(그림 10-20·21)과 천공식(그림 10-22·23)이 모두 확인되며 형태와 크기도 제각각이다. 암질은 사암 2점, 혼펠스와 응회암 각 1점으로 동정되었다. 검파두식은 총 6점이며 암질은 사암 2점, 혼펠스, 각섬암, 응회암, 철광석 각 1점씩이다. 입주형 4점(그림 10-25·26)과 평형 2점(그림 10-24)으로 구분되는데, 돌기가 없거나 발달하지 않아 남한지역 검파두식의 초기 단계에 해당하는 것으로 추정된다(宮里修, 2009: 19).

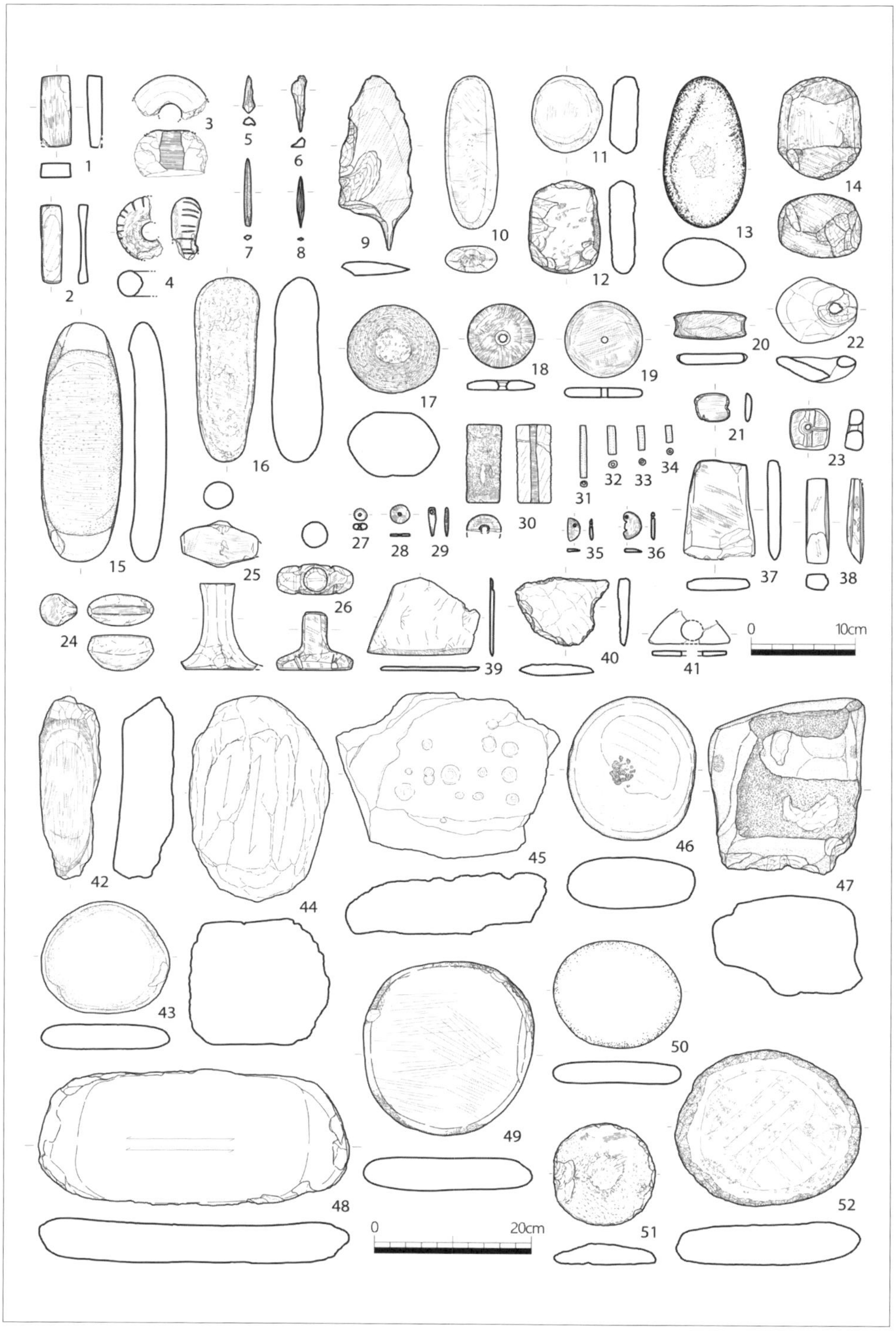

〈그림 10〉 유적 출토 기타 석기 각종

옥은 총 62점이며 관옥 48점(그림 10-30~34), 환옥 7점(그림 10-27·28), 반원형옥 2점(그림 10-35·36), 편평양인옥부 1점(그림 10-37), 옥착 1점(그림 10-38), 기타 옥장신구 3점(그림 10-29)으로 구분된다. 관옥은 다시 대형(그림 10-30)과 소형(그림 10-31~34)으로 나눌 수 있다. 암질은 벽옥 16점, 각섬석 2점, 녹주석, 천하석, 맥암, 이암 각 1점씩이며, 나머지 40점은 특별한 동정 없이 보고서에 옥으로 기술되어 있다. 1점씩만 확인된 찰절구(그림 10-39), 부리형석기(그림 10-40), 장신구(그림 10-41)의 암질은 각각 점판암, 편암, 유문암으로 동정되었다. 마지막으로 언급할 평면 원형에 단면이 납작한 원반형 불명석기(그림 10-50~52)는 총 66점이 출토되었는데, 사용흔이 존재한다고 보고되어 지석(그림 10-43), 대석(그림 10-46), 갈판(그림 10-49) 등으로 분류된 것을 제외하면 대부분 토기의 뚜껑으로 사용되었을 가능성이 추정된다. 일반적으로 자연석을 그대로 이용하지만, 인공적인 제작 사례도 H2-40호, 4대강 D·E-61호 주거지 등에서 확인된 바 있다(그림 10-51·52).

4. 조성비 비교

조성비를 검토하기 위해서는 석기의 기능별 분류 작업이 선행되어야 하는데, 이미 기존 연구를 통해 관련 내용을 자세히 언급한 바 있다(孫晙鎬, 2008a: 38~42). 이를 바탕으로 중도유적에서 출토된 석기를 분류하면, 먼저 수렵구로 장경식 석창과 석촉, 수확구로 무공석도를 제외한 반월형석도, 굴지구로 타제석부, 벌채구로 양인석부, 목재가공구로 주상편인석부, 유구석부, 편평편인석부, 석착을 상정할 수 있다. 그리고 지석, 환석, 찰절구, 석추는 석기가공구, 고석과 대석, 갈돌과 갈판은 식량처리구, 방추차는 방직구, 어망추는 어구로의 기능 추정이 가능하다. 이 밖에 석검, 검파두식, 환상석부, 부리형석기, 장신구, 옥 등은 상징의례구로 분류되는데, 생계와 직접적인 관련이 없기 때문에 검토 대상에서 제외하였다.

조성비를 비교할 때에는 출토 맥락의 동일성 확보가 필요하다. 따라서 전체 석기 수량의 90% 이상을 차지하는 주거지 출토품만을 분석 대상으로 하였다. 해당 석기는 총 3,067점이며, 여기에 석제품과 동일한 기능이 추정되는 토제 방추차 124점과 토제 어망추 13점을 더하여 조성비 비교에 활용하였다. 용도별 수량은 수렵구(석창 62점, 석촉 504점) 566점, 수확구(반월형석도) 378점, 굴지구(타제석부) 53점, 벌채구(양인석부) 586점, 목재가공구(주상편인석부 37점, 유구석부 72점, 편평편인석부 361점, 석착 57점) 527점, 석기가공구(지석 335점, 환석 8점, 찰절구 1점, 석추 13점) 357점, 식량처리구(고석 76점, 대석 33점, 갈돌 87점, 갈판 232점) 428점, 방직구(석제 방추차 168점, 토제 방추차 124점) 292점, 어구(석제 어망추 4점, 토제 어망추 13점) 17점으로 구분된다.

그러나 석기의 출토량을 그대로 특정 생계 활동과 연결시키는 것은 문제가 있다. 따라서 다른 유적과의 조성비 비교를 통해 상대적인 많고 적음을 살펴보는 방법이 요구된다(孫晙鎬, 2008a: 43). 이 글에서는 이미 필자가 분석한 바 있는 남한지역 전체의 지역별 석기 조성비(손준호, 2019: 333)와 비교하였다(그림 11). 비교 결과 대체로 석기가공구와 어구의 상대적 비율이 낮고, 굴지구, 벌채구, 목재가공구의 비율이 높은 편이다. 비율의 상대적 차이는 해당 생계 유형에 대한 집중 정도를 반영하는데, 이를 통해

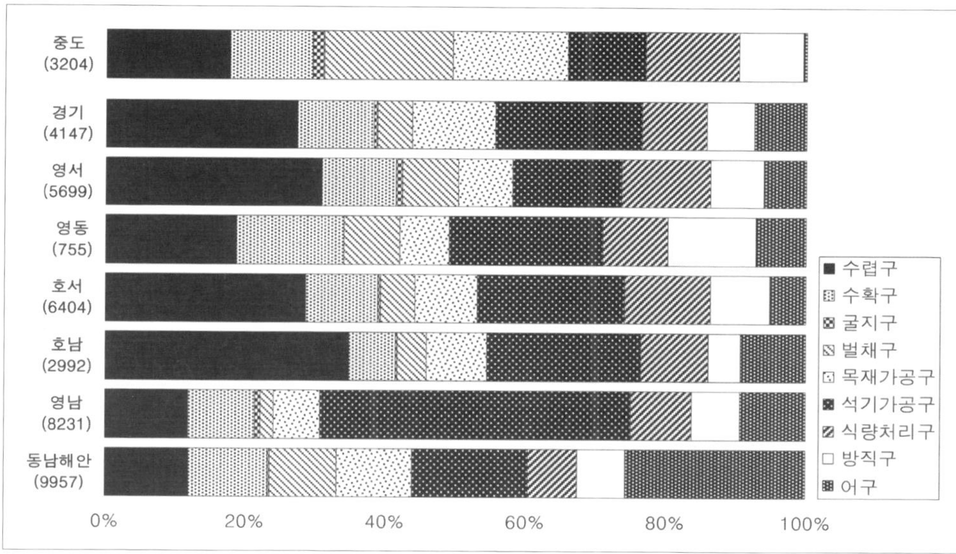

〈그림 11〉 중도유적과 지역별 석기 조성비 비교(괄호 안의 숫자는 석기 수량)

다른 취락에 비해 어로에 대한 의존도가 낮고, 굴지구, 벌채구, 목재가공구와 관련된 활동의 비중이 높았음을 추정할 수 있다.

밭 경작에 굴지구인 타제석부가 주로 이용된다는 점을 감안하면(安在晧, 2000: 51), 해당 기종의 높은 비율은 구상경작유구가 넓게 분포한다는 사실과 부합한다. 구상경작유구에 대해서는 자연과학 분석을 통해 경작의 뚜렷한 증거를 확보하는 데 실패하였지만(이형원, 2021: 37-38), 구조와 형태적 특징을 바탕으로 그 성격이 '구획밭'으로 상정된 바 있다(윤호필, 2020: 170). 물론 상기한 바와 같이 보다 적극적인 타제석부의 설정으로 수량이 과대 포집되었을 가능성이 있지만, 밭농사와 관련된 활발한 경작 행위를 추정하기에 무리가 없다. 그런데 목재가공구의 비율이 높은 것은 목제 농구와 논농사의 관련성(根木修, 1976: 110-111)을 생각할 때, 이해하기 어려운 결과라 할 수 있다. 중도 지역은 밭농사에 적합한 토양으로 구성되어 있고 배후습지가 발달하지 못하여(윤호필, 2020: 164), 대규모 논농사의 존재를 인정하기는 어렵다.

필자는 여기서 목재가공구뿐만 아니라 벌채구인 양인석부의 비율도 높은 점을 감안하여, 다른 유적에 비해 상대적으로 목제품의 제작이 활발히 이루어졌을 가능성을 제기하고 싶다. 앞에서 언급한 것처럼 벌채구와 목재가공구 중에서 발전형 석기들이 다수 관찰되는 점 또한 이와 관련된 기술 개발의 결과로 추정된다. 만약 이러한 가정이 성립된다면, 중도 취락민의 주요 생계 수단으로 상기한 밭농사와 함께 목제품의 생산 및 공급을 통한 수익 창출을 상정할 수 있다. 중도와 주변 지역의 지형 조건상 삼림

벌채는 인근 산지에서 진행되었으며, 반입된 목재를 취락 내부에서 가공하여 목제품을 완성하였을 것이다. 이와 달리 석기가공구의 비율이 낮은 것은 취락 내 소비를 목적으로 한 석기 생산과 관련된 결과로 이해된다.

이와 같이 석기의 기능 추정을 바탕으로 조성비를 비교하여, 중도 취락민의 생계 전략에 대해 살펴보았다. 밭농사를 기반으로 한 생계 활동은 구상경작유구의 존재를 통해 이미 짐작할 수 있었으나, 목기 생산 취락으로서의 성격 추정은 조성비 비교를 통해 새롭게 제기된 가설이다. 하지만 이 글에서는 유적의 단계 구분을 시도하지 않았기 때문에 시기별 조성비의 변화와 그 의미까지 논지가 전개되지 못하였다. 중도유적에서는 단계별로 다수의 석기가 출토되어, 조성비의 시기별 변화를 살펴보기에 최적의 조건을 갖추고 있다. 물론 화천 용암리유적의 분석을 통해 대단위 취락이 선택한 생계방식이 크게 변하지 않는 것이 확인된 바 있어(孫晙鎬, 2008a: 50), 시기별 조성비의 차이가 크지 않을 가능성도 충분하다. 미진한 부분은 추가적인 연구를 통해 보완하고자 한다.

5. 맺음말

이상과 같이 중도유적에서 출토된 청동기시대 석기를 종합적으로 분석하였다. 먼저 석기 집중 출토 현상의 원인, 석기 출토량과 특정 문화 유형의 상관성, 석기의 생산 및 보관 양상, 유구별 출토 맥락 등을 살펴보았다. 또, 기종별 분류를 바탕으로 돌대문토기부터 점토대토기 단계까지의 다종다양한 형식과 중도유적에서만 출토된 독특한 형식의 존재를 확인하였으며, 본문에서 구체적으로 언급하지는 않았지만 특히 전기에 해당하는 형식이 상대적으로 매우 적은 점을 중요한 특징으로 파악할 수 있었다. 그리고 마지막으로 조성비 비교를 통해 주요 생계 수단으로 밭농사와 함께 목제품 생산 및 공급을 상정하였다. 하지만 이 글에서는 유적의 세부 편년을 시도하지 않았기 때문에 석기의 단계별 특징이나 시기적 변화상, 조성비의 차이에 따른 생계 방식의 변화 과정 등에 대해서는 다루지 못하였다.

아무튼 기존 보고서에서 언급되지 않았던 전체적인 석기의 기종 분류, 수량과 비율 제시, 출토 양상 검토, 조성비 비교 등을 시도함으로써 연구의 기초를 마련하였다는 점에 의의를 두고 싶다. 보고자는 해당 시기의 물질 자료가 확인되지 않는 전기 후반을 공백기로 상정하였으며, 추가 연구를 통해 보다 세분된 단계 설정이 이루어지기도 하였다(吳江原, 2023; 2024). 이 글의 분석 결과 또한 어느 정도 이러한 내용에 부합한다. 그러나 탄소연대 측정치를 이용한 단계 설정에서는 공백 없는 장기 점유가 주장되기도 하였으며(김세진, 2023: 23), 측정 기관에 따른 연대치의 편중 현상도 지적되고 있다(김권중, 2023: 83). 앞으로 주거지의 형식과 공반 유물, 중복 축조된 유구의 선후 관계, 탄소연대 측정치 등을 비교 검토하여 단계별 석기 형식과 조성비의 변화상 등을 추가적으로 살펴보고자 한다.

| 참고문헌 |

• 국어

江原文化財硏究所, 2013,『春川 中島洞遺蹟』.

공민규, 2006,「無文土器文化 前期 磨製石器의 檢討(1)」,『崇實史學』19.

宮里修, 2009,「韓半島 劍把頭飾의 分類와 編年」,『嶺南考古學』50.

김권중, 2023,「청동기시대 취락연구의 패러다임 시프트」,『牛行 느리게 걷고 깊이 남기다』이상길 교수 10주기 추모논문집, 학연문화사.

金旼志, 2012,「青銅器時代 開始期의 漢江 中上流地域 石器 樣相」, 영남대학교 석사학위논문.

김세진, 2023,「북한강유역 청동기시대 대형 취락의 형성 과정에 관한 연구」,『한국청동기학보』32.

金承玉, 1997,「鋸齒文土器: 정치적 권위의 象徵的 表象」,『韓國考古學報』36.

김재윤, 2004,「韓半島 刻目突帶文土器의 編年과 系譜」,『韓國上古史學報』46.

김지원, 2021,「경남지역 청동기시대 보습 연구」, 경남대학교 석사학위논문.

김태민, 2015,「지석을 통해 본 청동기시대 취락 내 석기제작 양상」, 고려대학교 석사학위논문.

魯振煥·兪在暎·崔辰汎, 1993,「춘천 연옥 광물의 성인」,『지질학회지』29-3.

盧爀眞·崔恩珠, 1982,「中島 支石墓 發掘報告」,『中島發掘調查報告書』, 中島先史遺蹟發掘調查團.

리기련, 1980,『석탄리유적 발굴보고』유적발굴보고 12, 과학·백과사전출판사.

박성근, 2016,「신석기시대의 채집·농경구」,『신석기시대 석기론』, 진인진.

박영구, 2022,「춘천 중도동유적 돌대문토기 단계 주거와 취락양상」,『湖西考古學』51.

朴智熙, 2007,「남한지역 유구석부의 형식변화와 실험고고학적 방법에 의한 기능변화 추론」, 한양대학교 석사학위논문.

배군열, 2018,「청동기시대 수혈주거지의 Life cycle에 대한 고고학적 이해」,『야외고고학』33.

裵眞晟, 2013,「柱狀片刃石斧의 再檢討」,『韓國上古史學報』82.

裵眞晟, 2014,「石製工具의 確立과 展開」,『考古廣場』14.

서울대학교박물관, 2005,『흔암리유적 출토 석기 보고서』.

孫晙鎬, 2002,「韓半島 出土 半月形石刀의 變遷과 地域相」,『先史와 古代』17.

孫晙鎬, 2003,「磨製石器 分析을 통한 寬倉里遺蹟 B區域의 性格 檢討」,『韓國考古學報』51.

孫晙鎬, 2006,『韓半島 青銅器時代 磨製石器 硏究』, 고려대학교 박사학위논문.

손준호, 2007,「마제석촉의 변천과 형식별 기능 검토」,『한국고고학보』62.

孫晙鎬, 2008a,「石器 組成比를 통해 본 青銅器時代 生計와 社會經濟」,『韓國青銅器學報』3.

孫晙鎬, 2009,「湖西地域 磨製石劍의 變化相」,『湖西考古學』20.

손준호, 2010a, 「청동기시대 석기 생산 체계에 대한 초보적 검토」, 『湖南考古學報』 36.
손준호, 2013, 「청동기시대 석기 연구의 최신 동향」, 『崇實史學』 31.
손준호, 2017a, 「가학동 청동기시대 취락의 석기 분석」, 『고고학』 16-1.
孫晙鎬, 2017b, 「四孔石刀考」, 『考古廣場』 21.
손준호, 2019, 「청동기시대 석기 조성비 비교」, 『인문학연구』 117.
손준호, 2020, 「원신흥동유적 출토 반월형석도의 사용흔 분석」, 『湖西考古學』 47.
孫晙鎬·上條信彦, 2011, 「청동기시대 갈돌·갈판의 사용흔 및 잔존 녹말 분석」, 『中央考古研究』 9.
손현철, 2023, 「중도동유적 청동기시대 천전리식 주거지의 특징 및 전개 양상」, 『史學志』 63.
송만영, 2012, 「강원 영서, 영동지역 청동기시대 편년 병행 관계」, 『崇實史學』 29.
安在晧, 2000, 「韓國 農耕社會의 成立」, 『韓國考古學報』 43.
안재호, 2022, 「金泉 松竹里聚落의 變遷」, 『嶺南考古學』 92.
예맥문화재연구원, 2012, 『春川 中島洞遺蹟』.
吳江原, 2023, 「춘천 중도 청동기시대 주거지군의 획기와 전개」, 『湖西考古學』 54.
吳江原, 2024, 「춘천 중도 레고랜드 조성부지 지석묘군의 조성 시기와 전개」, 『百濟研究』 79.
오용제, 2012, 「청동기시대 전기 주거지 내부의 공간 활용 양상 연구」, 서울대학교 석사학위논문.
윤재빈, 2017, 「청동기시대 동남해안지역 편인석부 편년」, 『韓國青銅器學報』 21.
윤호필, 2020, 「춘천 중도동유적 경작유구」, 『春川 中島洞遺蹟』 Ⅲ·Ⅳ, 춘천 중도동유적 연합 발굴조사단.
李亨源, 2006, 「弓洞 青銅器時代 聚落의 編年 및 性格」, 『弓洞』, 忠南大學校博物館.
이형원, 2021, 「춘천 중도 청동기시대 취락의 발굴성과와 연구과제」, 『崇實史學』 46.
趙現鐘, 1989, 「松菊里形土器에 대한 一考察」, 홍익대학교 석사학위논문.
지건길·이영훈, 1983, 『中島』 Ⅳ, 국립중앙박물관.
최기주, 2020a, 「춘천 중도동유적(B·H구역) 출토 석기유물에 대한 지질학적 분석」, 『春川 中島洞遺蹟』 Ⅵ, 춘천 중도동유적 연합 발굴조사단.
최기주, 2020b, 「춘천 중도동유적(순환도로부지) 출토 석기유물의 지질학적 분석」, 『春川 中島洞遺蹟』 Ⅵ, 춘천 중도동유적 연합 발굴조사단.
최복규, 1984, 『중도 고인돌 발굴조사보고』, 강원대학교박물관.
崔承希, 2004, 「韓半島 出土 環狀·多頭石斧 研究」, 부산대학교 석사학위논문
최영희·김정기·노혁진·김종규·민인숙·최종모·심재연·박성희·김경중·이숙임, 2002, 『춘천 하중도 제방공사구간 문화유적 발굴조사보고서』, 翰林大學校博物館.
춘천 중도동유적 연합 발굴조사단, 2020, 『春川 中島洞遺蹟』.
平郡達哉, 2006, 「慶南地域 無文土器時代 棺外 副葬行爲에 관한 一考」, 『石軒鄭澄元教授 停年退任記念論叢』, 釜山考古學研究會.
홍주희, 2012, 「청동기시대 조기의 석기편년」, 『청동기시대 석기의 편년』 한국청동기학회 석기분과 워크샵.

홍주희, 2017, 「북한강유역 청동기시대 공방에서의 석기 생산방식 검토」, 『韓國靑銅器學報』 20.

황창한, 2012, 「청동기시대 마제석촉의 지역성 연구」, 『야외고고학』 13.

황창한, 2013, 「대구지역 청동기시대 석기생산 시스템 연구」, 『嶺南考古學』 67.

黃昌漢 · 金賢植, 2006, 「船形石器에 대한 考察」, 『石軒鄭澄元教授 停年退任記念論叢』, 釜山考古學研究會.

• 일어

根木修, 1976, 「木製農耕具の意義」, 『考古學研究』 22-4.

孫晙鎬, 2008b, 「朝鮮半島における磨製石劍の展開と起源について」, 『地域 · 文化の考古學』 下條信行先生退任記念論文集.

孫晙鎬, 2010b, 「遼東 · 韓半島の石斧」, 『季刊考古學』 111.

中村大介, 2005, 「無文土器時代前期における石鏃の變遷」, 『待兼山考古學論集』 都出比呂志先生退任記念, 大阪大學考古學研究室.

청동기시대 중도유적의 취락 설계와 의례

이종철

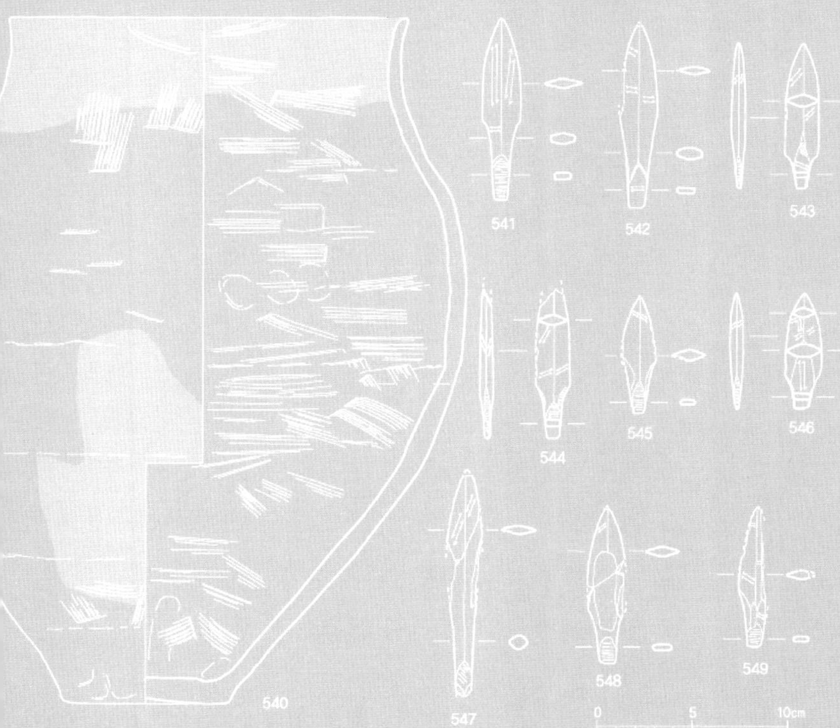

1. 머리말

춘천 중도유적은 2013~2017년에 걸친 LEGOLAND 테마파크 조성부지 발굴조사를 통해 2,205기의 청동기시대 유구가 조사되었다. 유적에서 조사된 3,091기의 유구들 가운데 청동기시대가 71.3%를 차지한다. 또 중도유적에서 출토된 유물 8,025점 중 7,940점이 유구에서 출토되었는데, 청동기시대의 것이 6,476점으로 집계되어 유구 전체의 81.5%를 차지한다(춘천 중도동유적 연합 발굴조사단, 2020Ⅲ: 15-20). 이러한 발굴조사 성과는 춘천지역 선사문화 형성과 변천에 대한 고고학적 연구에 지대한 영향을 줄 뿐만 아니라 우리나라 선사문화 연구를 위한 학사적 대표성을 갖기에 충분하다.

600,792m^{2}에 해당하는 면적을 발굴조사하여 청동기시대 당시 대규모 취락이 존재했음이 고고학적으로 증명되었다. 이러한 대규모 면적 내에 청동기시대 주거지는 1,273기에 이르며, 무덤은 150기, 수혈유구는 745기에 달한다(춘천 중도동유적 연합 발굴조사단, 2020Ⅲ: 22). 특히 이러한 생활유적들은 방형의 환호를 중심으로 발전해 나갔을 가능성이 높은데, 환호 안팎으로 대규모의 주거군이 밀집 분포하고 있어 취락의 설계와 변천 과정에 대한 면밀한 연구가 필요하다. 무엇보다도 주거영역, 매장영역, 의례영역, 보관·저장영역 등의 공간적 분포는 취락 설계의 관점에서 매우 중요한 정보를 제공해 준다.

이와 같은 대규모 취락은 형성, 발전, 쇠퇴의 과정 속에서 다양한 사회조직과 특색 있는 지역문화를 향유했을 가능성이 높다. 특히 대규모 취락사회를 안정적이고 전략적으로 유지·운영하고자 했을 유력자 또는 유력집단이 존재했을 것이며, 취락의례가 중요한 기재로 작동되었을 가능성이 있다. 이에 다음과 같은 세부 지표를 설정하여 연구 결과를 도출해 보고자 한다. 첫째, 중도 취락의 구성과 변천 양상을 검토하여 취락 설계의 방향성과 확장성을 추출한다. 둘째, 취락의 변천 과정에서 나타날 수 있는 취락의례를 추출하고 그 성격과 의미를 분석한다. 셋째, 취락 설계와 의례의 관계성을 취락 변천의 맥락 속에서 추론한다.

이상과 같은 세 가지 지표에 의거하여 춘천분지를 배경으로 성장했을 청동기시대 중도유적의 대규모 취락을 형성-발전-쇠퇴의 관점에서 살펴보고, 그 변천 과정에서 나타나는 취락의례를 추출하여 취락 설계와의 관계성을 밀도 있게 분석해 보고자 한다. 이를 통해 대규모 취락에서 의례의 존재 여부 및 역할이 취락사회의 발전에 어떻게 작동될 수 있는지를 살펴보는 장이 될 것이다. 나아가 지역을 달리하는 청동기시대 대규모 취락들의 정체성을 비교 분석할 수 있는 토대를 마련하는 데 기여할 것으로 기대한다.

2. 청동기시대의 취락 설계

1) 취락의 구성 요소들

대규모 취락이 조사된 중도동유적은 의암호에 의해 북동-남서 방향의 섬 모양을 하고 있다. 그러나 본디 상중도와 하중도가 하나로 연결된 동일 경관을 이루는 지대였다. 서쪽에는 북한강이, 동쪽에는 소양강이 흘렀고, 상중도와 하중도는 하나의 들판을 형성하고 있었던 것이다. 주기적인 범람으로 침식과 퇴적에 의한 자연지형의 변화는 장구한 세월 동안 누적되었을 것이고, 오랜 기간에 걸쳐 성립된 취락의 경관은 상대적으로 안정된 누적 결과였음은 자명하다.

이러한 관점에서 중·대·초대형 장방형주거의 장축 방향이 대부분 북동-남서 방향을 따르거나 일부 북서-남동 방향으로 결정된 점은 취락 설계상 매우 유의미한 현상이 아닐 수 없다. 대체로 돌대문토기 단계의 주거들이 북서-남동의 방향성을 취하고 있는 반면, 공렬문토기 단계의 주거들과 환호 장축, 굴립주건물(지상건물지)들은 북동-남서의 방향성을 고수하고 있기 때문이다. 이러한 집단적·획일적 열상배치는 취락의 자연환경과 전통성을 보여주는 특징으로서 취락 구성의 이데올로기를 추출할 수 있는 근거가 된다. 여기에는 일조 방향, 하천 범람, 지형적 높낮이, 계절풍과 같은 자연적 요인과 모종의 집촌(集村)을 이루기 위한 강제적 관념 등 인위적 요인이 영향을 주었을 가능성이 있다. 무엇보다도 취락의 전반적 양상이 상대적으로 획일적이라는 측면에서 자연지형적 관점과 이데올로기적 관점을 간과할 수 없다.

청동기시대 취락은 1~3기의 주거로 이루어진 소단위도 있고, 10~20기 내외의 작은 규모의 취락도 존재한다. 그뿐만 아니라 50기 이상의 대규모 취락도 확인된다. 따라서 상대적인 기준일 수 있지만, 초대형-대형-중형-소형 단위의 취락 구분은 자연스러울 수 있겠다. 이러한 관점에서 1,273기의 주거지가 조사된 중도 청동기시대 취락은 초대형처럼 보인다. 그러나 이것은 누적 집계에 의한 것이기 때문에 취락의 단계적 변천과 연속성의 여부를 반드시 검토해야 한다.

취락의 구성 요소는 주거, 생산, 보관·저장, 매장, 의례, 그리고 이에 따른 각 부대시설로 구분할 수 있다(이형원, 2009; 이종철, 2015). 이러한 구성 요소는 취락 설계에도 밀접한 관련이 있으며, 대규모로 조직화된 취락일수록 이러한 요소들의 상관성이 상대적으로 잘 드러난다. 우리나라 청동기시대 송국리형문화 단계의 거점취락들이 여기에 해당한다(이종철, 2015).

중도동 취락에서는 2,205기의 청동기시대 유구들이 조사되었다. 환호 1기, 주거지 1,273기, 지상건물지(굴립주건물지) 14기, 수혈 745기, 소성유구 2기, 무덤 150기, 토기군 1기, 구상유구 2기, 구상경작유구 16기로 집계된다(춘천 중도동유적 연합 발굴조사단, 2020Ⅲ: 15). 유구 수에 비해 구성 요소의 다양성은 상대적으로 적은 편이다. 즉 주거와 매장에 집중되어 있고, 생산과 보관·저장, 의례 등의 흔적은 잘 드러나 있지 않은 편이다. 비록 방형의 환호와 요령식동검, 선형동부 등 몇 점의 청동기가 조사되기는 하였으나, 대규모 환호취락에 걸맞은 시각적이고 구조적인 사회적 위계나 취락의례의 가시적 물증은 두드러지지 않거나 미약하다. 이것은 유구와 유물에 대한 훨씬 적극적이고 밀도 있는 접근과 해석이 필요하다는 것을 의미한다. 역으로 작위적 위험성에 빠질 가능성이 높다는 것과도 궤를 같이하는 것이다.

2) 취락의 시간성과 공간 구성

(1) 취락의 시간성

청동기시대의 중도 취락은 돌대문토기 문화를 중심으로 하는 이른 시기의 주거문화, 공렬문토기를 중심으로 하는 중간 단계의 주거문화, 그리고 원형점토대토기나 관련 유물이 출토되는 늦은 시기의 주거문화로 대별할 수 있다. 따라서 연속적인 점유와 간헐적인 공백의 상관관계를 염두에 두면서 중도 취락을 살펴볼 필요가 있다. 즉 장구한 세월 동안 ①문화변용과 성쇠를 기반으로 취락이 끊임없이 연속성을 보이는지, ②청동기시대의 각 단계를 대표하는 독립된 문화들이 상대적인 시공간적 공백기를 두고 점유함으로써 동일 공간 내 시기를 달리하는 취락들이 존재했는지 설명되어야 할 것이다. 특히 시간성을 달리하는 각 유형이 존재할 경우 동일 공간상에서 어떠한 상관성을 가지면서 변천하는지는 중요한 맥락이 아닐 수 없다. 중도 취락에 대한 여러 연구자의 시기 구분을 살펴보면 〈표 1〉과 같다.

중도유적과 같이 대규모 취락의 변천을 구조적으로 또는 기계적으로 이해하기 위해서는 일관된 시기 구분이 필수적이다. 연구자마다 다를 수 있겠지만, 조기(미사리유

〈표 1〉 청동기시대 중도 취락에 대한 연구자별 시기 구분

연구자	시기 구분		주요 유물	비고
이형원 (2020)	조기	기원전 15~13세기	돌대문토기	
	전기 전반	기원전 13~11세기	돌대문토기	전기 후반 공백
	중기	기원전 9~5세기	공렬문토기	환호 前/운영/後 천전리식주거, 밭농사
	후기	기원전 6~5세기	공렬문토기, ○점토대토기	
김권중 (2020)	조기		석곽묘	
	전기 말		주구묘	
	중기		개석묘(지석묘)	형식多, 변화少 천전리유형의 표상
	후기		개석묘(지석묘), 토광묘	
박영구 (2022)	조기 전반	3187~3115 B.P.	돌대문토기	취락 형성(10기 내외)
	조기 후반	3020~2900 B.P.	돌대문토기	대규모 취락
	전기 전반	2930~2900 B.P.	돌대문토기, 공렬문토기	취락 축소·소멸
오강원 (2023)	Ⅰ단계	기원전 11세기	소형주거, **돌대문토기**, 이중구연토기, 환저토기	
	Ⅱ단계	기원전 10세기	대형 방형·단장방형 위석식 노지+무시설식 노지 주거, **돌대문토기**, 이중구연토기, 환저토기, 적색마연토기, 장경호, 합인석부 등	
	Ⅲ단계	기원전 9세기	소형 방형·단장방형 무시설식 노지 주거, **돌대문토기**, **이중구연토기**, **공렬토기**, 구순각목문토기	
	취락 미조성 시기(공백기)			
	Ⅳ단계	1. 기원전 6세기	소형 방형·단장방형 무시설식 노지 주거, **공렬문토기**, 적색마연토기, 호형토기, **비파형동검**, 석검, 석창, 석촉 등	
		2. 기원전 5세기 〔가장 발전된 양상〕	중형 방형·단장방형·장방형 점토다짐면 무시설식 노지 주거, Ⅳ-1 유물군	
	Ⅴ단계	1. 기원전 4세기	대형 세장방형 점토다짐면 무시설식 노지 주거, **공렬문토기**, 적색마연토기, 장동호형토기, **선형동부**, 유경식석검, 변형T자형석창, 무경식석촉	
		2. 기원전 3세기 초엽~후엽	중형 방형·단장방형 점토다짐면 무시설식 노지 주거, **공렬문토기**, 적색마연토기, 장동호형토기, **원형점토대토기**	
	Ⅵ단계	기원전 3세기 말엽~기원전 2세기 중엽	소형 방형 무시설식 노지·無노지 주거, **공렬문토기**, 장동호형토기, **원형점토대토기**, 흑색마연토기	

형 단계), 전기(가락동·역삼동·흔암리유형 단계), 중기(송국리·천전리·검단리유형 단계), 후기(수석리·교성리유형 단계)의 4분기를 중심으로 논지를 전개하기로 한다. 탄소연대에 대한 부정/ 부분인정 /신뢰 문제가 존재하지만, 조기는 기원전 15~13세기, 전기는 기원전 13~10세기, 중기는 기원전 9~6세기, 후기는 기원전 5~4세기로 구분한다(이종철, 2015). 연구자마다 편년관이 다르기 때문에 논지 전개상 혼란이나 혼동

을 방지하기 위한 설정임을 밝혀둔다.

청동기시대 중도 취락은 크게 돌대문토기 단계와 공렬문토기 단계로 구분할 수 있으며, 두 토기문화 집단이 중도 취락의 정통성을 계승한 주역들이었을 것으로 판단된다. 왜냐하면 중도의 공간 점유가 돌대문토기 단계부터 이미 5개 지점에서 구축되었고, 공렬문토기 단계에 들어와 장기간에 걸친 점유가 이루어졌을 뿐만 아니라 팽이형토기문화와 ○점토대토기문화 요소들이 확인(구준모, 2020: 95)되기 때문이다. 또한 공렬문토기 단계에 속하는 여러 장방형계 주거(대부분 천전리식주거)에서는 송국리식토기, 유구석부, 역T자형 석창 등 송국리형문화 요소들도 다수 확인되고 있기 때문에 청동기시대 중기~후기 단계까지 정통성을 유지한 채 지역문화 간에 직간접적 문물교류나 유통이 존재했음을 알 수 있다.

(2) 취락의 공간 구성

취락은 무리를 이루는 공동체의 시공간적인 흔적이다. 그리고 취락의 최종적 규모는 공동체의 모든 시간이 누적되어 응축된 공간이다. 따라서 취락으로 설정될 수 있는 고고학적 공간은 공존이라는 시간성을 바탕으로 건물의 선후 관계에 의해 형성된 구성체로 이해할 수 있다. 여기에서 간과해서는 안 되는 것이 먼저와 나중의 관계이고, 그러한 관계 속에서 변화해 가는 공간적 변천이 1차원적인 것인지 아니면 2차원적인 것인지를 파악하는 것이다. 이러한 관점에서 '권력은 패턴(pattern)을 재생산하고, 그 패턴은 공간을 지배해간다. 그러므로 권력은 공간을 지배한다'라는 논법에 무게를 두어 취락의 전반적인 형성과 양상에 대해 살펴보기로 하겠다.

일반적인 취락의 단계별 변천은 선과 후의 관계에 놓여 있음에도 불구하고, 결국 공존이라는 시공간적 개념 속에 존재한다. 따라서 전면적인 시간적 변화나 공간적 변화를 추출해 내는 것은 쉽지 않거나 불가능할 수도 있다. 다만 서로 다른 집단이나 공동체에 의한 취락의 폐기와 생성의 관계는 다른 문제이다. 이러한 관계성을 바탕으로 취락의 변천 과정을 설정한다면 다음과 같은 모델이 제안될 수 있다.

첫째, 1차원적 변천인 점과 선의 형태로 선후관계를 구축해 가는 과정이다. 舊주택구역을 예로 들 수 있다. 최종적인 취락 규모의 관점에서는 하나의 구성체를 이루지만, 취락의 시간성에서는 분명한 선후관계에 놓여 있다. 그러나 이러한 선후관계가 취락 전체의 구성에서 어떤 의미를 가지느냐는 상대적일 수 있으며, 고고학적 의미 역시 상대적일 수 있고 작위적 위험성에 노출되어 있다. 결국 특정한 변화 양상이 시간성을 보유하고 있지 않다면, 취락 전체의 관점에서 생성-공존-폐기가 설정될 수 있다.

둘째, 2차원적 변천인 평면적 형태로 변화되는 과정이다. 舊주택구역-공장구역의 공존 또는 시간차, 舊주택구역-新주택구역-新시가지 조성구역을 예로 들 수 있다. 여기에는 복수의 평면이 설정될 수 있고, 각 평면에서는 1차원 또는 2차원적 변천이 설정될 수 있다. 평면상에 나타나는 변화는 서로 다른 공간적 패턴으로 시각화될 수 있으며, 인구증가와 직결된다.

중도 취락은 우리나라 청동기시대 최대 규모의 취락으로 볼 수 있다. 넓지만 한정된 공간에 시간성을 갖는 취락들이 밀집 분포하고 있다. 이러한 중첩관계와 밀집도는 시공간적으로 누대에 걸쳐 취락의 정통성을 이어왔다는 증거일 수 있다. 따라서 이와 같은 누적 결과는 인구증가로 인한 취락의 공간 구성과 밀접한 관련이 있을 것이기 때문에 특정 패턴을 갖는 공간성이 내재되었을 가능성이 높다. 이러한 관점에서 누적결과로 나타난 중도 취락의 공간 구성을 분석해 보면 〈그림 1〉과 같다.

먼저, 중도 취락은 시각적으로 크게 5개의 군집으로 구분된다. Ⅰ~Ⅴ군은 일정한 규모로 밀집된 단위를 구성하고 있기 때문에 공간을 달리하는 집촌적 성격을 갖는다. 비록 각 군끼리 친연성이 인정된다고 하더라도 이러한 공간적 이격과 밀집도는 상호관계성에 기반한 공동체적 연대를 의미하는 것으로 볼 수 있을 것이다. 이와 같은 공간적 이격이나 구분의 원인은 하천 주변에 형성된 충적대지에서 구하도(舊河道)나 지형적 고저 차에 의해 형성된 미고지(微高地), 그리고 취락의 확장에 따른 경계의 필요성에 기인했을 것으로 판단된다.

이러한 관점에서 중도 취락은 5개의 취락군으로 대별할 수 있다. Ⅰ~Ⅳ군과 Ⅴ군의 구분은 명확하며, Ⅰ군-Ⅱ군-Ⅲ군-Ⅳ군도 경계로 추정되는 빈 공간에 의해 구분이 가능하다. 특히 5개 취락군은 모두 동-서 방향 또는 북동-남서 방향으로 길게 형성되어 있다는 점에서 중도동 취락에 가해진 지형적·환경적·인위적 영향을 상정할 수 있다. 이와 같은 취락의 공통된 방향성은 중도 취락의 공간 구성을 이해하기 위한 첫 번째 조건이 된다. 특히 5개의 취락군 가운데 Ⅰ군은 ⓐ규모가 가장 크고, ⓑ방형의 환호를 보유하고 있으며, ⓒ가장 높은 주거 밀집도를 보일 뿐만 아니라 ⓓ취락의 통합적 성격을 띠고 있는 것이 특징이다. 다른 취락군과 달리 공간적 이격이 상대적으로 명확하지는 않지만, 환호 북쪽으로 북서-남동 방향의 공간 이격이 보이고, 중첩 및 밀집도가 상대적으로 높아 단위 취락군으로 구분할 수 있을 것으로 판단된다. 이에 환호를 중심으로 하는 취락군을 ①군, 그 북쪽의 취락군을 ②군으로 세분한다. 비록 ①군과 ②군이 서로 다른 취락군이 아니라 Ⅰ군에서 밀집도가 상대적으로 높아 시각적으로 구분될 수 있는 구역일지라도 의미 있는 세분이 아닐까 한다.

이상과 같은 관점에 근거하여 중도 취락은 5개의 취락군, 6개의 단위 취락으로 설정할 수 있다. 여기에서 Ⅰ군은 중도 취락의 중심취락, 중핵취락, 핵심취락과 같은 개념으

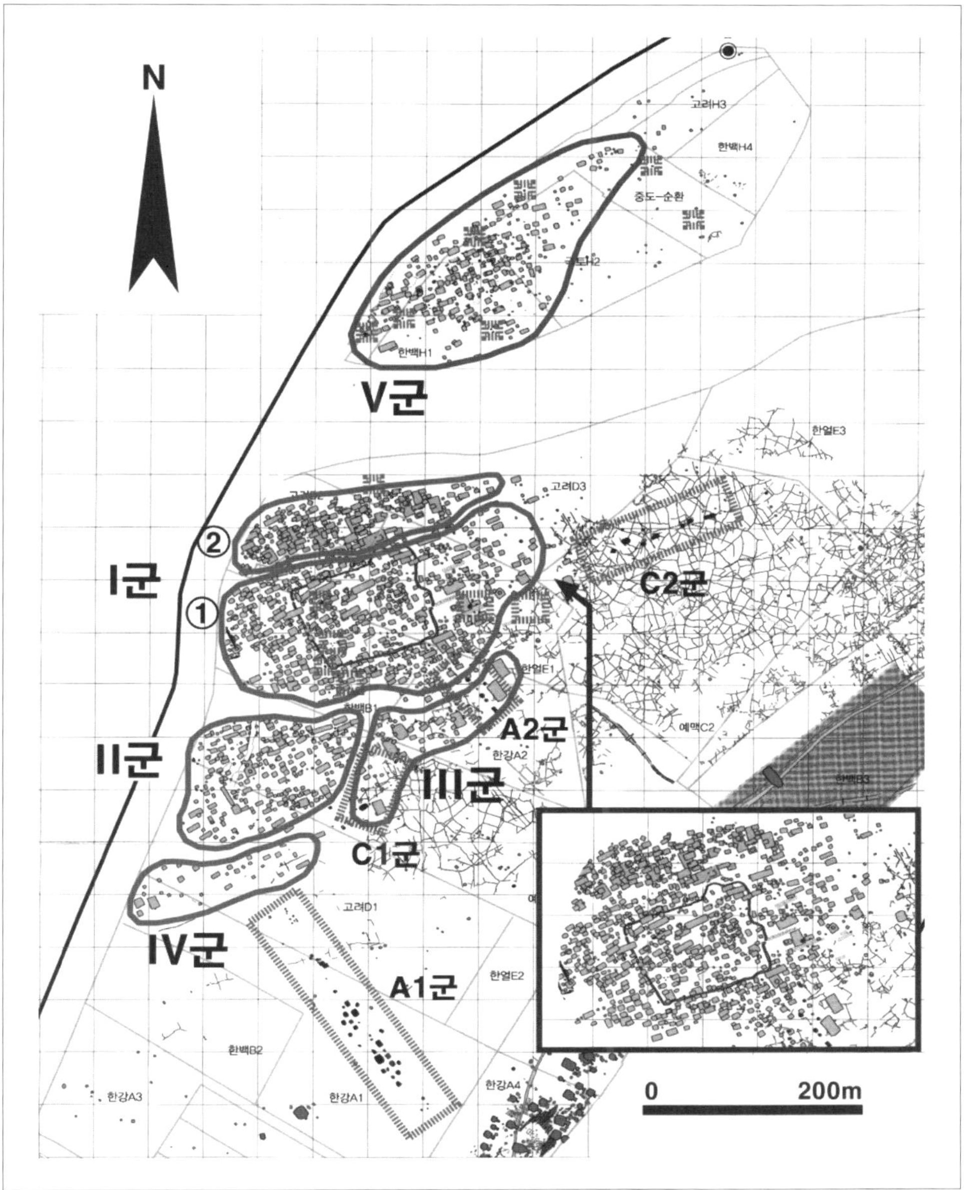

〈그림 1〉 춘천 중도 청동기시대 취락군의 구분

로 이해할 수 있다. 각 취락 단위의 세부적인 시간성을 추출하는 것은 쉽지 않기 때문에 취락 변천도를 작성하는 것은 무리라고 판단된다. 다만 앞에서 제시한 취락의 1차원적 변천을 기본으로 하면서 서로 다른 공간을 중심으로 2차원적 변천으로 완성되었을 것으로 추정될 뿐이다. 또 2차원적 변천은 I취락군을 표지로 삼을 수 있다. 앞으로 이러한 공간성에 대한 검토와 시간성 부여가 밀도 있게 다루어지기를 기대한다.

주거군을 중심으로 형성된 각 단위 취락들의 외곽, 특히 동쪽과 남쪽에서는 일정 규모를 갖춘 3개의 무덤군(A1군, A2군, C2군)이 확인되며, 취락 내 주거영역에도 5~10기 내외 및 1~3기 내외의 무덤들이 산포해 있다.[1] 특히 A1군과 C2군은 무덤 축조의 조직적이고 기획적인 배치로 볼 때 Ⅰ~Ⅳ취락군(특히 Ⅰ취락군)의 조직적·체계적인 성향을 감지할 수 있다. 반면 독립적인 공간에 자리한 Ⅴ군은 산발적이어서 대조를 이룬다. 이러한 양상은 환호취락이 존재하는 Ⅰ-①취락군에서도 부분적으로 나타난다.

취락군(주거영역)은 중도 서쪽 편에 남북으로 열 지어 입지하는 반면, 소위 구상경작유구로 명명된 공간은 동쪽 편에 대규모로 분포한다. 중도에서 서쪽 편에 대규모 취락을 경영한 청동기시대인들은 동쪽에 대규모 취락을 조성한 원삼국시대인들과 상반된 모습을 보이고 있다. 이러한 입지의 차이는 시대를 달리하던 북한강(서쪽)과 소양강(동쪽)의 범람에 기인한 것으로 판단된다. 이것은 (大)하천에 대한 인식과 밀접한 관련을 가지는 것으로, 청동기시대인들에게 있어 소양강은 북한강보다 의미 있는 범람 (大)하천으로 인식되었을 가능성이 있다. 이러한 추론이 가능하다면, 원삼국시대 취락 벨트에서 발견되는 청동기시대 유물이나 유구는 청동기시대인들의 하천변 생활이나 수변의례와 관련된 흔적일 가능성도 배제할 수 없기 때문에 취락의례의 시각을 좀 더 확대해서 볼 필요가 있다.

(3) 취락의 공간적 점유

중도 취락은 크게 5개의 취락군으로 구분되는데, 앞에서 설명한 두 가지 공간적 패턴이 적용되어 완성되었을 것으로 추정된다. 이와 같은 공간적 구분에는 당시 지형적 환경이 적지 않게 작용했을 것이지만, 점차 다차원적 권력이 공간을 지배해감으로써 구조적으로 단위취락군이 형성되었다고 판단된다. 권력의 공간적 지배는 시각적 결과로 표출되는데, 취락 설계(plan), 공간 영역화(zoning), 지석묘 축조의 기획화(이종철, 2015) 등이 해당한다.

청동기시대 중도 취락은 수혈 주거지 1,273기, 지상건물지(굴립주건물지) 14기, 수혈 745기, 무덤 150기에 달하는 최대 규모를 자랑하기 때문에 모종의 조직화된, 체계적인 구조가 존재했을 가능성이 높다. 그런데 시각적으로 나타나는 구체적인 체계는 잘 확인되지 않는다. 작위적일 수 있는 5개의 취락군과 2~3개의 열상배치로 기획화된

1 취락군은 시각적으로 구분되는 경계를 바탕으로 Ⅰ~Ⅴ군으로 구분하였으나, 무덤군은 구역별 명칭으로 서술하는 것이 혼동을 줄이고 이해하는 데 좀 더 용이할 것으로 판단하여 별도의 명칭을 부여하지 않았다.

무덤군을 제외하면 매우 높은 주거밀도에 비해 단순한 취락 구조를 갖추고 있는 셈이다.

세부적인 취락 연구를 위해서는 이와 같은 주거밀도를 극복하고 시간성을 부여하여 공간적 점유의 변천도를 완성해야 한다. 이러한 취지에서 오강원(2023a; 2023b)의 시도는 매우 고무적이다. 이러한 노력이나 접근이 시도되지 않는다면, 일반론적 인식론의 범주에서 벗어나지 못할 것은 자명하다. 나아가 중도 취락 형성의 본의에 접근하는 것도 불가능하다. 그럼에도 불구하고 주거지에서 출토되는 유물이나 유구 간 중첩관계만으로는 이러한 시간성 부여가 쉽지 않은 것은 어제오늘의 일이 아니므로 어떠한 적정선까지의 접근 노력은 계속되어야 한다.

이러한 관점에서 5개 취락군에 대한 세부적인 분석과 연구가 필요하지만, 여기에서는 5개 취락의 공간성을 먼저 전제하고 논의를 진행하기로 한다. 최대 규모의 취락에서 시각적으로 구현됐을 법한 의례시설이나 구조물을 발견할 수 없는 한계로 인해 상대적으로 적정 이상의 세밀한 분석이 필요한 것은 아니라고 판단되기 때문이다. 이에 시기별 물질문화와 주거문화의 양상(김권중, 2020; 구준모, 2020;[2] 박영구, 2022; 오강원, 2023a;[3] 춘천 중도동유적 연합 발굴조사단, 2020Ⅱ-13 등)을 참고하여 중도동 취락의 공간적 점유와 의례의 양상 및 변천을 추론해 보면 다음과 같다.

첫째, Ⅰ~Ⅴ취락군으로 설정한 각 공간에는 돌대문토기 단계부터 점조직의 집단들이 중·소규모로 점유하고 있었다. 이러한 소규모의 점조직은 시기에 따라 공간(지형적 환경)을 달리하여 형성되었지만, Ⅰ취락군의 규모가 가장 컸음을 확인할 수 있다.

둘째, Ⅰ취락군에서 ①군과 ②군은 이미 돌대문토기 단계부터 구분되어 점유되기 시작하였다. 특히 ①군의 설정은 돌대문토기 단계 대형 주거의 열상배치(북동-남서)를 통해 ②군과 분명하게 구분됨을 확인할 수 있다. 당시 경계부는 지형적 환경을 말해주는 근거로 판단된다.

셋째, Ⅰ~Ⅴ취락군의 공간적 점유는 공렬문토기 단계에 주거 밀집도가 급상승하면서 더욱 명확해졌음을 알 수 있다. 북한강유역 주변 취락들의 이주 등에 의한 급격한

2 원형 점토대토기와 관련된 것으로 본 6기의 주거지 가운데 E1-45호에서 출토된 외반구연호, 평저양이부호 등은 송국리형문화 요소로 보는 것이 적절할 것(이종철, 2015: 269-270)으로 판단된다. 이 외에 D1-4호 수혈에서 ○점토대토기, 순환-7호묘에서 조합식우각형파수부 편을 추가한다.

3 주거군의 획기에서 토기문화의 변화는 돌대문토기 단계(Ⅰ~Ⅱ), 돌대문토기+공렬문토기 단계(Ⅲ), 공렬문토기 단계(Ⅳ~Ⅴ-1), 공렬문토기+원형 점토대토기 단계(Ⅴ-2~Ⅵ)로 구분된다. 두 토기문화의 복합은 늦은 시기의 토기문화(공렬문토기, 원형점토대토기)보다 이른 단계에 배치하였으나, 엄밀한 문화접촉의 관점에서는 중도 취락 내부 또는 외부에 이미 앞 시기의 토기문화와 동일시기에 공존하던 뒤 시기의 토기문화가 공존 및 교류하고 있었음을 간과해서는 안 된다. 중도 취락 내 발명이나 자체 발생이 아닌 물리적 전파나 영향에 의한 결과일 가능성이 높기 때문이다.

인구 증가(김세진, 2021: 50-53)를 염두에 둘 수 있다. 특히 I①군과 I②군은 인구 증가, 주거밀도 상승으로 더욱 큰 규모의 취락군으로 통합화되는 경향을 보여준다. 이 과정에서 중도 취락 내에 유력자와 그 관계자들의 권력구조가 더욱 조직화되고 체계화되었을 것으로 추정된다.

넷째, I취락군의 통합적 경향은 취락의 거점화를 가속화시키는 동시에 인적 구성의 고도화, 즉 사회적 위계체계를 더욱 공고히 하는 역할을 했을 것으로 추정된다. 이러한 과정의 어느 시점에 방형 환호의 계획이 수립되고 적극적으로 추진되었을 가능성이 높다. 환호의 조성 과정에서 사회적 불평등이 존재했고, 환호 추진 권력에 대응하거나 반목할 수 있는 또 다른 권력이 존재했음을 확인할 수 있다. 전자는 환호 축조로 인해 환호의 안쪽이나 바깥쪽으로 이주해야만 하는 취락민과 주거 이주를 거부하고 선형을 변경시켜 환호 내부로 편입한 취락민이, 후자는 환호의 선형을 변경시켜 환호 밖으로 밀려난 취락민이 해당된다. 특히 이러한 과정에서 부정형을 이루게 된 환호의 동쪽 일원에 당시 핵심권력이 분포해 있었을 가능성이 높으며, 취락의례의 계획이나 수행 등의 대소사를 결정하는 중심공간으로 기능했을 것으로 판단된다. 결국 통합화된 I취락군의 공간적·정치적 중심부로 자리 잡게 된 것이다. 이러한 추론이 가능하다면, 방형 환호의 선형을 부정형으로 변경시킨 주거지들은 환호의 축조 시기와 동일 시기로 볼 수 있다. 환호와 이 주거들에서 확보된 탄소연대 및 송국리유형 요소들을 고려할 때, 중도 취락 공렬문토기 단계 전~중반(송국리형문화 발전기 후반 전후) 어느 시점으로 판단된다. 이에 대해서는 뒤에서 자세히 살펴보기로 하겠다. 아무튼 이 시기의 환호 조성은 중도 취락의 권력구조를 대내외적으로 표출하고 공고히 하기 위한 이데올로기적 기념물일 가능성이 높다. 체계적·기획적 열상구조로 조성된 지석묘군(특히 A1군)도 이러한 배경의 결과였을 것으로 판단된다. 결국 '경계의 고고학'적 관점에서 권력구조의 시각화, 편입과 배척, 사회적 불평등, 견제 등이 내포되어 있다고 사료된다.

다섯째, 방형 환호 내부의 공간 점유를 명확하게 설명할 수는 없지만, 주거의 밀도와 방향성 및 공터를 고려하면 1차원적 변천(Ⓐ)과 초보적인 2차원적 변천(실선 박스), 그리고 중앙광장의 존재를 추출할 수 있다(그림 2). 이러한 주거 분포와 중앙광장의 존재는 구조화의 과정에 놓여 있는 사회체계를 보여주는 근거로 판단된다. 특히 환호 중앙에 마련된 공지는 공동체의 광장으로 활용(이형원, 2020: 39)[4]되었을 가능성이 있

4 E1-78호만 제외하고 E1-156, 157호가 들어선 상태의 상대적으로 좁은 광장만을 간단히 언급하였다. E1-156, 157호는 시기를 특정할 만한 유물이 없어 존재 여부에 대한 관점의 차이가 있을 수 있다.

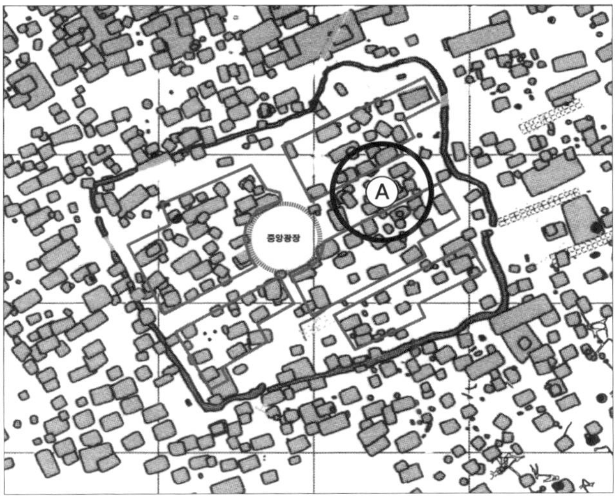

〈그림 2〉 환호 내부 주거 분포와 광장

는데, 주거들의 분포로 볼 때 초보적인 2차원적 변천 과정에서 조성되었을 것으로 판단되며, 대략 25m 직경을 이루는 원형 광장으로 추정된다. 결국 환호 동쪽에 오랜 전통(1차원적 변천의 小집촌)을 보유한 권력 공동체가 자리하고, 환호 중앙에 광장, 그리고 초보적인 n차의 열상분포로 구축된 주거군들은 환호취락기의 모습으로 보아도 무리는 아니다. 무엇보다도 중앙광장은 취락구성원 간의 사회적 관계가 상대적으로 발전했음을 보여주는 증거로 이해되는데(이종철, 2015: 209), 공동체의 통합과 안녕을 위한 취락의례의 구심점으로 기능했을 가능성이 높다. 그러나 2차원적 변천이 가속화되면서 E1-78, 156, 157호 주거지 등에 의해 공간적으로 소멸에 이른다.

여섯째, 방형 환호는 공렬문토기 단계에 조성되었지만, 폐기 역시 공렬문토기 단계에 이루어졌다. 공렬문토기 단계의 어느 시기부터는 송국리형문화와 원형점토대토기 문화 요소들이 중도 취락에 수용되기 때문에 지역 정보와 문물이 훨씬 활발하게 유통되었을 가능성이 높다. 이러한 배경에서 환호의 조성과 폐기는 취락민들의 이데올로기와 밀접한 관련이 있었을 뿐만 아니라 폐기를 가능하게 했던 모종의 신념이나 관념의 전환이 작용했을 수 있다. 즉 환호라는 물리적 성역과 경계를 탈피하여 새로운 권력이나 신념이 공렬문토기 단계 후반기에 유행하고 성장했을 가능성이 있는 것이다.

3. 청동기시대의 취락 의례

1) 의례와 의례 공간

(1) 유구에서 추출할 수 있는 의례와 의례 공간

① 권력과 제의의 중심, 환호

중도 취락의 환호는 본디 (장)방형 플랜으로 계획되었을 가능성이 높다. 그러나 세 변의 방향성과 획일성에 비해 북동쪽의 변은 부정형을 이루고 있어 궁금증을 자아낸다. 굳이 부정형으로 굴착할 필요가 없는 플랜임에도 불편과 노동력을 집중시켰다. 여기에는 권력의 긍정적인 효과보다는 '불평등과 견제에 기반한 일방적인 과시욕'이 내재되어 있다는 생각이 든다. 환호 내부에 어떤 '보이지 않는 힘(들)'이 존재했는지 살펴야 할 대목이다.

북동쪽 모서리 부분의 굴곡된 부분에 대해서 이형원(2020: 39)은 취락의례나 사회적으로 중요한 기능을 하는 공간일 가능성을 제기한 바 있다. E1-105호 주거지에서 노지가 확인되지 않은 것이 일상생활을 위한 가옥으로 보기 어렵다는 점을 주요 근거로 제시하였다. 또 129호 주거에서 요령식동검 편이 출토된 것에도 의미를 두었다. 그러나 직선적 경향을 갖는 환호가 부정형의 굴곡으로 조성될 수밖에 없었던 근본적인 이유나 원인을 제시하지는 못하였다.

조사 보고에 따르면, 요령식동검이 출토된 E1-129호 주거는 화재 주거지로서 대부분의 유물이 재층 상면부에서 출토되었고, 동검도 검신부만 확인되었다는 점에서 제의와 관련된 의도적인 소각행위로 폐기되었다고 보았다. 매우 적극적이지만, 설득력이 있는 해석으로 판단된다.

출토 유물과 주인공의 해석을 잠시 미룬다고 하더라도 환호에 적용되는 물리적 노동력을 효율적인 최소화가 아닌 비효율적 최대화로 집중시키면서 정연한 방식이 아닌 부정형으로 만들 수밖에 없었던 것에는 어떠한 필연적 사유가 존재했다고 보는 것이 좀 더 설득력이 있을 것이다. 앞에서 설명한 '권력의 일방적 과시욕'이 바로 그것이다. 이러한 해석은 현대사회에서도 목도할 수 있는 '알박기'나 사회 고위층의 이해관계로 선형이 바뀌는 도로나 시설물과 궤를 같이한다. 그 내면에 '보이지 않는 힘'이 작동되는 것이다.

중도 유적은 환호취락 이전부터 사회적 위계를 바탕으로 하는 권력이 존재했을 가능성이 높다. 이러한 사회적 권력은 특별한 시설(환호)의 필요성이나 과시욕을 창출해 냈고, 방형 플랜의 환호 조성 계획이 수립되었을 것이다. 따라서 환호취락 시기는 사회적 권력의 전성기였거나 그 표상과도 같은 시기였을 가능성이 높다. 그러나 환호의 최종적인 방형 플랜에는 권력에 종속된 불평등과 반목, 대립하는 견제 세력이 내재되어 있었다고 판단된다. 이와 같은 불평등에 기반한 종속과 인정, 승인은 주거의 폐기와 이전(移轉)으로, 반목이나 대립은 소위 '알박기'나 '선형 변경'의 결과로 이어졌기 때문에 북동쪽의 특정 지점에서 부정형으로 나타날 수밖에 없었던 것이라고 생각된다. 이것은 바로 권력이 존재했던 장소였을 뿐만 아니라 권력이 충돌하고 대립하던 현장이었음을 말해주는 것이다(그림 3).

이러한 추론은 환호의 선형과 동일선상에 있는 주거 간 직접적인 역학관계의 결과였을 가능성으로부터 출발한다. 전체적으로 직선화된 방형 플랜에 직·간접적인 영향이 있는 주거지와 시설물은 E1 구역의 주101호, 주146호, 주158호, 주265호, 주266호, 주267호, 주273호, 수혈 17~21호다. 이들 중 일부는 이미 송국리형문화 요소를 수용

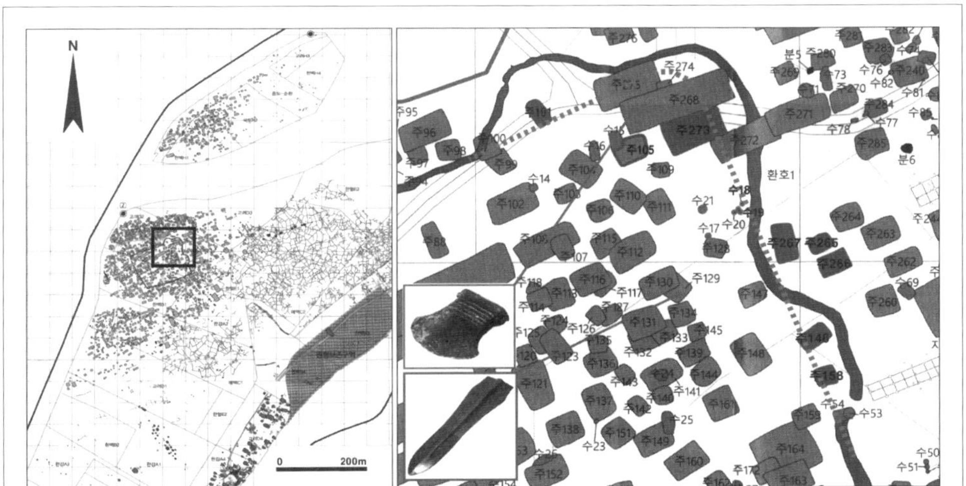

〈그림 3〉 E1구역 방형 환호 굴곡에 영향을 준 주요 시설물

〈표 2〉 환호의 굴곡(북동쪽)에 영향을 준 시설물 현황

시설물	주요 특징	주요 출토 유물	비고
주101	소형, 장방형, 노지, 점토다짐 구역, 작업공	**유구석부**, 합인석부, 토제방추차	***송국리유형 요소**
주146	소형, 장방형, 저장공, 탄화재층＋탄화목재少	유물 없음	
주158	소형, 방형, 노지	미완성 합인석부	
주265	소형, 장방형, 노지2	**석창**(또는 석촉?), 석부, **관옥**	***송국리유형 요소**
주266	소형, 장방형, 점토다짐 구역, **받침시설**(ø 42㎝)	연석	주거지 동쪽 모서리
주267	소형, 장방형, 노지1	미완성 석부 편, 방추차(상부층)	
주273	대형, 장방형, 노지2, 점토다짐 구역, 작업공, 저장공	**유구석부**, 편인석부, 주형석도, 석착, 토제방추차, 적색마연호, 외반구연토기 편(송국리식토기?)	주273→주268, 주272 ***송국리유형 요소** ***탄소연대 6～5 BCE**
수혈17～21	Ø10m 공터에 존재	수19(목탄＋소결토多), 유물 없음	

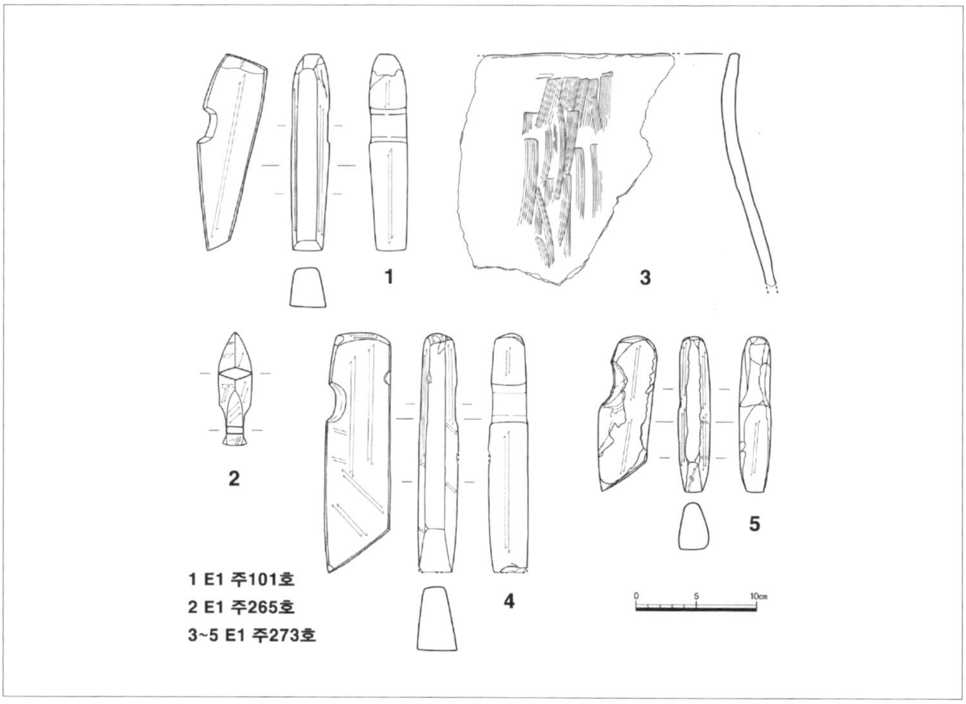

〈그림 4〉 환호의 선형에 영향을 준 주거에서 출토된 송국리유형 요소들

하고 있으며(표 2, 그림 4), 방형 플랜의 선형상에 위치하고(그림 3의 점선) 있으나 모두 본래의 자리를 지키고 있을 뿐만 아니라 일정 거리를 유지한 채 환호의 선형을 곡선화시키고 있다(그림 2). 이것은 환호 축조 시기의 정황으로 판단되며, 당시 사회적·정치적 맥락이 내재되어 있는 고고학적 근거로 삼을 만하다. 즉 방형 환호의 축조시기를 말해주는 구체적인 근거가 되는 것이다.[5] 그런데 최근 중도 취락의 세부 편년을 수립한 오강원(2023a)의 시기 구분에 의하면, 위에서 언급한 주거지 중 265호는 Ⅳ-1기(기원전 6세기), 101호는 Ⅳ-2기(기원전 5세기), 158호는 Ⅵ기(기원전 3세기 말엽~2세기 중엽)에 해당한다. 서로 시기 차이가 존재하는 것으로 파악하였지만, 158호는 146호와 함께 환호 선형에 영향을 준 것이 명확하고, 주거 내 점토다짐면의 유무만으로 265호와 101호의 시간성을 구분할 수 있을지는 의문이 남는다.

한편, 환호 내부에 존재하는 주거들과 수혈, 그리고 환호 밖에 존재하는 주거들의 관계는 권력을 기반으로 하지만, 그 본질적 성격은 상반될 수 있다. 환호 내부의 주거들과 수혈들은 폐기나 이동을 하지 않고 선형을 변경시켜 환호 안쪽에 편입될 수 있도록 조치된 반면, 265~267호 주거지들은 같은 선상에서 환호 밖으로 밀려났다. 이에 후자는 당시 환호를 구축했던 권력이나 계획에 반목, 대립했던 존재들로 추정된다. 사회적 위계의 불평등에 근거했다면, 강제로 이주시킬 수 있었겠지만, 의도적으로 선형을 틀어 환호로부터 제외한 것은 바로 옆에 위치하는 146호·158호 주거지들과 대조를 이루기 때문이다.

환호의 축조는 I취락군의 규모 확장 및 통합화 과정, 즉 초보적인 2차원적 변천 과정 속에서 조성되었을 가능성이 높다. 특히 E1-129호 주거는 중도 취락의 권력 중심

5 주거지들의 탄소연대 정보가 적거나 거의 없어 구체적인 연대를 비정하는 것은 무리이지만, 환호와 주거지 간 역학관계, 탄소연대가 검출된 유구(특히 E1환호, E1-주273호 등), 그리고 송국리형문화의 파급 양상을 고려하여 기원전 6세기를 전후하는 시기를 잠정적인 환호취락기로 판단하고자 한다. 환호의 탄소연대는 기원전 8세기 후반, 기원전 7세기 중후반, 기원전 6~5세기로 검출된 바 있다. 구체적인 상한과 하한에 대한 문제는 향후 과제로 남긴다.
환호와 중첩관계를 이루는 34기의 주거지를 검토해 본 결과, 환호보다 이른 시기는 11기, 늦은 시기는 23기로 파악되었다. 소형의 방형·장방형이면서 노지가 1개 있거나 아무런 시설이 없이 기둥자리만 있는 형태와 천전리식주거로 소형의 방형·장방형이면서 노지가 1개 설치된 형태가 환호 전후시기에 축조되는 경향이 있으며, 중·대형의 천전리식주거로 노지가 2~4개 설치되는 주거는 대체로 환호 이후에 축조되는 경향을 보이고 있다. 다만 모든 중·대형의 천전리식주거가 환호 이후라는 뜻은 아니다. 환호 이전에 축조된 주거지의 탄소연대는 확보되지 않은 반면, 이후에 축조된 주거지들 가운데 E1구역 177호는 기원전 8~6세기 어느 지점, 268호는 기원전 6~5세기, (환호를 파괴한)272호를 파괴하고 축조된 271호는 기원전 7~6세기에 있어 환호의 정확한 시간성을 획정하는 것은 쉽지 않다.
결국 중도 취락의 환호는 ①환호 전후 시기의 주거지 탄소연대를 모두 포함하고 있어 획정하기 어렵고, ② 전후 시기 주거지 탄소연대 차이가 크지 않은 점으로 미루어보아 환호취락기의 시기 폭은 상대적으로 짧았을 가능성이 있으며, ③천전리유형 취락 형성기에 조성되었을 가능성도 배제할 수 없으나, 환호의 탄소연대가 기원전 8세기대까지 안정적으로 올라갈 가능성은 확률적으로 낮아 보인다. 그러므로 〈표 2〉에 제시한 주거지들과의 역학관계가 환호 조성 시기와 가장 밀접해 보인다.

부임을 보여주는 대표적인 증거로서 1차원적 변천의 속성을 가지는 소규모 집촌 내에 위치하며, 당시 사회적 위계를 보여주는 요령식동검을 보유하고 있었다. 그러나 환호의 목적과 기능은 계속 유지되지 못하고 폐기되었다. 환호 폐기 후 축조된 268호 주거에서 선형동부가 출토된 점은 시사하는 바가 매우 크다. 위에서 언급한 주거지들과 청동기의 출토는 당시 유력자를 비롯하여 그와 관계된 존재들의 주거와 시설물이 집중적으로 조성되어 왔고, 후대까지 권력의 핵심부로 계승되었던 공간이었을 것이라는 해석에 힘을 실어주는 적극적인 고고학적 근거가 되기 때문이다. 아울러 그러한 권력 유지와 시각화의 이데올로기에서 환호가 사라졌다는 데에 적지 않은 의미가 내포되어 있다. 이데올로기의 전격적이고 혁신적인 전환이 이루어졌음을 짐작할 수 있는 대목이다.

이상과 같은 해석이 타당하다면, 환호의 동부 일원은 공렬문토기 단계(천전리유형)부터 유력자와 유력 (세대)공동체 및 추종자들의 공간으로 자리 잡았다고 볼 수 있다. 또한 권력집단의 전통적 계승과 유지는 환호 설치 이전 시기부터 폐기된 이후까지 지속된 것으로 이해할 수 있다. 즉 1차원적 변천 과정과 2차원적 변천 과정이 공존하는 구역이라고 할 수 있다. 따라서 당시 중도 취락이 제정의 분리가 이루어지지 않은 사회였을 것이라 가정할 때, 해당 구역 내 중앙광장은 취락의례와 대소사(大小事) 논의 및 결정의 중심지 기능을 수행했을 가능성이 높다. 특히 초보적인 2차원적 변천 과정에서 중앙광장을 마련한 것은 취락의례의 구심점으로서 권력사회의 상징성을 표방하기 위한 전략으로 해석된다.

② E1구역 266호 주거 내 받침시설

E1구역 266호 주거지 동쪽 모서리에서 확인된 직경 42cm의 받침시설은 매우 매력적인 해석이 가미될 수 있는 유구이다. 황갈색 니질점토를 이용하여 원형에 가까운 타원형으로 판판하게 깔아 놓았다. 자세한 정보가 없어 해석의 한계는 있지만, 수많은 주거지에서 이와 같은 사례가 더 확인되지 않은 점은 받침시설의 기능을 좀 더 적극적으로 해석해 볼 가치가 있지 않을까 한다(그림 5). 즉 특정 용도의 토기나 어떤 물건을 '특별히 놓아두기 위한' 시설이었을 가능성이다. 민족지자료의 도움이 필요한 대목이다.

이러한 특정 위치의 시설물에 대한 단편적인 해석은 매우 작위적일 수 있고, 공허한 추론에 지나지 않을 수 있다. 다만 방의 구석이나 천장과 벽이 닿는 부분에 성주신을 위해 쌀을 담은 그릇을 종이에 싸서 놓거나 조왕신에게 바치는 물그릇을 부엌의 특정 장소에 놓는 풍습과 같은 의례·제의적인 해석과 궤를 같이하는 차원에서 언급해 둔

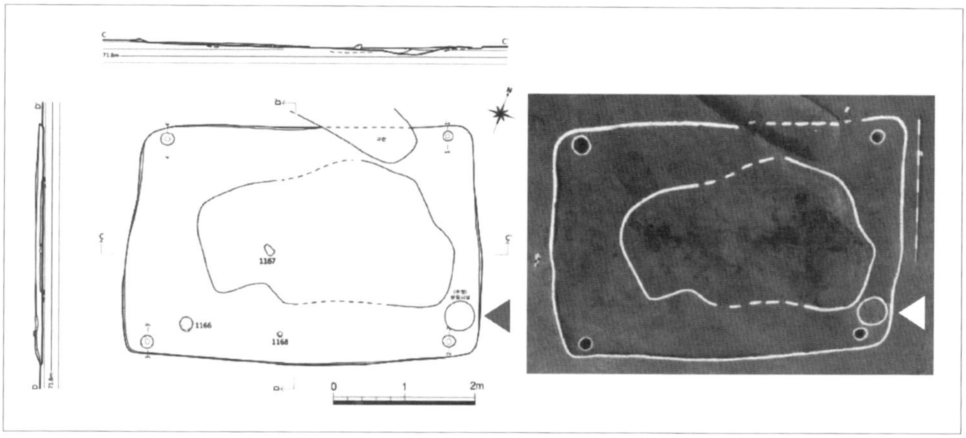

〈그림 5〉 E1-266호 주거 내 받침시설

다. 취락 내 받침시설의 희소성, 주거 내 특정 위치, 환호 조성에 비협조적이거나 반목할 수 있는 권력, 주거 폐기 후 잔존물이 없는 상태 등은 특정 개인에 부여된 특별한 신앙이나 제의와 관련될 수도 있음을 간과할 수 없다. 이것은 환호 설치 시기에 불천위(不遷位)의 사유로 작동되었을 가능성과, 소위 '알박기'가 가능했던 결과와도 무관하지 않다고 판단된다. 결국 265호-266호-267호 또는 세 주거지와 근접 거리에 있는 주거군의 상호관련성은 매우 가까운 거리뿐만 아니라 당시 취락 내 권력과의 연계 가능성에도 무게를 실어준다(그림 2).

③ A1구역 무덤에서 보이는 화장(火葬)

지석묘에서의 매장은 주검과 부장품을 함께 안치하는 것이 일반적이다. 그런데 간혹 화장(火葬)의 흔적이 발견되곤 한다. A1구역 15호 지석묘는 피장자를 안치한 후 화장한 것으로, 같은 구역 30호 지석묘는 석관 외벽이 파열되어 있고,[6] 바닥이 소결되어 있을 뿐만 아니라 다량의 목탄과 골편이 출토되어 관내 직접 화장으로 파악하였다(춘천 중도동유적 연합 발굴조사단, 2020 Ⅱ-10: 275·310; 김권중, 2020: 82-83).

화장은 사전적 의미로 시신이나 유골을 불에 태워 장사 지내는 것이다. 본디 인도의 힌두교도들이 주로 행하던 장법으로서 윤회사상 및 생자필멸(生者必滅)이라는 불교의 생사관과 부합하면서 불교도들에게 전파되었고, 불교를 통해 한반도에 전해진 것

6 보고자에 따르면, 매장주체부 바닥만 강하게 소결되었을 뿐 벽석의 외곽으로는 피열흔이 확인되지 않은 것으로 파악되었다. 따라서 연구자들의 견해 차이가 있음을 밝혀둔다.

〈표 3〉 화장 흔적이 확인되는 무덤(김권중, 2020 정리)

구역	무덤 번호	비고
A1	11, 15, 18, 21, 22, 23, 24, 30, 32	석곽형, 부석형, 토광형(15), 석관형(30)
A2	1	부석형
C1	1, 7, 11	석곽형, 부석형
C2	8, 14	부석형

으로 이해되고 있다(한국민족문화대백과사전).

중도 취락에서는 독립적인 화장뿐만 아니라 무덤(지석묘)의 매장주체부에서 직접 화장했을 가능성에 대해 긍정적으로 바라보고 있다. 이것은 화장이 매장의례의 한 과정이었음을 인정하는 것이다. 단순히 유골을 안치하는 것이 아닌 퍼포먼스나 세레모니의 일환인 것이다. 일정 규모의 불을 매개로 하는 의식이 매장영역에서 이루어졌음을 말해준다. 특히 중도동 취락의 매장영역은 A1구역, C2구역과 같이 주거영역에서 동떨어진 외곽부에 존재하는 것과 A2구역, B1구역, C1구역과 같이 주거영역 내에 존재하는 것으로 구분할 수 있는데, 수량적인 차이는 있지만 주거영역 안팎에서 공통으로 확인되고 있다(표 3). 즉 취락민들에게 화장은 매장의례의 일환으로 인식되고 있었고, 매장 지점에서의 직접 화장도 인정되었다. 의례의 5대 요소 중 구성원과 절차적 콘텐츠의 관점(이종철, 2022)에서 면밀하게 살펴볼 대목이다.

(2) 유물에서 추출할 수 있는 의례와 의례 공간

① E1구역 129호 주거 출토 요령식동검 편

129호 주거지는 환호 내부에 존재하는 소형 주거로서 화재 주거지에 해당한다. 대부분의 유물이 재층 상면부에서 출토되었고, 동검은 검봉부 쪽만 절단된 채로 확인되었다. 보고자는 제의와 관련된 의도적인 소각행위에 의해 폐기되었을 것으로 추정하였다(춘천 중도동유적 연합 발굴조사단, 2020 Ⅱ-1: 498) (그림 6).

만약 129호의 토층 양상이 보고자의 해석처럼 의례와 관련된 것이라면, ①거주자와 관련된 기물과 집에 대한 소각, ②불타는 과정에서 추도와 같은 모종의 행위, ③거주자와 관계된 특정 상징물(동검 등)에 대한 분절과 봉헌, 훼기, ④집터에 대한 의도적인 매몰 또는 구지표 복원(≒자연으로의 회귀) 및 일정 규모의 추도행위와 같은 일련의 과정을 상정해 볼 수 있다.

당시 사회적 위계의 표상으로 이해되던 동검(배진성, 2007)을 분절하여 봉헌, 훼기

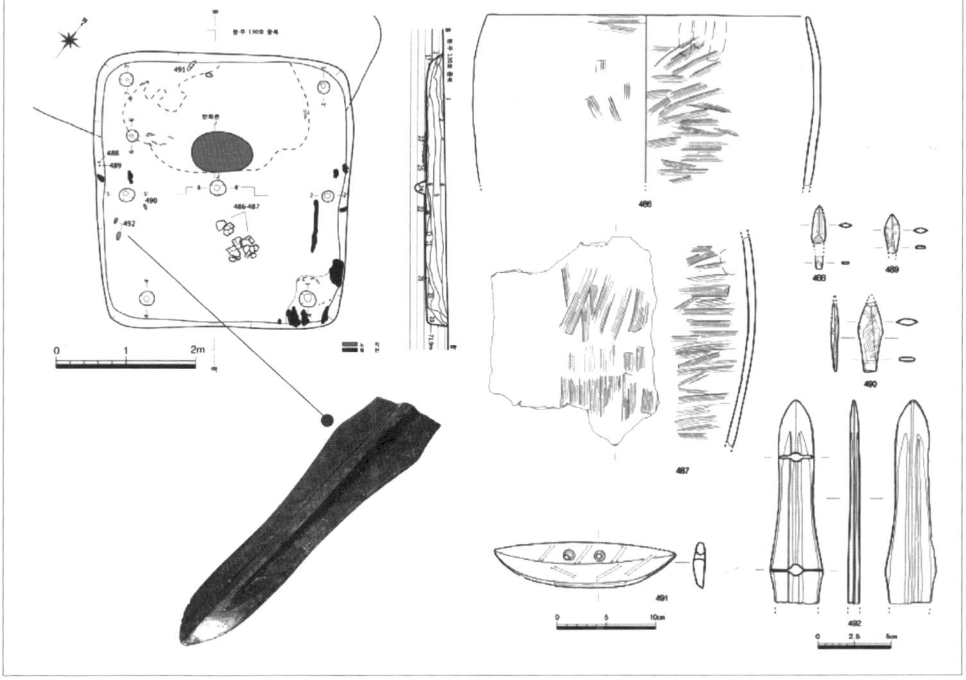

〈그림 6〉 E1-129호 주거지 출토 동검과 공반유물

한 것은 129호의 거주자가 사회적 위계의 상층에 있었던 유력자였거나 그와 관계되는 유력세대 공동체의 일원이었을 가능성을 보여주는 것이다. 이와 같은 배경에서 129호의 폐기 과정은 특정 개인과 세대의 의례였을 뿐만 아니라 취락 차원의 의례로 확대하여 추정해 볼 수 있다.

일반적으로 청동기시대 무덤에서는 석검이나 동검을 분절하여 부장하는 행위가 다수 확인된다. 이러한 행위는 죽은 이의 영혼을 위로하면서 그 자아와 신분이 취락민의 일상과 단절되었음을 상징하는 동시에 죽은 이의 모든 기능(권력)이 소멸되었음을 의미하는 것으로 해석(이종철, 2015: 227)해 볼 수도 있는데, 129호의 거주자였고 동시에 유력자였던 주인공의 죽음이나 그를 추념하는 과정에서 생전에 살던 집을 불살라 폐기하고 상징물을 분절하여 그의 시대가 종식되었음을 공표했던 결과의 흔적으로 추정된다. 이러한 관점에서 129호의 주거의례는 한 주거에 국한된 의례인 동시에 유력자를 위한 취락 단위의 의례였을 가능성이 있는 것이다.

한편 129호 거주자를 가옥에 매장했는지 아니면 무덤에 매장했는지는 명확하게 알 수 없다. 하지만 2개의 편이 부합함에도 불구하고 나머지 파편이 확인되지 않았다는 점에서 나머지 편을 무덤에 부장했거나 또 다른 용도로 활용했을 가능성도 배제할 수 없다. 이러한 추측이 가능하다면, 129호의 폐기 정황은 매장지로 가기 전에 생전의 집에서 행해졌을 장송의례의 일환이었을 가능성이 있다.

② A1구역 29호 무덤 출토 요령식동검

A1-29호 무덤은 Ⅳ취락군 남동쪽에 위치한 독립된 매장영역에 위치한다. 특히 북서-남동의 방향성을 갖는 열상분포의 무덤열에서 가장 남동쪽 끝에 자리한다. 동일한 열상분포를 공유하지만, 지점별로 독립된 군을 이루기 때문에 각각의 친연성이 존재했을 것으로 추정된다. 29호 무덤이 있는 곳에는 시대 미상의 적석 2기와 고려시대 적석 1기가 존재하고 있어 29호는 독립된 지점에 단독으로 조성된 무덤이었음을 알 수 있다. 다만 매장주체부는 확인되지 않았고, 동검은 상석 하부에 마련된 부정형의 적석 사이 교란토에서 출토된 것으로 보고되었다(춘천 중도동유적 연합 발굴조사단, 2020 Ⅱ-10: 307)(그림 7).

무덤에서 출토된 동검 편에 대해서는 지석묘 앞에 꽂아 놓았던 풍습이나 의례 가능성(강인욱, 2017; 김권중, 2020: 80)에 무게가 실린다. 다만 완형에 가까운 동검과 29호 출토 동검처럼 분절된 상태의 훼기 동검 편의 성격은 구분해서 살펴볼 필요는 있어 보인다. 훼기된 동검 편의 나머지가 무덤 내부에서 확인되지 않았기 때문에 E1-129호 주거 출토 동검 편과 동일한 맥락이 적용될 수 있다. 즉 집과 무덤 출토 훼기된 동검 편, 나머지 동검 편으로 구분되기 때문에 후자의 행방에 대한 고민이 필요한 것이다.

나머지 동검 편에 대해서는 고고학적으로 알 수 없는 상황이지만, 집과 무덤에서 확인된 훼기된 편을 고려하면 앞에서 언급한 장송의례 과정에서 활용되었을 가능성에

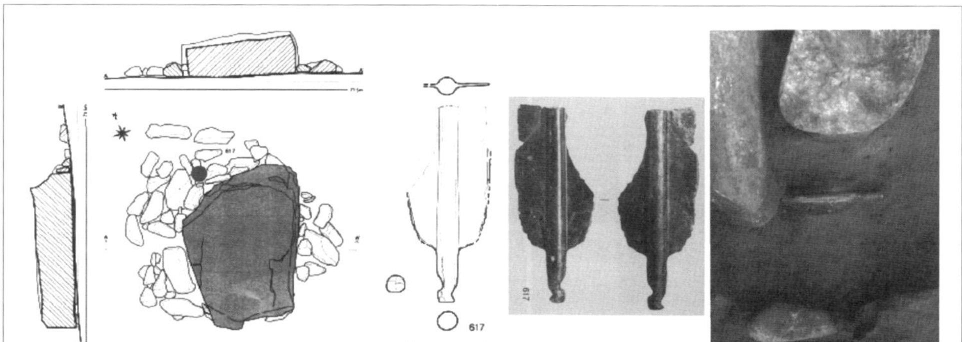

〈그림 7〉 A1-29호 지석묘와 적석부 출토 동검

무게가 실린다. 물론 재가공하여 일상생활에서 사용했을 가능성도 있지만, 집↔무덤 사이에서 일어날 수 있는 경우의 수에도 관심을 기울여야 한다. 이러한 관점에서 29호 동검은 매장주체부에 부장되었던 것이 교란된 것인지 아니면 적석부에 부장된(던져지거나 놓아둔/묻어둔) 또는 매장의례 과정 중에 적석부에서 기능했던 상징물이었는지 구분해서 고찰할 필요가 있다.

③ 지석묘 묘역 내 토기 · 석기

묘역식 지석묘에서는 매장주체부 외에도 적석부에서 훼기된 다량의 토기와 석기 편뿐만 아니라 의도적으로 부장된 유물들이 확인된다. 적석부에서 확인되는 이러한 유물들은 장송의례의 결과로 해석(이상길, 2000)되어 왔다. 이와 같은 양상은 금강유역권과 영남지역의 묘역식 지석묘에서 일반적으로 나타나는 반면, 중도 지석묘에서는 극히 드문 일이다. 일부 토기 편과 석기류가 확인되기는 하지만 다량의 파편들이 적석부에 뿌려지거나 혼입되어 있지 않은 점은 대조적이다. 이것은 장송의례나 매장의례에서의 절차적 차이 또는 습속의 차이로 판단된다.

A1구역 28호 지석묘에서는 유물을 공헌했던 제단이 존재하는 것으로 보고되었다. 적석부 남동쪽 모서리에 방형의 석렬이 존재하고, 그 위에 내만구연 심발형토기 1점이 깨진 채로 출토된 것이다(춘천 중도동유적 연합 발굴조사단, 2020 Ⅱ-10: 306). 이에 대해 무덤 한쪽에 방형 석단을 조성하여 발형토기 1점을 안치함으로써 공헌의례를 행한 것으로 해석(김권중, 2020: 82)하기도 한다. 아울러 A1-32호 무덤에서 묘역석 제거 중에 출토된 마연토기 4점, 어망추 1점, 석부 등에 대해서도 의례의 존재를 상정(김권

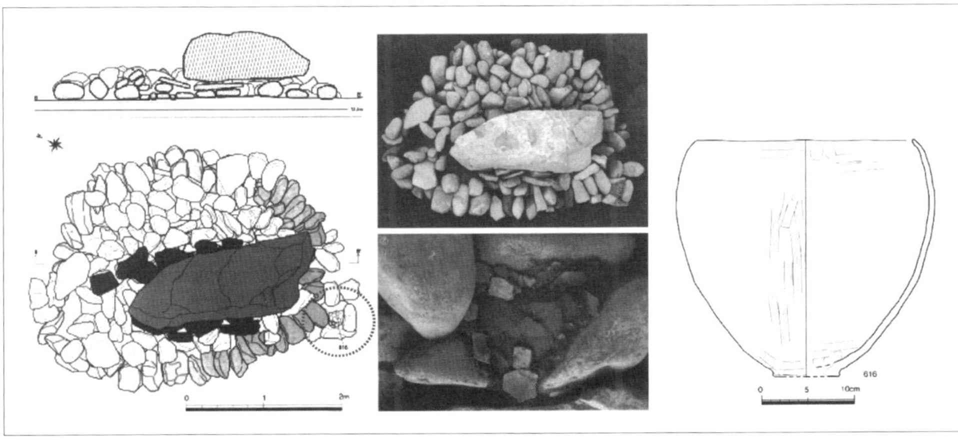

〈그림 8〉 A1-28호 지석묘 및 토기 봉헌

중, 2020: 82)하기도 하였다(그림 8).

무덤 축조의 절차상 적석부에 특정 유물을 부장, 매납했던 사실은 부정할 수 없다. 영혼을 담은 그릇(배진성, 2020)일 수도 있고, 피장자와 깊은 관련이 있는 오브제일 가능성도 있다. 이러한 행위가 과연 매장의례에서 하나의 절차로서 기능했는지 아니면 무덤 축조와 동시기 또는 시간성을 달리하는 내세관적 관점을 보여주는 행위의 결과였는지 따져볼 필요는 있다. 묘역을 이루는 적석부의 경계석 바깥으로 매납공간(토기를 덮어 놓은 석단)이 연접되어 있기 때문이다. 결국은 의례의 포괄적 해석에 의지할 수밖에 없겠지만, 인식론적 접근과 민족지자료의 보완이 필요한 대목이 아닐 수 없다.

2) 취락 설계와 의례의 관계성

중도 취락의 이해는 집촌(集村)의 원리와 2차원적 변천, 그리고 환호취락의 성격에 있다고 하여도 무리는 아니다. 특히 환호취락의 등장과 소멸은 중도 취락의 중요한 획기로 삼을 만하다. 청동기시대 조기~후기라는 큰 시간축을 바탕으로 취락 형성기(Ⅰ돌대문토기 단계, Ⅱ공렬문토기 단계), 환호취락 이전 집촌 시기, 환호 취락 운영기, 환호 소멸 후 집촌 시기로 세분할 수 있기 때문이다. 이 과정에서 취락의 정통성이 연속성을 가지는지 아니면 단절되는지에 대한 검토는 필수적이다. 그 대상은 돌대문토기와 공렬문토기 집단인데, 대체로 두 집단은 취락 공백기를 두고 단절된 문화단계로 이해되고 있다.

중도 취락은 중기 단계로 접어든 공렬문토기 단계(천전리유형)에 본격적인 취락 설계가 작동되었을 것으로 판단된다. 물론 상대적인 밀도 차이는 존재하지만, 집촌으로서의 중도 취락은 그 이전 시기인 돌대문토기 단계부터 어느 정도 모습을 갖추었음은 분명하다. 특히 Ⅰ취락군과 Ⅳ취락군은 대표적이다. 그러나 좀 더 위계적이고 구조적인 플랜의 적용은 2차원적 변천 과정 및 환호취락의 형성과 궤를 같이했을 가능성이 있다. 환호취락의 등장은 중도 취락사회의 정치적·경제적·제의적 관점에서 전성기의 표상으로 사료된다. 좀 더 면밀한 연구가 진행되어야겠지만, 대체로 기원전 6세기를 전후하는 시기의 정황으로 판단된다. 그러나 취락의 최전성기를 환호가 폐기된 이후인 후기 단계로 보는 견해(이형원, 2020: 44)도 있다. 이는 출토 유물상에서 청동기의 존재에 근거하고 있지만, 취락 설계상의 관점에서 좀 더 역동적이고 강제적인 이데올로기와 사회적 관념의 체계를 간과해서는 안 된다고 생각한다.

이상에서 논의한 바와 같이 취락의 전개와 사회적 현상을 정리해 보면 〈표 4〉와 같

〈표 4〉 중도 취락의 전개와 사회적 현상 추론

단계		공간점유	취락의 전개	물질문화 양상	사회적 현상
Ⅰ	돌대문토기期	Ⅰ~Ⅴ군	취락 형성기	돌대문토기 문화 중심 +이중구연토기 등	지점별 집촌 형성 및 이주
공백기					
Ⅱ	공렬문토기期	Ⅰ~Ⅴ군	집촌 형성기	천전리유형 중심	- 지점별 집촌 형성 및 취락의 중심지 형성 - 사회적 이데올로기 등장 - 사회적 권력 활성화↑ - Ⅰ취락군의 통합화↑=n차의 2차원적 변천
			환호취락期	천전리유형 중심 +송국리유형	- 환호 조성 및 중심지 확립 - 사회적 권력 활성화 유지 - 조직화·사회적 위계 제고 - 2차원적 변천 - 열상분포 묘역식 지석묘↑ - 대외 교류관계 활발
			환호 폐기 後 집촌期	천전리유형 중심 +송국리유형 +○점토대토기문화	- 이데올로기 전격적 전환 - 사회적 권력 활성화 - 환호 폐기 - 2차원적 변천 가속화 - 대외 교류관계 활발

다. 중도 취락의 면모는 공렬문토기 단계인 천전리유형 단계에 완성되었다고 볼 수 있다. 환호 역시 점토다짐 주거지(천전리식주거)의 선후 관계 속에 위치하고 있어 중기 단계 어느 시점에 운영된 것임(강형웅·백승화, 2014: 46)은 분명해졌다. 다만 방형 환호의 직선적 선형에 영향을 준 주거들을 통해 그 시간적 위치에 좀 더 가깝게 접근할 수 있게 되었다. 그러나 아쉽게도 1천여 기가 넘는 각 주거지의 세부 편년이 쉽지 않은 실정이다. 단계별 물질문화의 세부 양상을 파악하는 것은 앞으로 중대한 과제가 아닐 수 없다. 비록 여러 연구자가 주거유형을 중심으로 시기 구분의 기준을 마련해 가고 있지만, 각 유형이 A/B/C 단계처럼 계기적 변천을 했는지 아니면 각 유형이 서로 복합적인 관계 속에서 점진적인 경향성을 형성해 갔는지는 더 고민해 볼 문제이다.

한편, 각 주거지의 세부 연대를 알 수 없는 상황이지만, 외부 물질문화의 존재와 누적 양상을 파악할 수 있다면, 문화교류의 밀도뿐만 아니라 그 중심부를 특정하는 데 도움이 되지 않을까 한다. 특히 취락의 확장과 변천을 보여주는 n차의 2차원적 변천 과정 중 어느 시점에 분포하고 있는지는 어느 정도 확인할 수 있을 것으로 기대한다.

이러한 관점에서 송국리유형 요소와 ○점토대토기문화 요소의 분포는 단순하면서도 분명한 결과를 보여줄 것으로 생각된다. 전자는 송국리식토기·유구석부·역T자 경부 석창을,[7] 후자는 ○점토대토기 및 관련 유물을 대상으로 하였다. 각 유구에서 출토된 양상을 파악해 본 결과, 유의미한 결과를 확인할 수 있었다(그림 9).

첫째, 송국리유형과 ○점토대토기문화 요소는 Ⅳ취락군을 제외한 나머지 네 취락군에서 보편적으로 확인된다. 다만 후자의 분포는 전자에 비해 매우 희소할 뿐만 아니라 개별적 양상을 보이는 것이 특징이다. 그리고 소형이나 중형의 주거지에서 출토되는 경향이 높았다. 결국 두 문화요소는 Ⅳ취락군을 제외한 네 취락군에서 일찍부터 인지되고 있었을 뿐만 아니라 중도 취락에서 외부 물질문화 수용이 활발했음을 알 수 있다. 특히 Ⅰ취락군은 송국리유형의 밀도가 가장 높아 중심취락으로서의 활발한 문물교류 양상을 볼 수 있다. 따라서 이러한 문물교류 및 수용/유통 과정에서 송국리유형 물질문화의 탁월성과 보편성이 중도 취락에 어느 정도 영향을 주었을 것으로 판단된다. 중부 지역에서 송국리형문화의 최초 유입이 중기 후반으로 이해(김권중, 2018: 85)되고 있어 참고할 만하다.

둘째, 송국리유형 요소들 가운데 유구석부의 빈도는 다른 두 요소에 비해 가장 높다. 이것은 유구석부의 탁월성과 보편성이 수용된 것으로 해석할 수 있다. 비록 천전리유형 집단이 전기 단계의 공렬문토기문화로부터 유단석부의 전통을 계승했을지라도 전혀 다른 제작기법과 역학적 기술이 내재된 유구석부의 유용성을 새롭게 인지했을 가능성이 높다. 즉 목제 가공을 위한 새로운 문물에 눈을 떴기 때문에 취락 내 출토빈도가 보편적이고 매우 높게 나타난 것이 아닌가 생각된다. Ⅰ-①취락군은 유구석부(23기) > 송국리식토기(9기) > 역T자 경부 석창(4기), Ⅰ-②취락군은 유구석부(5기) > 송국리식토기(1기), Ⅱ취락군은 유구석부(10기) > 송국리식토기(3기), Ⅲ취락군은 유구석부(3기) > 역T자 경부 석창(1기), Ⅳ취락군은 송국리식토기(1기), Ⅴ취락군은 역T자 경부 석창(4기) > 유구석부(3기) > 송국리식토기(1기)의 상대빈도를 확인할 수 있었다. 환호 내부에서는 송국리식토기의 빈도가 상대적으로 높았지만, 역T

7 송국리식토기는 외반구연호를 표지로 하지만, 중도 취락에서 공렬문토기 단계에 전승된 다양한 호형토기가 존재하기 때문에 상호 비교 및 구분이 용이하지 않을 수 있다. 이에 외반도와 기형적 특징을 고려하여 판별하였으며, 다만 직접 실견하지 못하였음을 밝혀둔다.
유구석부는 기원에 대한 여러 주장이 있지만, 송국리형문화 요소(이건무, 1992)로 파악하였다. 배진성(2000)은 한반도의 주상편인석부에서 형식이 변화된 것으로 파악하였으나, 그 등장을 송국리형문화 단계(선송국리유형단계: 중기 전반)로 보았다는 점에서 의미를 가진다. 특히 주상편인석부, 유단석부, 합인석부 등은 나무 자루에 구멍을 뚫어 끼워 쓰는 도끼와 같은 기능인 반면, 유구석부는 나무 자루에 구멍을 뚫지 않고 구조적인 결구(턱+결박)를 통해 묶어 쓰는 자귀의 기능이기 때문에 본질적 아이디어가 다른 도구이다. 비록 북한 지역에서도 산발적으로 출토되나, 치목과 가공이 더욱 발달되었을 전기 문화에서 밀도가 낮은 이유는 이러한 배경 때문으로 생각된다. 따라서 모습은 유사하나 형식적으로 상호 관련성이 없거나(노혁진, 1981) 적다는 데에 무게를 두고 싶다.
역T자 경부 석창은 부여 송국리 유적을 대표하는 유물이다. 송국리형문화 단계에서만 확인되는 것이 특징(손준호, 2006: 72)으로 송국리형문화 유적들에서 주로 출토된다.

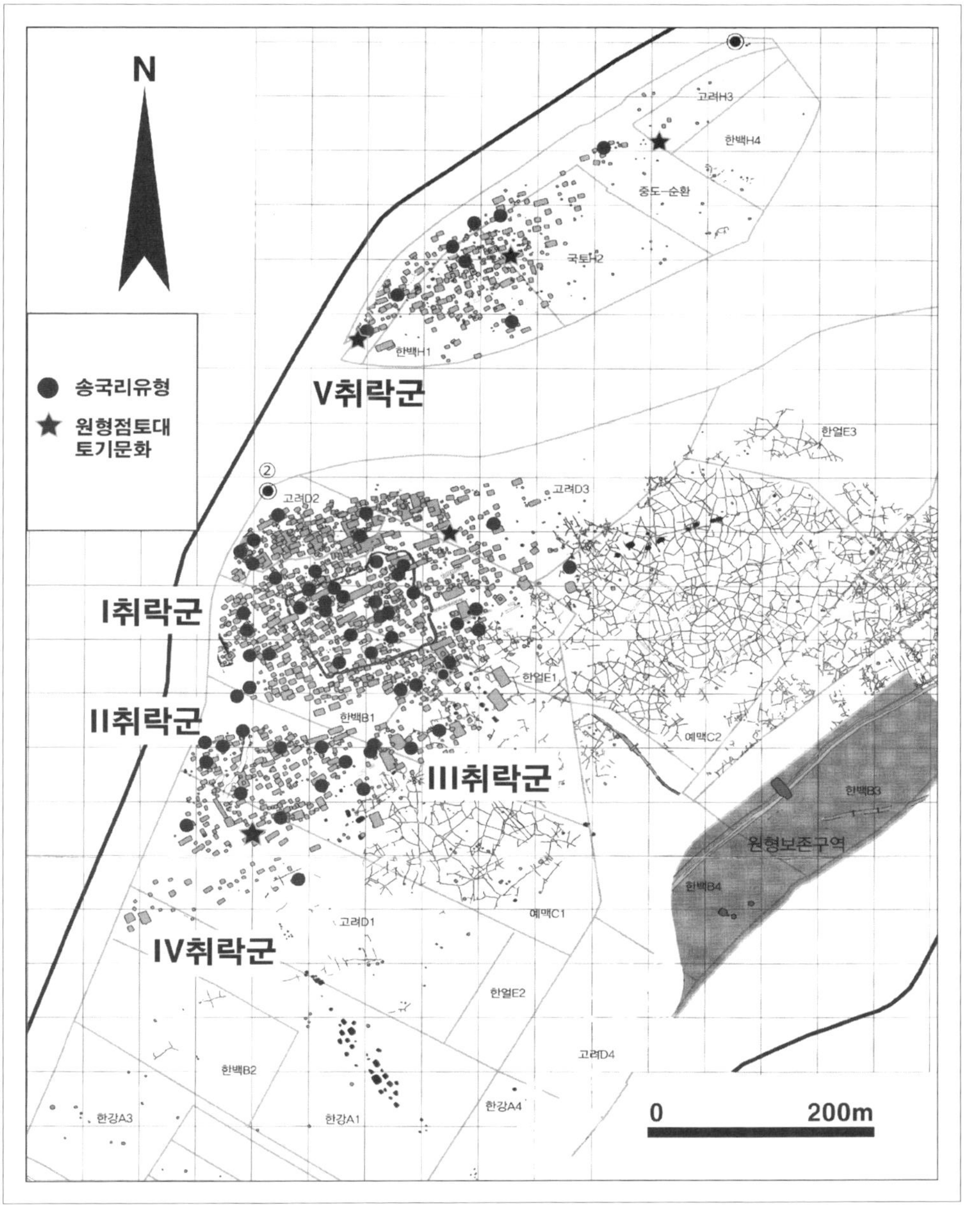

〈그림 9〉 중도 취락 내 외부 주요 물질문화의 누적 양상

자 경부 석창은 확인되지 않은 점이 특징이다. 역T자 경부 석창은 I-①취락 남쪽부(Ⅲ취락군과의 경계)와 V취락군에서 상대적으로 높은 빈도를 보였다. 즉 환호 밖 주변 취락에서 즐겨 사용했다는 점을 알 수 있다(그림 9).

이상과 같은 문화적 배경하에 중도 취락의 설계와 의례도 좀 더 구조화된 관계로 엮여 있었을 가능성이 있다. 즉 전통에 기반한 중도 취락민의 내부 정황을 고수하면서 활발한 외부 문화의 수용을 바탕으로 사회적 권력의 시각적·강제적 행사와 위계화된 사회구조 및 의례 체계를 구축해 갔을 가능성이다. 이러한 추론은 다음과 같은 해석을 가능하게 한다.

첫째, 외부 물질문화의 수용이 활발했을지라도 자체적인 문화와 전통을 바탕으로 일상생활이 이루어졌을 가능성이 높다. ①중도 취락의 공간적 패턴이 일률적인 방향성(열상분포)에 기반한 집촌적 경향을 보이는 점, ②환상분포의 주거군이 보이지 않는 점, ③광장과 같이 특정 위치에 많은 취락민이 모일 수 있는 특정 형태의 공지(空地)가 환호취락 외에 여러 집촌에서 보이지 않는 점, ④비록 원형의 주거지 3기가 조사되기는 하였으나, 송국리형주거가 전혀 확인되지 않은 점, ⑤농경문화의 대표성을 가지는 밭이 확인되지 않은 점[8] 등에서 당시 송국리형문화의 직접적이고 지배적인 영향은 없었을 것으로 판단된다.

둘째, 그러나 취락의 사회적 구조와 위계 및 권력의 시각화라는 관점에서 당시 공존하고 있었던 송국리형문화와 공통된 문화 양상으로 표출되었을 가능성은 있다. ①묘역식 지석묘의 연접 현상은 보편화되지는 않았지만, A1군처럼 선대(先代)의 매장주체부 축과 동일시하여 밀집된 열상분포를 이루는 기획적·체계적인 패턴을 보이는 점(그림 1), ②진안 여의곡 AⅡ지점 1~5호 지석묘에서 볼 수 있는 유력자 간 갈등관계의 시각화(이종철, 2015: 245)와 같이 환호 조성과 관련하여 강제력과 대립·반목이 존재했을 가능성을 볼 수 있는 점, ③천전리유형 단계 어느 시점부터 주거영역과 매장영역의 영역화(zoning)가 명확하게 나타나는 점, ④특정 위치에 환호 조성 전 또는 환호 시기의 것으로 추정되는 굴립주건물(지상건물지)이 대규모로 조성됨으로써 취락민들을 위한 보관·저장영역의 기능을 설정한 점 등을 통해 짐작할 수 있다. 유사한 사회적 체계를 목도할 수 있는 대목이다. 이러한 전반적인 문화적 속성들이 기념물적 문화경관(이성주, 2012)의 관점에서 밀도 있게 연구될 필요가 있다.

셋째, 묘역식 지석묘뿐만 아니라 여러 무덤에서 직접적 화장의 존재를 통해 중도 취락민들의 내세관과 의례 절차를 추론해 볼 수 있다. 이것은 송국리형문화에서 볼 수 없는 중도동 취락의 '전통'으로서 전해 내려왔을 가능성이 높다. 특히 무덤 내 직접 화장은 시각적으로 매우 극적이고 다양한 절차적 콘텐츠가 적용될 수 있기 때문에 제의

8 구상경작유구가 중도 취락에서 농경의 증거로 논의되고 있지만, 필자의 생각은 회의적이다. 인간에 의해 굴착된 흔적은 반드시 선후관계를 가지는 데 반해, 구상경작유구의 전체적인 패턴은 광역적 연결망을 이루고 있다는 점에서 문제의 소지가 있다. 중도의 동쪽 대지에서 이루어졌을 다른 형태의 농경방식에 대한 다각적인 논의가 필요해 보인다.

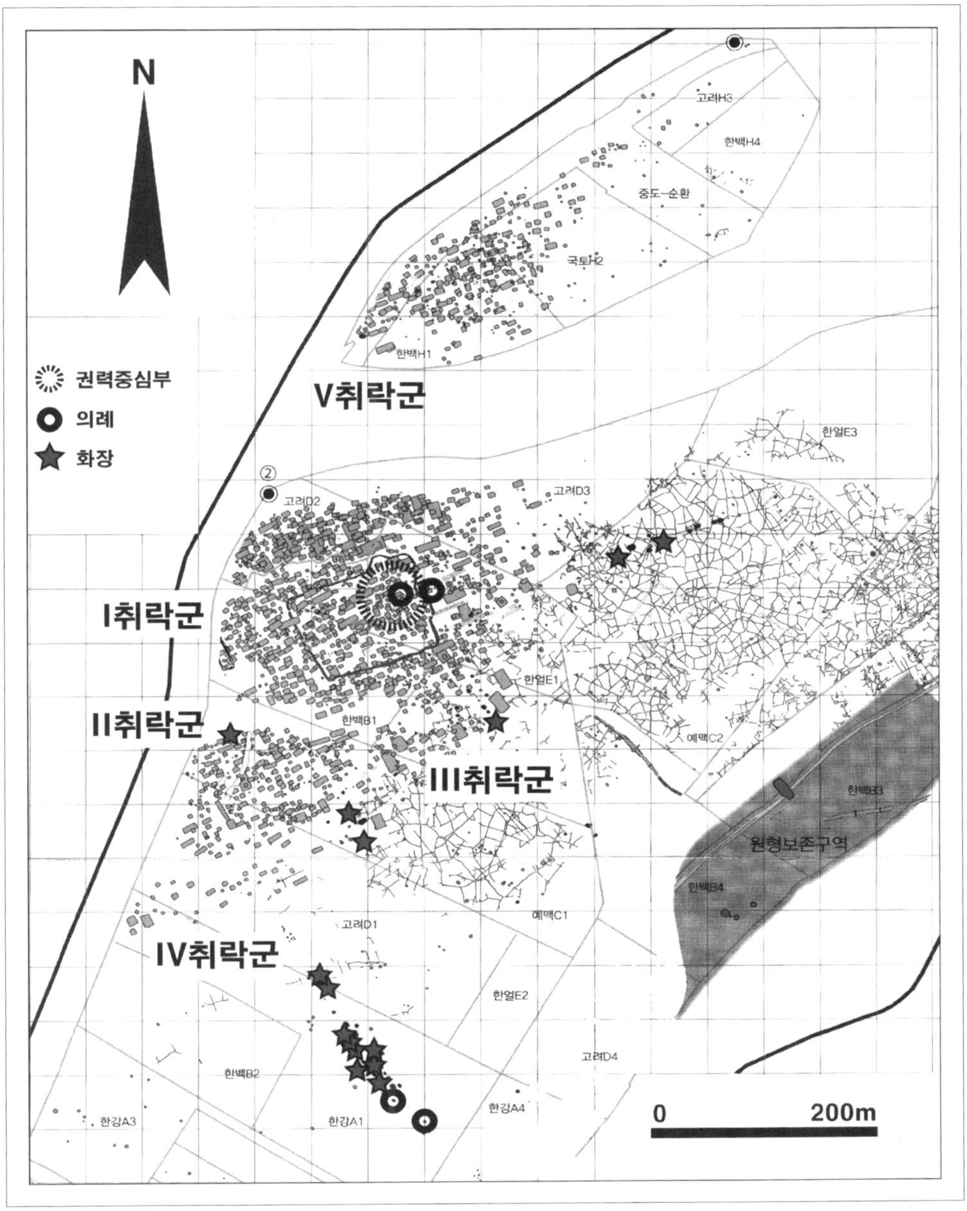

〈그림 10〉 중도 취락 내 의례 분포

(祭儀)를 주재하고 담당했을 관계자는 자신의 제의권(祭儀權)을 강화하는 기회로 삼았을 가능성이 있다. 취락에서 제의적 경향은 일반적이거나 다종다양하지는 않지만, 권력 중심부와 어떤 식으로든 연결되어 있었을 것으로 판단된다(그림 10).

4. 맺음말

춘천 중도 취락의 변천 과정 속에서 취락 설계와 의례는 다음과 같이 정리할 수 있다.

1. 중도 취락은 시기적으로 돌대문토기를 중심으로 하는 이른 시기의 주거문화, 공렬문토기를 중심으로 하는 중간 단계의 주거문화, 그리고 원형점토대토기나 관련 유물이 출토되는 늦은 시기의 주거문화로 구분할 수 있다. 또한 돌대문토기 단계와 공렬문토기 단계로 대별되며, 각각 서로 다른 규모의 집촌 형태로 5개 취락군, 6개 단위 취락으로 점유되었다. 전자에서는 의례의 흔적을 발견하지 못하였으나, 후자에서는 상대적으로 다양한 흔적이 확인된다.

2. 공렬문토기 단계의 취락은 5개의 취락군으로 대별되며, 주거영역·매장영역·보관 및 저장영역(굴립주건물지)·의례영역(중앙광장, 주거, 무덤 등) 등으로 영역화(zoning)를 구축하였다. 이러한 취락 설계에는 기념물적 문화경관이 내재되었을 가능성이 높으며, 자연적 요인과 인위적 요인이 복합적으로 작용했다고 판단된다.

3. 5개의 취락군 가운데 I~IV취락군은 2차원적 확장 과정을 통해 통합적 성격의 군(群)을 형성해 간 반면, V군은 공간적으로 독립적인 취락으로 확장해 갔다. 특히 I취락군은 2개의 집촌이 최종적으로 통합되어 하나의 취락군을 이루었다. 5개 취락군 가운데 가장 규모가 큰 취락으로 성장하였고, 중앙에 방형 환호를 조성하여 환호취락이 완성되었다. I취락군은 중도 취락의 중심취락으로서 방형의 환호는 권력의 핵심부를 상징한다.

4. 중도 취락은 1차원적 변천의 속성을 가지는 소규모의 집촌으로 출발하여 n차에 걸친 2차원적 변천 과정을 통해 각 취락군의 성장과 확장을 이루었다. 2차원적 변천은 일정한 방향성을 가지면서 열상분포의 경향을 보이는데, 속도감을 갖는 인구 집중화 현상과 궤를 같이한다. 환호취락 내에서는 동부 일원에서 1차원적 변천 과정을 거치는 小집촌이 존재했고, n차에 걸친 초보적인 2차원적 변천은 북동-남서의 방향성과 체계성을 가지면서 높은 주거밀도로 공간을 지배해갔다. 이 과정에서 환호 중앙부에 원형의 광장이 조성되었고, 취락의 대소사는 물론 취락의례의 구심점 역할을 했을 것

으로 추정된다. 환호 조성 이후 중도 취락의 2차원적 변천은 각 취락군에서 급속도로 가속화되었고, 장방형·세장방형의 중·대형 주거의 축조 경향이 두드러진다. 따라서 환호는 중도 취락의 중요한 획기가 된다.

5. 환호의 조성은 본디 (장)방형으로 계획되었으나 사회적 권력의 충돌로 인해 동부에서는 굴곡을 이루는 부정형의 형태로 완성되었다. 환호를 통해 중도 취락사회에 불평등, 권력 간 대립과 반목, 편입과 배척, 견제세력 등이 존재했음을 알 수 있다. 결국 환호는 취락의 권력구조를 대내외적으로 표방하고 공고히 하기 위한 이데올로기적 기념물로 추정된다. 주거 간 역학관계와 탄소연대로 볼 때, 기원전 6세기를 전후한 시기의 정황으로 판단된다. 환호취락 내 동쪽에 이러한 권력집단이 집중되어 있었는데, 요령식동검이 출토된 E1-129호 주거는 1차원적 변천의 속성을 가지는 小집촌의 전통성을, 선형동부가 출토된 E1-268호 주거는 n차를 거듭하면서 가속화되던 2차원적 변천 과정에 있었던 권력집단의 후예임을 보여준다.

6. 5개 취락군 가운데 V취락군에는 개별적인 무덤들이 산발적으로 분포하는 반면, Ⅰ·Ⅲ취락군 일원에는 A1, A2, C2 무덤군 같은 조직화된 집단묘역이 조성되었다. 다만 Ⅰ취락군에도 V취락군처럼 개별적인 무덤들이 산포해 있어 공통점을 보인다. 체계적으로 조직화되는 무덤들 가운데 특히 A1구역의 무덤들은 송국리형문화 단계의 지석묘들과 유사한 양상을 보인다. 그러나 매장방식에서 무덤 내 화장 흔적들이 확인됨으로써 중도만의 습속을 파악할 수 있다.

7. 취락의 확장과 변천 과정에서 외부와의 문물교류가 활발했다. 송국리형문화와 ○점토대토기문화 요소의 확인이 대표적이다. 전자는 송국리식토기, 유구석부, 역T자 경부 석창을 들 수 있다. 전반적으로 유구석부의 출토 빈도가 높은 편이나, 환호 내부에서는 송국리식토기의 빈도가 상대적으로 높다. 후자는 ○점토대토기, 고배류 등인데, 송국리유형 요소만큼 보편화되지는 않았으며, V취락에서 출토 빈도가 상대적으로 높다.

8. 중도에서의 의례는 명확하게 나타나지 않으나, 취락 내부에서의 의례와 매장지에서의 의례로 대별할 수 있다. 전자는 중앙광장에서의 취락의례, E1-129호에서 추론할 수 있는 취락 규모의 장송의례, E1-266호에서의 권력형(?) 생활의례이다. 후자는 A1-29호 무덤의 요령식동검 관련 의례, A1-28호 무덤의 공헌의례, A1 무덤군의 화장의례이다. 이 외에도 크고 작은 의례가 존재했을 가능성이 높으나 추출의 근거와 양상에 한계가 있다.

| 참고문헌 |

• 국어

강인욱, 2017, 「한반도 청동기 사용의 기원과 계통: 중부지역 청동기시대 조기 및 전기 출토품을 중심으로」, 『동북아시아에서의 한국 청동기시대 문화, 한국청동기학회 창립 10주년 기념 국제학술대회 발표요지』, 한국청동기학회.

강형웅 · 백승화, 2014, 「춘천 중도 청동기시대 환호 유적」, 『중부 지역 고고학 조사의 최전선』, 중부고고학회 2014년 유적조사발표회.

구준모, 2020, 「춘천 중도동유적 청동기시대 유물」, 『春川 中島洞遺蹟』 Ⅲ · Ⅳ.

김권중, 2018, 「송국리문화와 중부지역: 송국리문화의 제 양상과 편년, 성격」, 『청동기시대 송국리유적, 왜 중요한가?』, 서울대학교박물관 · 중부고고학회 공동 학술대회.

김권중, 2020, 「춘천 중도동유적 청동기시대 분묘」, 『春川 中島洞遺蹟』 Ⅲ · Ⅳ.

김세진, 2021, 「북한강유역 청동기시대 대형 취락의 형성 과정에 대한 연구」, 서울대학교 석사학위논문.

노혁진, 1981, 「有溝石斧에 대한 一考察」, 『歷史學報』 89.

박영구, 2022, 「춘천 중도동유적 돌대문토기 단계 주거와 취락 양상」, 『호서고고학』 51.

배진성, 2000, 「한반도 주상편인석부의 연구」, 부산대학교 석사학위논문.

배진성, 2007, 「無文土器文化의 成立과 階層社會」, 부산대학교 박사학위논문.

배진성, 2020, 「망자의 壺, 영혼의 壺」, 『한국고고학보』 116.

손준호, 2006, 「韓半島 青銅器時代 磨製石器 硏究」, 고려대학교 박사학위논문.

오강원, 2023a, 「춘천 중도 청동기시대 주거지군의 획기와 전개」, 『호서고고학』 54.

오강원, 2023b, 「춘천 중도 레고랜드 조성부지 지석묘군의 조성 시기와 전개」, 『百濟硏究』 79.

이건무, 1992, 「松菊里型 住居分類試論」, 『擇窩許善道先生停年記念 韓國史論叢』, 一潮閣.

이상길, 2000, 『青銅器時代 儀禮에 관한 考古學的 硏究』, 대구효성가톨릭대학교 박사학위논문.

이성주, 2012, 「儀禮, 記念物, 그리고 個人墓의 발전」, 『湖西考古學』 26.

이종철, 2015, 『松菊里型文化의 聚落體制와 發展』, 전북대학교 박사학위논문.

이종철, 2022, 「청동기시대 儀禮 패러다임과 연구 방향성」, 『한국 청동기시대 연구의 패러다임 시프트』 이상길 교수 10주기 추모 학술대회 발표자료집.

이형원, 2009, 『韓國 青銅器時代의 聚落構造와 社會組織』, 충남대학교 박사학위논문.

이형원, 2020, 「춘천 중도동유적 청동기시대 취락」, 『春川 中島洞遺蹟』 Ⅲ · Ⅳ.

춘천 중도동유적 연합 발굴조사단, 2020, 『春川 中島洞遺蹟』 Ⅱ-13 · Ⅲ · Ⅳ · Ⅵ 등.

한국민족문화대백과사전 「화장」.

청동기시대 춘천분지 중도마을의 역사와 화재

고일홍

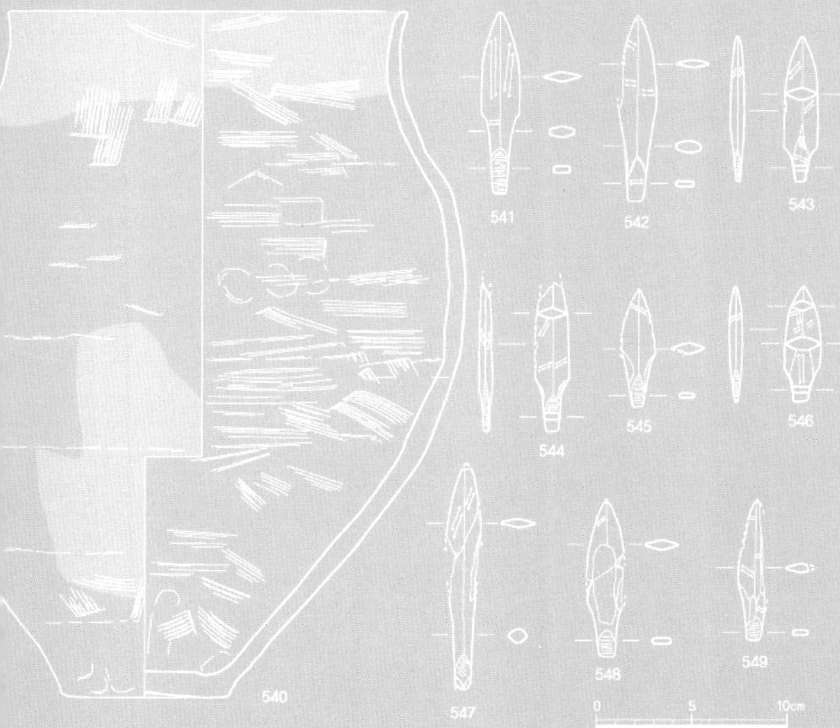

1. 머리말

춘천 중도유적은 청동기시대 주민이 장기간 거주한 대규모 취락이 전면 발굴조사된 매우 귀중한 사례로서, 청동기시대 마을의 조성·변천·소멸 과정뿐만 아니라 마을의 조직 및 운영에 관한 중요한 시사점을 제공할 수 있다. 이 글에서는 '화재 현상'이라는 렌즈를 통해 중도유적 '청동기시대 마을의 역사'를 복원하고자 한다. 화재 현상에 주목하는 이유는 우선 '화재 주거지'가 북한강유역 청동기시대 취락의 특징적 요소로 여겨져 왔기 때문이다. 이러한 인식은 화천 용암리유적을 통해 확립되었고,[1] 160기가 넘는 화재 주거지가 확인된 중도유적을 통해 공고화되었다. 또한 중도유적에서는 화재 현상이 특정 구역이나 특정 주거지 유형에 집중되어 있지 않고 비교적 균질하게 나타나고 있다. 따라서 화재 주거지의 공시적·통시적 패턴 분석을 시도할 수 있다. 마지막으로 중도유적의 화재 주거지는 그 개수가 많다 보니 '화재 양상'이 다양하게 나타난다. 마을 주민에게는 큰 사건으로 인식되었을 화재의 다양한 양상을 살펴봄으로써 청동기시대 마을의 관리 및 운용에 대해 접근할 수 있다.

상기와 같은 문제의식에서 출발하여 이 글에서는 하중도의 '4대강 살리기사업'과 'LEGOLAND KOREA Project'의 일환으로 발굴조사된 청동기시대 취락의 화재 주거지를 분석하였다. 다만 연구의 주된 목적이 오래 유지된 마을의 맥락 속에서 화재 현상을 온전하고 종합적으로 살펴보는 것인 만큼, 하중도 북쪽의 저지대 구역을 기준으로 그 남쪽에 조성되었던 오랜 역사를 가진 취락(4대강 살리기사업 D·E지구 및 LEGO-LAND KOREA Project A~E구역)만을 연구 대상으로 삼았다. 그리하여 청동기시대 주거지 1,079기, 그리고 이 중에 화재 현상과 관련이 있는 것으로 확인된 주거지 161기를 분석하였다.

중도유적의 화재 주거지에 대한 분석을 통해 청동기시대 화재 주거지에 대한 심화

1 池賢柄·金權中·洪周希, 2007, 『龍岩里: 華川 生活體育公園 造成敷地內 文化遺蹟發掘調査 報告書』, 강원문화재연구소, 509쪽.

된 이해는 물론, 궁극적으로는 청동기시대 마을의 관리 및 운영방식에 대한 시사점까지 확보하는 것을 목표로 제2절에서는 청동기시대 화재 주거지 연구의 틀을 수립하겠다. 이를 위해 중도에서 확인된 소위 '화재 주거지'의 다양성을 검토하고, 이 외에도 관찰되는 화재의 흔적에 대해 살펴본 후 청동기시대 마을에서의 '화재 현상'을 연구할 때의 전략에 대해 논의하도록 하겠다. 이처럼 수립된 연구 틀에 입각하여 제3절에서는 화재 현상에 대한 거시적·미시적 분석을 진행하겠다. 거시적으로는 중도의 청동기시대 마을에서 확인된 화재 주거지와 非화재 주거지, 그리고 여러 유형의 화재 주거지에 대한 비교 분석을, 미시적으로는 화재 지점의 역사(즉, 화재의 양상과 화재 지점의 후대 활용 양상)에 대한 추적을 진행하겠다. 마지막으로 제4절에서는 화재 주거지에 대한 거시적·미시적 분석의 결과에 입각하여 중도유적 청동기시대 마을의 역사를 조망하고, 특히 청동기시대 마을 공간 사용의 단계별 특수성과 보편성을 타진하겠다.

2. 청동기시대 화재 주거지 연구 방법

1) 화재 주거지 선행연구의 시사점

'화재 주거지' 연구에서는 화재를 우발적인 사건으로 보는 경향이 있다. 즉, 화재가 '사고'의 결과이든, 갈등 속에서 발생한 '방화'이든, 거주자에게는 예상치 못했던 사건이었고, 따라서 '포렌식'만 잘하면 화재 현장을 통해 거주자의 삶의 모습을 복원할 수 있다고 여겨지곤 한다. 폼페이 유적과 같은 해상도를 보이는 영국 청동기시대 화재 주거지인 머스트 팜(Must Farm)의 사례나, 화재 주거지의 탄화 목재 분석을 통해 건축 구조물의 복원 사례 등은 이러한 인식의 강화에 이바지했다. 그 결과 국내의 화재 주거지 연구는 주로 생활면 유물의 위치 분석, 화재에 의한 주거지 구조물 및 내부 공간의 변형 분석 등에 초점이 맞추어졌고, 화재 주거지 관련 '해석'도 화재가 방화의 결과였다는 판단하에 고대의 갈등·전쟁과 연계되어 이루어졌다.[2]

그러나 고고학 유적에서 확인되는 화재 주거지 중에는 화재가 '의도적'으로 일어난 경우도 분명히 포함되어 있다. 특히 유럽의 선사시대 유적에서는 의도된 화재의 사례가 빈번하게 확인되는데, 신석기시대 최초의 농경집단인 LBK 농경민의 경우, 아마도 한 세대를 주기로 기존에 거주해 왔던 대형의 세장방형 주거지에 불을 지른 후, 인근에 새롭게 주거지를 마련한 것으로 보인다.[3] 또한 동남부 유럽의 금석병용기 시대 취락에서는 화재 흔적이 없는 주거지를 찾아보기가 어려울 정도이며, 이러한 화재 역시 여러 가지 정황으로 보아 사고나 방화가 아닌 의도적인 행위의 결과였던 것으로 여겨

2 예를 들어, 宋滿榮, 1996, 「火災住居址를 통해 본 中期無文土器時代 社會의 性格」, 『古文化』 49; 이현석, 2007, 「青銅器時代 火災住居址內 出土遺物로 본 空間分析: 울산지역 자료를 중심으로」, 『東亞文化』; 오용제, 2012, 「청동기시대 전기 주거지 내부의 공간 활용 양상 연구: 수혈주거지 내 유물과 내부시설의 분포 양상을 중심으로」, 서울대학교 석사학위논문.

3 L., H. Giddens, 2007, "Neolithic Meshworks: A Multi-Scalar Approach To Understanding Social Relations Within the LBK," PhD Diss., Cardiff University, p. 365.

지고 있다.[4]

상황이 이러하다 보니 서양 고고학계의 화재 주거지 연구는 크게 두 가지의 서로 다른 방향으로 진행되고 있다.[5] 하나의 연구 방향에서는 우발적인 화재가 일어났던 주거지에 초점을 맞추어, 복원의 정밀화를 위한 실험 고고학, 복원된 생활면에 대한 공간분석 등이 이루어진다. 그리고 또 하나의 연구 방향에서는 의도적인 화재가 일어났던 주거지에 초점을 맞추어, 화재의 '의도성'에 대한 판단을 둘러싼 논의나 의도성 기준 수립을 위한 실험 고고학, 의도적 화재의 사회문화적 의미에 대한 해석 등이 이루어진다. 국내 학계에서는 우발적 화재에 초점을 맞춘 연구가 주를 이루어 왔으나, 중도유적에서는 청동기시대 주거지 폐기 과정에서 일어났던 의도적 화재 행위의 정황도 포착된다. 따라서 그동안 국내 학계에서는 충분히 다루어지지 않았던 의도적 화재 현상에 주목할 필요가 있으며, 이를 위해 서양 고고학계의 대표 관련 논의를 살펴보도록 하겠다.

앞서 언급했듯이, 동남부 발칸 지방의 신석기시대 및 동기시대 취락에는 거의 모든 주거지에서 화재의 흔적이 발견되곤 하는데, 이러한 현상에 관해 제시된 해석들을 정리하면 다음과 같다.[6]

① 침략하는 외부인 집단 혹은 적대적 이웃에 의한 방화
② 요리 등 불을 사용하는 활동에서 기인한 우발적인 사건
③ (점토) 건축 구조물의 강화 및 방수를 위한 의도된 행위
④ 폐기된 (점토) 건축 구조물의 재활용을 위한 의도된 행위
⑤ 해로운 벌레나 동물을 제거하기 위한 의도된 행위
⑥ 수명을 다한 집의 '사용주기(life-cycle)'를 마무리하는 상징적 행위

이 중 화재 주거지 내부의 유물 양상 등 여러 가지 정황으로 인해 ⑥번 해석이 특히 많은 주목을 받았으며 이후 진행된 화재 주거지 연구는 ⑥번 해석을 제안했던 채프만(Chapman)이 설정한 '상징적이고 의도된 화재 행위의 9가지 판단 기준'의 타당성 검

4 J., Chapman, 1999, "Deliberate House-Burning in the Prehistory of Central and Eastern Europehapman House Burning", In A. Gustafsson, & H. Karlsson, (eds.) *Glyfer och arkeologiska rum – en vänbok till Jarl Nordbladh*, pp. 113-126, Göteborg: Institute of Archaeology, University of Göteborg.

5 일본 고고학계의 화재 주거지 연구 경향은 허의행·오규진, 2008, 「청동기시대 복원주거의 화재실험」, 『영남고고학』 44, 영남고고학회, 66~67쪽 참고.

6 Chapman, 1999, 앞의 글, 115쪽.

토를 중심으로 진행되어 왔다.[7]

① 외벽에 집중된 선별적 화재 행위
② 고고학적으로 확인되는 발화점의 존재
③ 취락 내 화재 주거지 사이 공간에서의 화재 흔적 부재
④ 우발적 화재로는 설명되지 않은 높은 화재 온도
⑤ 주거지 간 화재 온도의 다양성
⑥ 연료 추가의 흔적
⑦ 화재 주거지 생활면에서 포착되는 유물 배치의 정형화
⑧ 화재 전 주거지에서 일어났던 제의적 매납의 흔적(시신 안치 등)
⑨ 일상적으로 사용되었을 것이라고 보기에는 과도한 유물 개수

위의 기준 중 일부(①, ④, ⑤, ⑥)는 화재 주거지가 진흙 벽체 건축물인 경우에만 유효하다. 또한 ③번 기준은 마을 전체가 불탄 것이 아닌 상황적 증거로, 발칸 지방 금석병용기 시대 화재 마을의 전쟁 관련성 여부를 둘러싼 논쟁으로 인해 생겨난 기준이다. 하지만 ②, ⑦, ⑧, ⑨번 기준은 한국 청동기시대 화재 주거지 연구에도 적용할 수 있다. 따라서 이 기준들을 중도 화재 주거지의 유형화, 중도유적 화재 현상에 대한 해석에 적용하도록 하겠다.

2) 중도 화재 주거지 유형화 및 연구 전략 수립

분석 대상으로 선정한 구역에서는 161기의 주거지에서 화재 현상이 포착되었다. 여기에서 '화재 현상'이란 사용 중인 주거지에서 일어난 우발적 화재와 폐기 직후의 주거지에서 발생한 의도적 화재를 모두 포괄한다. 이처럼 화재 현상이 확인된 '화재 주거지'는 다음과 같은 판단 기준에 따라 유형화시킬 수 있다.

중도 LEGOLAND KOREA Project 보고서에서는 주거지에서 관찰된 화재 현상이 다

7 예를 들어, D., Gheorghiu, 2016, "Building and Burning: The Construction and Combustion of Chalcolithic Dwellings in the Lower Danube and the Eastern Carpathian Areas from the Perspective of Experimental Archaeology", In L. Nikolova, M. Merlini & A. Comsa (eds.), *Western-Pontic Culture Ambience and Pattern, In memory of Eugen Comsa,* pp. 33-52, Bucharest: Bucharest National University of Arts.

〈표 1〉 LEGOLAND KOREA Project 보고서의 '주거지와 관련된 화재'에 관한 기술방식

구역 (발굴기관)	호수	표현	비고
A2 (한강)	40	"주거지 내부가 전소된 화재주거지"	유물 소량
B (한백)	10	"주거지 폐기 후 부분적인 화재가 있었던 것으로 추정된다"	유물 극다량
	38	"주거지가 화재에 의해 폐기 후"	유물 다량
	75	"화재가 발생하여 폐기되었던 것으로"	유물 극다량
C1 (예맥)	121	"목탄은 주거지 해체 과정에서 발생한 부산물을 소각하는 과정에서"	주거지 속성 개요표에서는 '화재' 여부가 'X'로 되어 있음
	161	"화재로 폐기된 주거지"	유물 극소량
D2·3 (고려)	31	"화재로 주거지가 폐기된 것으로 보인다"	유물 다량
	163	"주거지의 구조를 이루었던 목재가 화재로 인해 소실되면서"	유물 소량
E1 (한얼)	78	"화재에 의해 폐기되면서"	유물 다량
	101	"화재 또는 소각 폐기된 주거지일 가능성이"	유물 소량, 도면에도 목탄 흔적 없음
	103	"화재에 의해 폐기된 후 방기되어"	유물 소량

양한 방식으로 기술되었다. 〈표 1〉에 제시된 표현들을 보면, 화재 주거지에서 일어났던 화재의 성격(즉, 우발적인 화재인지 의도된 화재인지)에 대한 판단을 내리는 것이 쉽지 않았음을 짐작할 수 있다. 특히 E1 구역의 화재 주거지에 대해 자주 등장하는 "화재 또는 소각 폐기된 주거지"라는 표현은 의도적인 화재의 가능성이 충분히 고려되었음을 보여준다.

흥미롭게도 중도의 화재 주거지에 관한 기술 내용을 보면, 통상적으로 떠오르는 '우발적 화재'가 일어났던 주거지로 특정할 수 있는 경우는 드물고, 오히려 '의도된 화재'가 일어났던 주거지로 명시된 경우를 쉽게 찾아볼 수 있다. C1 구역 121·145·149호 주거지의 경우, 바닥면에서 부분적으로 확인된 목탄이 "주거지 해체 과정에서 발생한 부산물을 소각하는 과정에서" 발생한 것으로 보는 등 그곳에서 의도된 화재가 일어났던 것으로 보고자도 인식하였음을 알 수 있다(참고로 주거지 속성표에서 해당 주거지는 '非화재 주거지'로 되어 있다).

이처럼 중도유적의 보고서를 보면 화재 주거지가 의도된 화재의 결과일 수 있다는 인식을 확인할 수 있다. 중도유적에서 이러한 인식이 생겨난 이유는 탄화목재의 양상이 비슷한 화재 주거지 사이에서 매우 다른 유물의 출토 상황이 포착되는 점과 무관하지 않다고 생각한다. 예를 들어, A2 구역 12호 화재 주거지와 55호 화재 주거지를 살펴

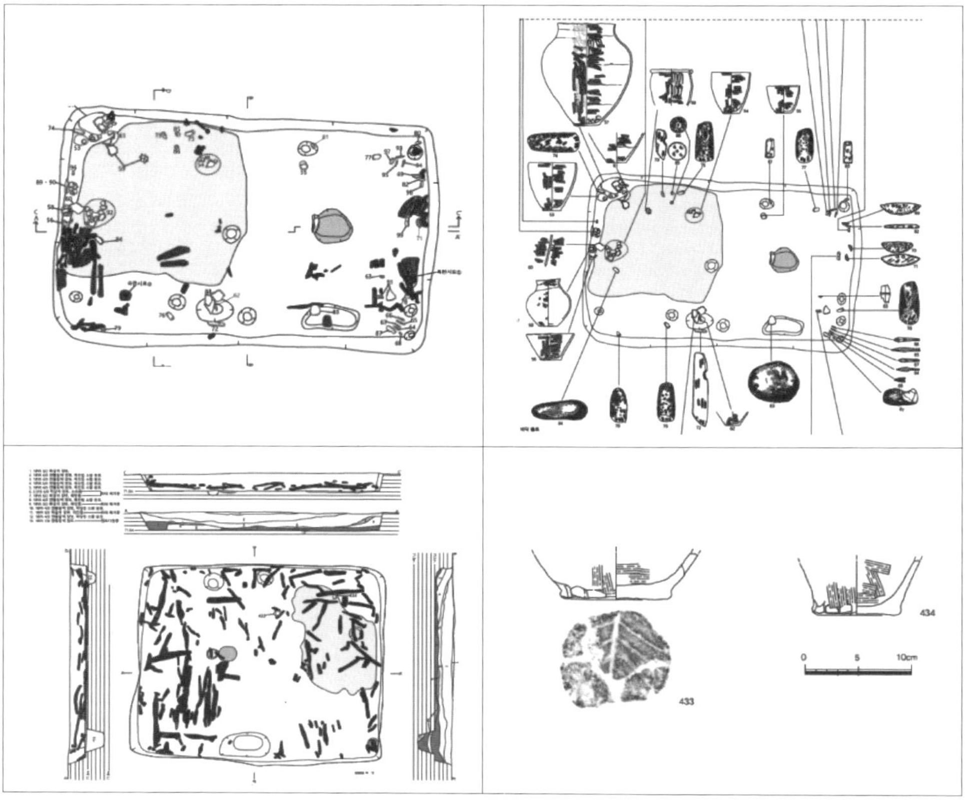

〈그림 1〉 A2구역 12호 주거지 바닥면 탄화목재 양상(왼쪽 위) 및 유물 출토 양상(오른쪽 위), A2구역 55호 주거지 바닥면 탄화목재 양상(왼쪽 아래) 및 유물 출토 양상(오른쪽 아래)

보면, 두 주거지 모두 점토다짐구역이 마련되어 있는 비슷한 규격의 화재 주거지로, 바닥면의 탄화목재를 통해 복원할 수 있는 건축 구조물의 해상도는 55호가 상대적으로 높다(그림 1, 왼쪽 위와 아래). 그러나 바닥면 유물 출토 양상을 보면 12호 주거지의 바닥면 유물은 당시의 생활 모습을 그대로 보존한 것처럼 다양한 기종의 토기와 석기가 주로 벽면을 따라 배치된 양상을 보이는 것과 달리(그림 1, 오른쪽 위), 55호 주거지에서는 토기 저부 2점만이 발견되었다(그림 1, 오른쪽 아래). 이러한 상황으로 인해 보고자는 55호 주거지에 대해 "화재 주거지임에도 불구하고, 바닥유물이 전혀 확인되지 않은 점은 주거를 화재로 폐기하기 전에 모종의 청소가 행해진 결과로 판단"하기도 했다.

물론 A2 구역 55호 주거지와 같이 유물이 극소량 출토된 사례는 사실 드물고, 대부분의 화재 주거지에서는 흔히 토기 편 1~2점과 석기 5점 이내가 바닥면에서 발견된다. 그런데 이러한 바닥면 유물의 출토 상황 역시 당시의 생활면 모습을 그대로 보존한 것

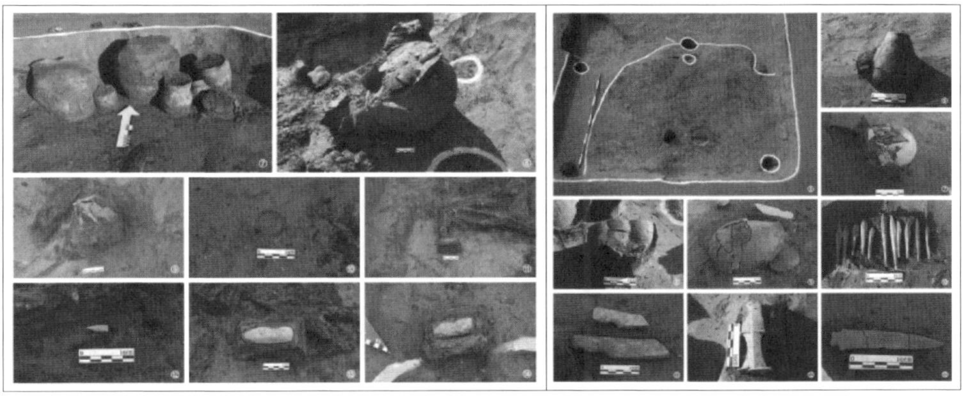

〈그림 2〉 B1 구역 129호 주거지(왼쪽) 및 150호 주거지(오른쪽) 유물 출토 상황

이라고 보기는 어렵다. 다시 말해 우발적 화재의 현장이라고 보기 어렵다. 왜냐하면 화재 주거지 중에는 B1 구역의 129·150호 점토다짐구역 주거지와 같이 온전한 상태의 토기가 여러 점 출토된 사례도 있는데(그림 2, 왼쪽과 오른쪽), 이러한 정황이야말로 해당 주거지에서 발생했던 화재가 우발적으로 일어났음을 강력하게 시사하며, 따라서 반대로 그렇지 않은 주거지에서 과연 우발적인 화재가 일어났다고 볼 수 있는지에 대한 의문이 생긴다.

그렇다면 여러 점의 온전한 토기까지는 아니지만, 도면상으로 완형 복원되는 토기 한 점 정도가 완형의 석기와 발견된 주거지는 어떻게 볼 것인가? (특수한 목적의 공간이 아니라면) 당시의 생활면에 이렇게 토기가 소량 배치되었을 가능성은 낮다고 생각된다. 따라서 화재 주거지 바닥면에서 완형 복원되는 토기가 한 점만 발견된 경우에도 우발적 화재가 아닌 의도적 화재의 결과로 보고자 한다.

정리하면 이 글에서는 사용 중인 주거지 내에서 화재 현상이 일어난 모든 주거지를 '화재 주거지'로 규정한다. 여기에는 화재가 우발적으로 일어난 주거지, 폐기를 목적으로 한 의도적 화재가 일어난 주거지, 그리고 폐기를 위해 해체한 구조물의 일부를 바닥에서 소각한 주거지 모두 포함되어 있다. 또한 화재 주거지 바닥면에서 발견된 탄화목재의 상태와 관계없이, 화재 주거지의 의도성 여부는 바닥면에서 발견된 (도면상에서) 완형 복원되는 토기의 개수에 따라 판단하였고, 도면상에서 완형 복원되는 토기가 최소한 두 점 이상이며 여러 점의 석기가 함께 발견된 경우에만 우발적 화재로 인해 폐기된 주거지일 가능성이 있는 것으로 판단하였다. 다시 말해, 완형 복원되는 토기 한 점만이 발견되는 경우에는 화재에 앞서 의도적으로 남겨졌을 가능성을 고려한 것인데, 이는 도면상에서는 완형 복원되는 것으로 제시되었으나 사실은 절반이 유

〈표 2〉 춘천 중도유적 청동기시대 화재 주거지의 화재 유형 분류안

화재 유형	특징
A	바닥면 유물 부재
B1	도면상 완형 복원 토기 부재
B2	도면상 완형 복원 토기 1점
C	도면상 완형 복원 토기 2점 이상

실된 천발 한 점이 화재 주거지에서 발견된 사례가 여러 차례 확인된 만큼, 앞서 언급했던 채프만의 '상징적이고 의도된 화재 행위의 판단 기준' 중 ⑦번 '화재 주거지 생활면에서 포착되는 유물 배치의 정형화'에 해당되는 사례로 여길 수 있다고 생각되었기 때문이다(표 2).

위와 같은 기준에 의해 '화재 현상'이 포착된 춘천 중도유적의 청동기시대 주거지를 대상으로 크게 3가지 방향으로 연구를 진행하였다. 첫째, 화재 주거지의 양상 및 화재 유형의 양상을 계량적 접근을 통해 파악하였다. 둘째, 화재 주거지의 양상 및 화재 유형의 양상을 공간적 접근을 통해 파악하였다. 이러한 '거시 단위' 연구와 더불어, 셋째, 주거지 유형별로 특정 화재 유형이 집중된 지점에 대한 미시 단위 연구를 진행하였다.

3. 청동기시대 춘천 중도유적 화재 주거지 분석

1) 화재 주거지에 대한 거시 단위 분석

중도유적의 청동기시대 주거지와 같은 대규모의 데이터 세트를 다룰 때 연구자는 흔히 일련의 속성에 기반하여 해당 데이터를 분류하고, 동일한 범주로 분류된 데이터 내의, 그리고 서로 다른 범주로 분류된 데이터 간의 차이점 및 유사점을 파악하고, 그러한 차이점·유사점을 시각화한다. 이러한 접근의 장점은 무엇보다도 데이터 세트 전체에 대한 조망을 가능하게 한다는 것이다. 물론 거시 단위에서 분석을 진행하다 보면 개별 데이터의 맥락이 간과되기도 하지만, 이러한 문제점은 해당 맥락에 대한 추가적인 유형화·속성화·시각화나 미시 단위에서 분석을 통해 충분히 보완할 수 있다. 여기서는 중도유적의 청동기시대 화재 주거지의 양상을 조망하기 위해 진행된 거시 분석 결과와 해당 결과로부터 당시 청동기시대 취락에 대한 유의미한 시사점을 확보하기 위해 진행된 추가적인 분석 결과를 제시하도록 하겠다.

(1) 주거지 유형별 화재 현상의 특징 개괄

하중도유적의 발굴조사에는 복수의 발굴전문기관이 참여하였고, 그 결과 조사 내용에 대한 보고는 하나의 공통된 틀을 따르기보다는 각 기관의 고유한 방식에 의해 이루어졌다.[8] 하지만 청동기시대 주거지에 대해서는 대체로 공통된 유형화의 방식이 도입되었으며, 이 글에서도 해당 유형화의 방식을 적용하였다. 즉, 중도 LEGOLAND KOREA 발굴 보고서에 제시된 4개의 주거지 유형별로 화재 주거지의 빈도, 화재 주거지의 특징, 화재 주거지의 분포를 분석하였다.[9]

8 예를 들어, '고찰' 부분에 제시된 각 구역 주거지 속성표 참고.

9 주거지의 유형 판단이 어려운 경우는 1절의 분석에서 제외시켰다. 따라서 1절의 유형별 주거지 및 화재 주거지 수치의 총합은 머리말에서 언급된 분석대상 주거지 및 화재 주거지의 개수와 일치하지 않는다.

① I유형 화재 주거지

중도유적에서는 (장)방형 평면, (석상)위석식 노지, 무시설 바닥을 가지며 (절상)돌대문토기가 출토된 청동기시대 주거지가 'I유형'으로 설정되었다. I유형의 청동기시대 주거지는 총 46기이며, 그중 화재가 확인된 주거지는 12기이다. 이러한 I유형 주거지의 화재 비율은 28%로, 4개의 유형 중에서 가장 높은 수치이다. (초대형 주거지를 제외하면) 방형 주거지와 장방형 주거지에서 화재 현상이 균질하게 확인되며, 하천과 평행 배치된 주거지와 직교 배치된 주거지 모두에서 화재 현상이 확인된다. 또한 I유형 주거지로 구성된 취락의 조성 범위 전역에서 화재 현상이 확인된다(그림 3).

I유형 주거지의 화재 유형을 보면, 도면상 완형 복원되는 토기가 2점 이상 출토된 C유형 화재 주거지가 5기(42%) 확인되었다. 또한 완형 복원되는 토기가 1점인 B2유형 화재 주거지는 3기 확인되었는데, 사실 이 경우에도 기형 파악이 가능한 토기까지 포

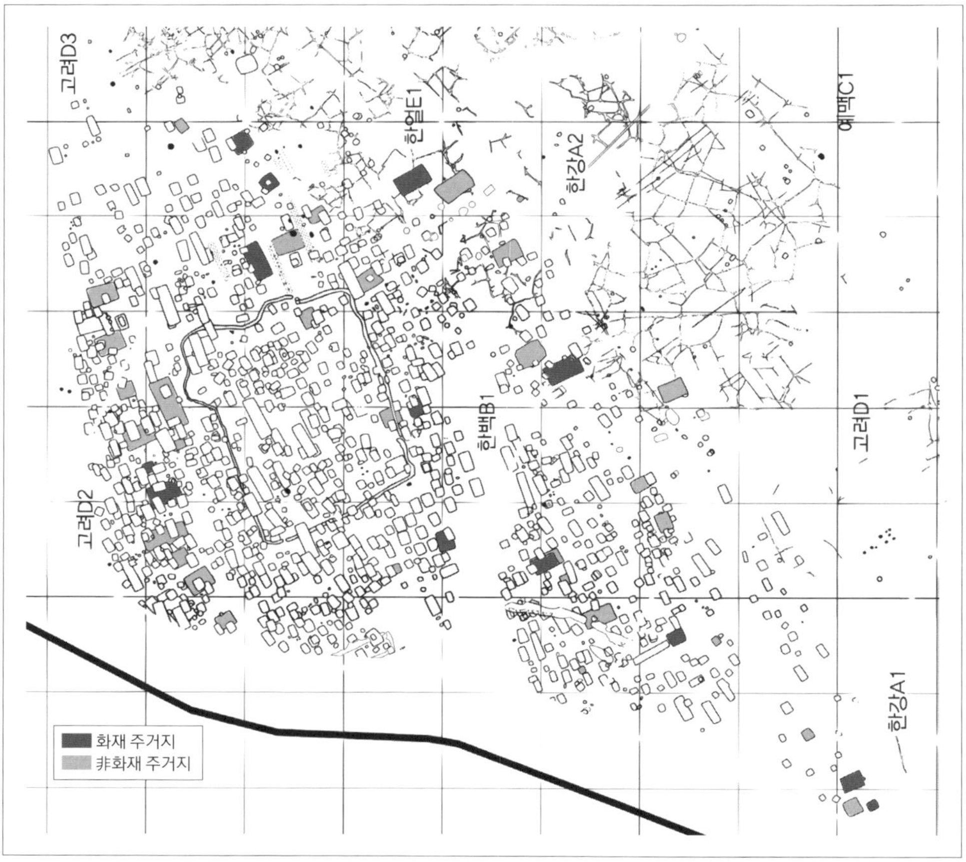

〈그림 3〉 춘천 중도 I유형 주거지의 화재 및 非화재 주거지 분포 양상

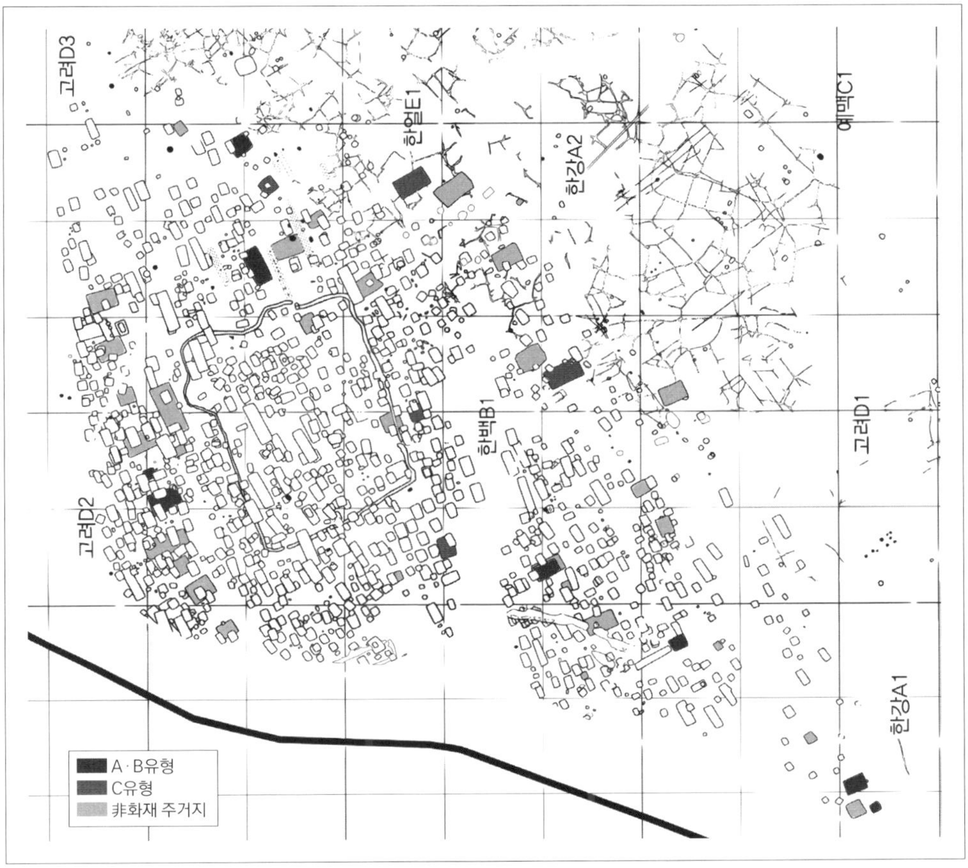

〈그림 4〉 춘천 중도 I유형 주거지의 화재 유형별 분포 양상

함하면 'C유형'으로 분류해도 무방하다. 그리고 C유형 화재 주거지는 I유형 주거지로 구성된 취락의 조성 범위 전역에서 확인된다(그림 4). 따라서 만약 C유형 화재를 '우발적 화재'로 해석한다면, 중도에 가장 먼저 마을을 조성했던 돌대문토기 사용 집단이 우발적 화재가 빈번하게 일어나는 사회적 상황에 놓여 있었음을 알 수 있다.

② II유형 화재 주거지

중도유적에서는 무시설식(수혈식·평지식) 노지와 무시설 바닥을 가진 청동기시대 주거지가 'II유형'으로 설정되었다. 또한 이러한 II유형 주거지는 흔히 (장)방형 평면에 (절상)돌대문토기가 출토된 경우와 (장)방형 평면에 공렬토기가 출토된 경우로 세분된다. II유형의 청동기시대 주거지는 총 296기이며, 그중 화재 현상이 확인된 주거지는 34기이다. 이러한 II유형 주거지의 화재 비율은 11%로, 4개의 유형 중에서 세 번째

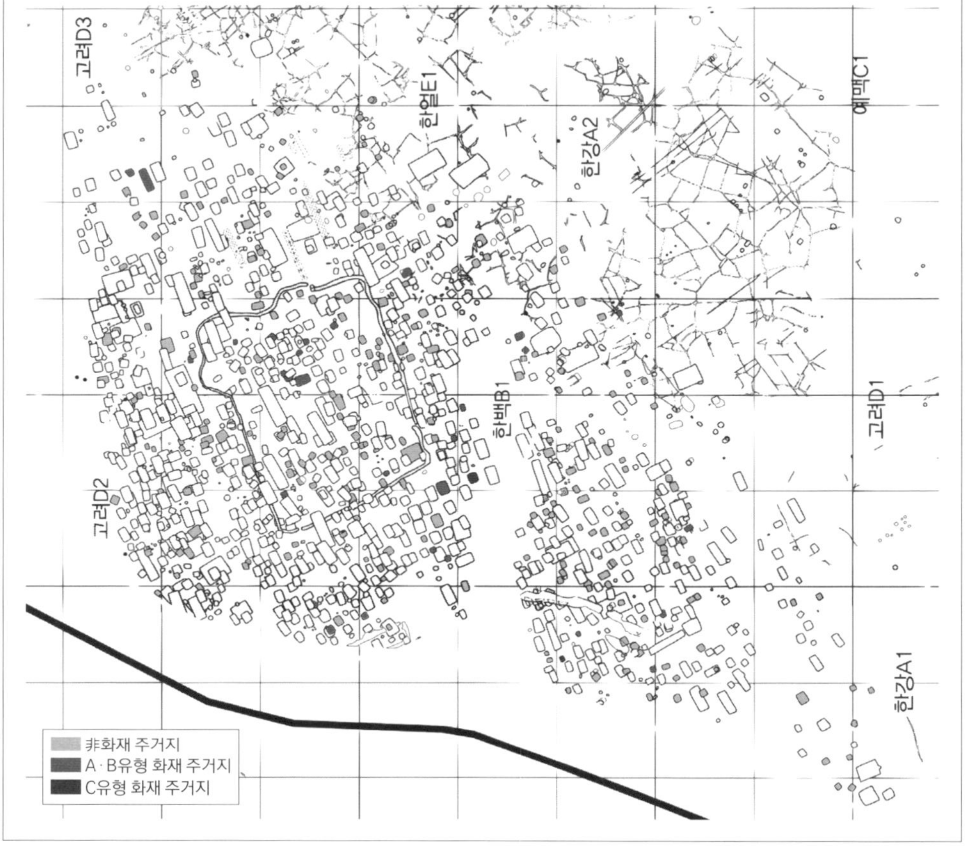

〈그림 5〉 춘천 중도 II유형 주거지의 화재 유형별 분포 양상.

로 높은 수치이다. (D2·3구역 193호 화재 주거지를 제외하면) Ⅱ유형 화재 주거지와 非화재 주거지의 면적 및 장단비는 유사한 것으로 확인된다. 또한 Ⅱ유형 주거지로 구성된 취락의 조성 범위 전역에서 화재 현상이 확인된다(그림 5).

Ⅱ유형 주거지의 화재 유형을 보면, C유형 화재 주거지가 2기(7%) 확인된다. B1구역 192호 주거지와 C1구역 20호 주거지인데, 이 중 후자는 오강원 편년안에서는 '1단계'로 비정된 주거지이다. 반면, 도면상 복원 가능한 토기가 부재한 B1유형 화재 주거지는 23기, 바닥면 유물이 부재한 A유형 화재 주거지는 2기 확인되었는데, 이는 74%에 해당되는 수치이다. 따라서 Ⅰ유형과 동일한 단계에 해당되는 일부 화재 주거지를 제외하면, Ⅱ유형 화재 주거지에 속해 있던 마을에서의 화재의 경험은 앞선 시대에 조성되었던 (Ⅰ유형) 마을과 많이 달랐음을 알 수 있다.

③ Ⅲ유형 화재 주거지

중도유적에서는 바닥에 점토다짐구역이 확인된 청동기시대 주거지가 'Ⅲ유형'으로 설정되었다. 또한 이러한 Ⅲ유형 주거지는 평면이 장방형인 경우와 세장방형인 경우로 다시 세분화되기도 한다. Ⅲ유형의 청동기시대 주거지는 총 543기이며, 그중 화재 현상이 확인된 주거지는 106기이다. 이러한 Ⅲ유형 주거지의 화재 비율은 20%로, 4개 유형 중에서 두 번째로 높은 수치이다. 다만 그 면적이 60m² 이상인 Ⅲ유형 주거지 경우, 27기 중 11기의 주거지에서 화재 현상이 확인된다. 또한 환호가 위치한 중심 취락군과 그 남쪽(C구역)의 취락군을 비교해 보면, 전자에서 화재 주거지가 더 높은 밀도로 확인된다(그림 6).

Ⅲ유형 주거지의 화재 유형을 보면, B1유형과 B2유형 화재 주거지는 각각 52기(49%)와 35기(35%) 확인된다. 반면 C유형 화재 주거지는 18기(17%)만 확인된다. 그 빈도가 결코 높지 않은 이러한 C유형 화재 주거지와 관련해서는 두 가지 흥미로운 점이 포착된다. 첫째, 위에서 언급했듯이 60m² 이상의 대형 주거지인 경우에는 Ⅲ유형

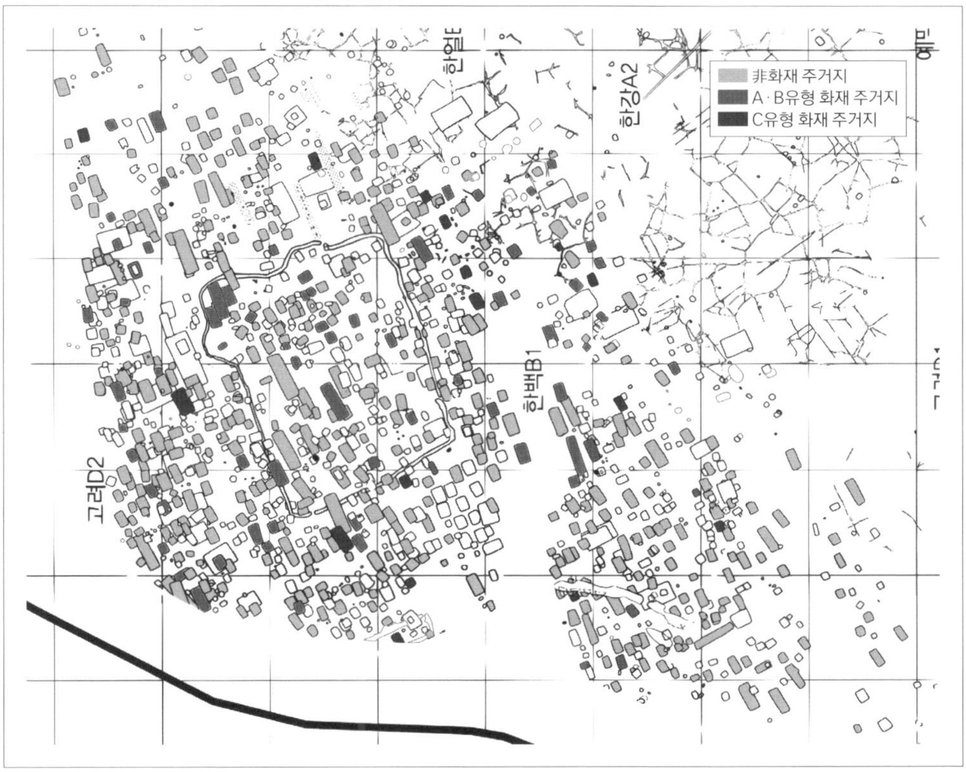

〈그림 6〉 춘천 중도 Ⅲ유형 주거지의 화재 유형별 분포 양상

주거지의 화재 비율이 41%에 달한다. 그런데 이러한 대형 화재 주거지에서 C유형은 빈도는 매우 낮다.[10] 둘째, 환호의 내부에서 화재 주거지는 확인되나, C유형 화재 주거지는 환호 외부에서만 발견된다(그림 6). 이는 환호 내부의 공간은 (환호 시설이 존속했던 동안 혹은 그 이후에도) 우발적 화재 등의 사고가 일어날 가능성이 낮은 더 잘 '관리·통제'된 공간이었을 가능성을 시사한다.

④ Ⅳ유형 화재 주거지

중도유적에서는 노지가 설치되지 않았으나 그 규모와 형태로 보았을 때 주거 혹은 그 외의 기능을 갖춘 건축물을 'Ⅳ유형'으로 설정하였다. Ⅳ유형 청동기시대 주거지는 총

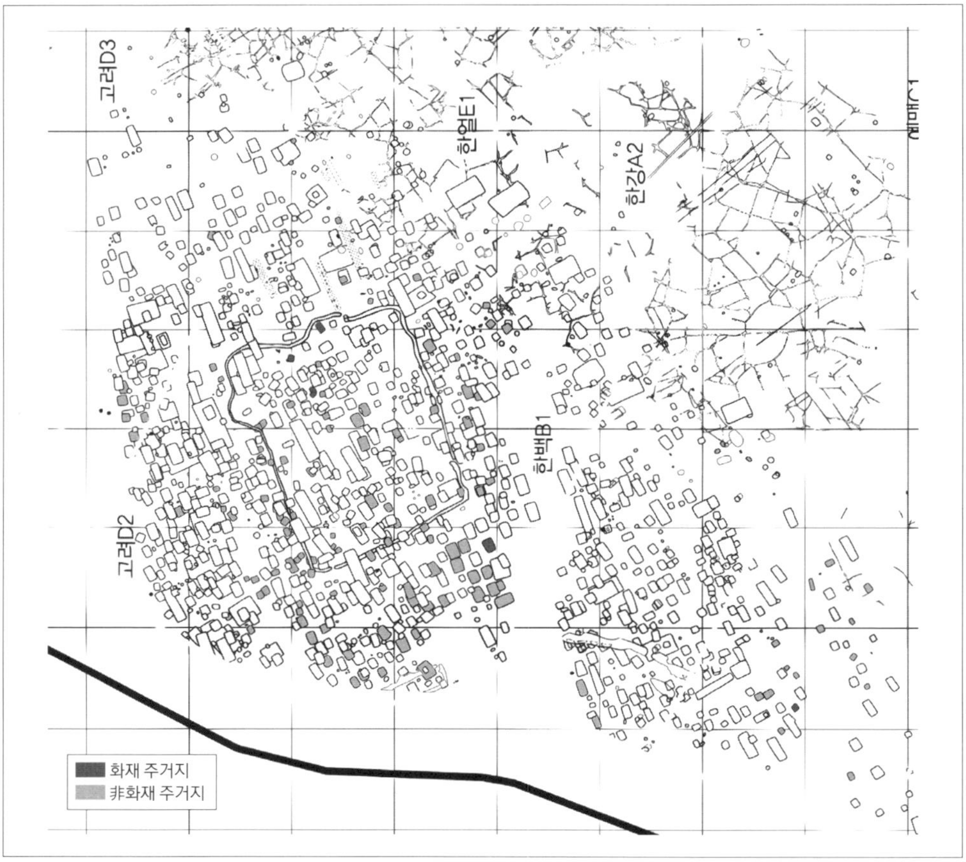

〈그림 7〉 춘천 중도 Ⅳ유형 주거지의 화재 및 非화재 주거지 분포 양상

10 B1구역 101호 주거지, D2·3구역 97호 주거지.

145기, 그중 화재 현상이 확인된 주거지는 6기이다. 이러한 Ⅳ유형 주거지의 화재 비율은 4%로, 4개의 유형 중에서 가장 낮은 수치이며, 그나마 면적 10m² 전후의 소형 주거지에서 화재의 빈도가 높은 편이다. Ⅳ 유형 화재 주거지는 환호가 위치한 중심 취락군과 그 남쪽(C구역)의 취락군에서 모두 확인된다(그림 7).

Ⅳ유형 주거지의 화재 유형으로는 바닥면 유물이 부재한 A유형(2기)과 도면상 완형 복원 토기가 부재한 B1유형(3기)만이 확인되었다. 이는 Ⅱ유형 및 Ⅲ유형 화재 주거지에서 관찰되는 것과도 다른 양상으로, 노지가 설치되지 않은 Ⅳ유형 '주거지'가 노지가 설치된 동시기의 주거지와는 그 성격이 달랐음을 시사한다.

(2) 화재 주거지에 대한 추가 분석

화재 주거지에 관한 상기의 유형별 분석 결과를 통해 중도유적에서 포착된 '화재 현상'에 대한 전반적인 이해는 확보할 수 있다. 그러나 그러한 '화재 주거지'에 대한 이해가 중도의 '청동기시대 취락'에 대한 이해로 연결된다고 볼 수는 없다. 따라서 중도의 청동기시대 취락의 주된 연구 주제와 연계해서 화재 주거지에 대한 추가적인 분석을 진행하였다.

① 돌대문토기 출토 Ⅱ유형 주거지의 화재 비율

중도유적의 청동기시대 주거지 유형 중 (석상)위석식 노지와 (절상)돌대문토기가 확인된 'Ⅰ유형'은 시간성을 내포하는 유형으로 인식되고 있다. 즉, 중도유적의 첫 번째 장기 점유 단계를 반영하는 것으로 이해되고 있다. 또한 'Ⅱ유형' 하위의 세부 유형 중 장방형 평면에 돌대문토기가 출토된 주거지 세부 유형이 Ⅰ유형과 같은 단계에 속해 있는 것으로 보는 경향이 있다.[11]

그런데 Ⅱ유형의 돌대문토기가 출토 주거지 26기를 보면 화재 현상이 확인되는 주거지는 1기에 불과하며(A2구역 67호), 이 경우에도 '화재 주거지'라기보다는 폐기 이후 자연 방치되었던 주거지의 터에서 소각 행위가 일어났던 것으로 보인다.[12] 이렇듯 Ⅰ유형 주거지와 Ⅱ유형의 돌대문토기 출토 주거지에서 포착되는 화재 현상이 그 빈도나 성격에서 극명한 차이를 보이는 만큼, 그 둘을 동일한 범주(그것이 시간적 범주이든 문화적 범주이든)에 포함하는 것이 과연 타당한지에 대한 재고가 필요해 보인다.

11 예를 들어, E1구역 고찰. 춘천 중도동유적 연합 발굴조사단, 2020, 『春川 中島洞遺蹟 : 춘천 중도 LEGOLAND KOREA Project A~H구역·순환구역 내 유적 발굴조사 통합보고서』, 강원중도개발공사, 321쪽.

12 중도유적의 청동기시대 주거지에서 확인된 다양한 화재 현상에 대해서는 다음 장에서 살펴보도록 하겠다.

② 공렬토기 출토 Ⅱ유형 주거지의 화재 비율

중도유적 청동기시대 취락의 단계 설정과 관련해서, 대다수 연구자는 '전형적인 전기 주거지의 부재'로 취락 점유의 공백기를 상정하고 있다. 즉, 돌대문토기가 출토된 주거지와 그렇지 않은 주거지 사이에는 '문화적' 단절뿐만 아니라 '시간적 단절'도 존재하는 것으로 보고 있다. Ⅱ유형 주거지를 놓고 보면, 돌대문토기 출토 주거지와 공렬토기 출토 주거지 사이에 문화적·시간적 단절이 존재한다는 것인데, 앞서 살펴보았듯이 화재 주거지의 비율에서는 실제로 명백한 차이가 확인된다. 즉, Ⅱ유형의 돌대문토기 출토 주거지에서는 화재 현상이 거의 확인되지 않은 것과 달리, Ⅱ유형의 확실한 공렬토기 출토 주거지 47기 중 6기가 화재 주거지인 것으로 확인되었다. 이러한 화재 비율의 차이가 지니는 의미는 향후 춘천분지의 다른 유적에서의 화재 현상 빈도와의 비교를 통해 드러날 것으로 기대된다.

③ Ⅲ유형 장방형주거지와 세장방형주거지의 화재 비율

중도유적에서 점토다짐구역이 조성된 'Ⅲ유형' 주거지는 바닥 평면이 세장방형인 세부 유형과 (장)방형인 세부 유형으로 나누어진다. 장방형 주거지는 총 526기 중 화재 주거지는 102기이고, 세장방형 주거지 17기 중 화재 주거지는 4기이다. 화재 비율로 보면 각각 19%와 24%로 세장방형 주거지가 약간 높다. 한편, 앞서 언급했듯이 면적이 60m^2 이상인 Ⅲ유형 주거지에서는 화재 비율이 52%로 확인되었다. 따라서 Ⅲ유형 주거지에서는 화재 현상이 특정 형태의 주거지보다는 특정 규모 이상의 주거지와 높은 상관관계를 보인다는 사실을 알 수 있다.

④ 凸자형 주거지의 화재 비율

중도유적에서는 특이하게도 凸자형의 평면을 가진 주거지가 7기 확인되었다(A2구역 14·17·54호, D1구역 49호, D2·3구역 28·185·187호). 발굴 기관에 따라 노지가 있는 凸자형 주거지를 범주화하는 방식이 달라서[13] 이 형태의 주거지는 상기의 유형별 분석에 포함시키지 않고, 별도로 살펴보았다. 왜냐하면 凸자형 주거지 중 노지가 설치된 6기의 주거지 중 3기(A2구역 14·17호, D2·3구역 185호)에서 화재 현상이 확인되었기

13 예를 들어, D1구역과 D2·3구역에서는 凸자형 주거지 중 노지가 있는 경우는 'Ⅱ유형'의 세 번째 세부 유형으로, 그리고 노지가 없는 경우는 'Ⅳ유형'으로 분류한 것과 달리, A2구역 주거지의 경우에는 보고자가 노지가 설치되지 않은 주거지(즉, 다른 구역의 'Ⅳ유형' 주거지)는 없다고 판단하고, 노지가 있는 凸자형 주거지를 'Ⅳ유형'으로 설정하였다.

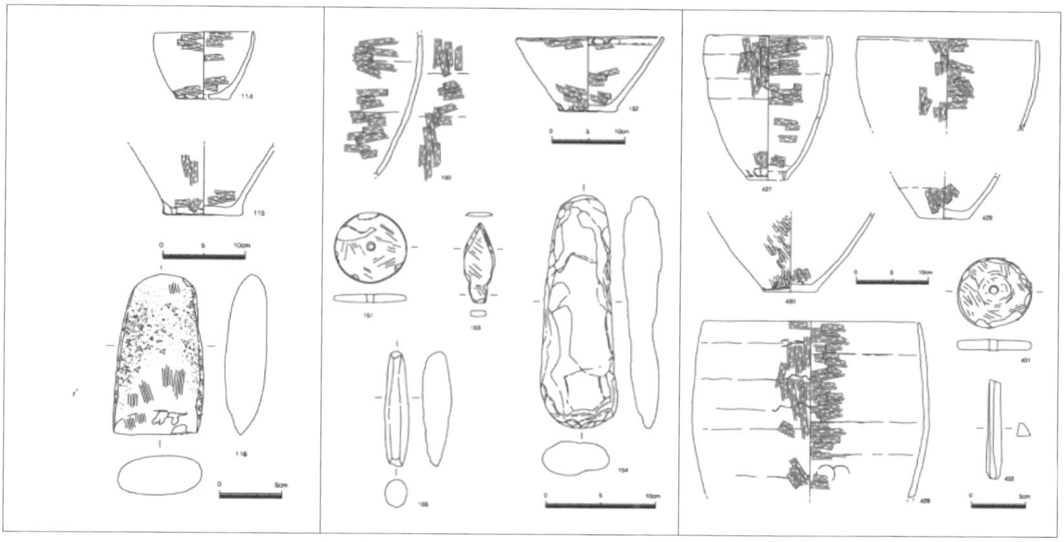

〈그림 8〉 凹자형 주거지 중 14호(왼쪽)·17호(가운데) 화재 주거지 및 非화재 주거지(오른쪽)의 유물 출토 양상

때문이다.

이 중 A2구역 14·17호는 B2유형 화재 주거지로, D2·3구역 185호는 C유형 화재 주거지로 분류된다. 두 개의 B2유형 화재 주거지는 강한 유사성을 보이면서, 또 한편으로는 凹자형의 非화재 주거지와는 차이점을 보인다. 즉, A2구역 14·17호 주거지에서는 공통적으로 절반이 유실된 천발 1점씩이 수혈 내부에서 출토되었다. 그 외에 토기편 한두 점, 그리고 석기가 소량 공반되었다(그림 8, 왼쪽 및 가운데). 반면 화재의 흔적이 확인되지 않는 A2구역 54호 주거의 경우 B2유형 화재 주거지와 마찬가지로 도면상 완형 복원 가능한 토기 1점과 일부 석기 및 토기 편이 출토되었으나, 그 맥락을 보면 화재 주거지와 달리 도면상 완형 복원 가능한 토기 1점을 비롯한 대부분의 유물이 주거지 수혈이 아닌 내부 퇴적토에서 출토된 것임이 확인된다(그림 8, 오른쪽). 다시 말해, 凹자형 평면 주거지만을 보았을 때, B2유형 주거지의 유물 출토 맥락이 非화재 주거지와 다른 만큼 화재 행위와 관련된 유물 매납의 '의도성'을 시사하는 것으로 이해할 수 있다.

또한 C유형의 D2·3구역 185호 화재 주거지는 '우발적 화재'의 명백한 사례로 간주할 수 있는 양상을 보여주고 있다. 7점 이상의 토기가 저장공 내부에 박혀 있는 상태로 발견되었고, 석기도 일부는 내부 퇴적토가 아닌 저장공 내부에서 출토되는 등 당시 생활면의 모습을 마치 '폼페이 유적'과 유사한 방식으로 보존하고 있어서, '우발적 화재'의 모습이 고고학적으로 어떻게 나타나는지, 그리고 B2유형 화재 주거지가 왜 '우발적 화재'의 결과로 보기 어려운지 알려주고 있다.

⑤ 중도 청동기시대 취락의 통시적 흐름 속에서의 화재 주거지

중도에 조성되었던 청동기시대 취락의 분기설정에 대해서는 상반되는 의견이 존재한다. 대부분의 연구자는 주거지 속성(노지, 점토다짐구역 등) 및 유물을 분기 설정의 기준으로 삼고, 그에 입각하여 돌대문토기 출토 주거지의 폐기 이후 일정 기간의 공백이 있었던 것으로 보고 있다.[14] 하지만 한편으로는 탄소연대에 입각하여 중도 청동기시대 취락의 지속적 점유의 가능성도 제기된 바 있다.[15] 서로 다른 두 의견은 단순히 자료에 대한 해석의 차이라기보다는, 고고학 자료로부터 문화적·시간적·기능적 차이의 유추, 편년 관련 연구에서 탄소연대의 역할 등과 같은 고고학의 본질적인 문제들과 결부된 만큼 중도 청동기시대 취락의 분기설정에 관한 이견은 쉽게 좁혀지지 않을 것으로 예상된다. 따라서 당분간은 중도 청동기시대 취락의 통시적 흐름에 대해서는 2개의 시나리오가 유지될 것으로 보이는데, 이러한 상황에서 각각의 시나리오 속에서 화재 주거지의 양상을 파악하는 연구가 새로운 시사점을 제공할 수 있을 것으로 기대된다.

2) 화재 주거지에 대한 미시 단위의 분석: 화재 현장의 역사 분석

(1) I유형 주거지 중 C유형 화재 주거지의 현장

춘천 중도유적의 I유형 주거지는 하천과 평행하게 3개의 열이 배치되어 분포한다. C유형 화재 주거지의 경우, 이 중 하천과 가장 멀리 떨어져 있는 열과 가운데 열에서 확인되는데, 흥미로운 것은 C유형 화재 주거지인 E1구역 202호, C1구역 163호, B1구역 203호가 각각 非화재 주거지인 A2구역 33호, A2구역 44호, B1구역 58호와 일정한 거리에서 동일한 축을 따라 마치 세트와 같은 모습으로 병렬적으로 배치되어 있다는 점이다(그림 4).

E1구역 202호-A2구역 33호 주거지, C1구역 163호-A2구역 44호 주거지, B1구역 203호-B1구역 58호 주거지의 병렬적 배치가 유의미한 패턴인지, 아니면 우연의 결과인지를 현재로서는 판단하기 어렵다. 다만 화재 주거지와 세트를 이루는 A2구역 33호

14 예를 들어, 吳江原, 2023, 「춘천 중도 청동기시대 주거지군의 획기와 전개」, 『湖西考古學』 54.

15 예를 들어, 김세진, 2021, 「북한강유역 청동기시대 대형 취락의 형성 과정에 관한 연구」, 서울대학교 석사학위논문.

에는 주거지가 자연 폐기된 후 목탄이 유입된 정황이 보이는 반면, A2구역 44호와 B1구역 58호 주거지에서는 목탄이 발견되지 않아 모든 세트가 동일한 양상을 보인다고 말하기는 어렵다. 향후 춘천분지의 다른 유적에서 확인된 I유형 주거지 중 C유형 화재 주거지에 대한 면밀한 조사를 진행할 때 이렇게 非화재 주거지와 세트를 이루는 패턴이 관찰되는지에 주목할 필요가 있다.

(2) 화재 주거지의 자리에 또다시 주거지가 조성된 현장

춘천 중도의 청동기시대 마을에서는 총 21기의 선축 화재 주거지가 후축 주거지에 의해 일부 파괴된 정황이 확인되었다. 선축 화재 주거지 중 6기는 I유형, 4기는 II유형, 그리고 11기는 III유형에 해당되는데, 주거지 유형별로 특징적인 중복 양상이 확인되므로 각각에 대해 살펴볼 필요가 있다.

첫째, 선축 화재 주거지가 I유형인 경우에는[16] 후축 주거지가 모두 III유형에 해당된다. 따라서 I유형 주거지의 경우, 화재 주거지가 있던 자리에 또다시 주거지가 조성된 것은 '의도된' 행위라기보다는 시간적 단절 속에서 일어난 우연의 산물로 볼 수 있다.

둘째, 선축 화재 주거지가 II유형인 경우에는[17] 모두 환호 시설 내부 공간에 자리 잡고 있다(그림 9). II유형 선축 화재 주거지는 공렬문토기가 출토되지 않은 B1·B2유형의 화재 주거지에 해당되며, 후축 주거지는 모두 III유형의 非화재 주거지이다. II유형 화재 주거지의 경우, 환호 시설 내부 공간에 위치한 화재 주거지의 자리에서만 이렇게 또다시 주거지가 조성된 것은 해당 장소에 대한 높은 선호도의 결과라고 판단된다. 실제로 환호 시설 내부 공간에서는 그 외부보다 주거지의 중복이 더 높은 빈도로 나타난다.

셋째, 선축 화재 주거지가 III유형인 경우에는[18] 대체로 환호 시설 내부 공간 및 환호 시설 외부 인근에 자리 잡고 있다(그림 9·10). 환호 시설 내부 공간에서는 II유형 선축 화재 주거지의 경우와 마찬가지로 북쪽 절반 구역에서만 III유형 선축 화재 주거지가 분포하고 있다. 그리고 환호 시설 외부 공간에서는 남동-남서쪽의 환호 시설에 인접해서만 III유형 선축 화재 주거지가 분포하고 있다. 중복 화재 주거지의 이러한 분포 양상이 '우연'의 결과인지 '의도'의 결과인지를 판단하기가 쉽지 않다. 다만 환호가

16 B1구역 171·203호, C1구역 68호, E1구역 221·230·261호 주거지.

17 E1구역 34·124·125·129호 주거지.

18 A2구역 69호, B1구역 101·121·161·219호, C1구역 21·31·106·145·147·151, E1구역 75·117·137·139·141·273·275호 주거지.

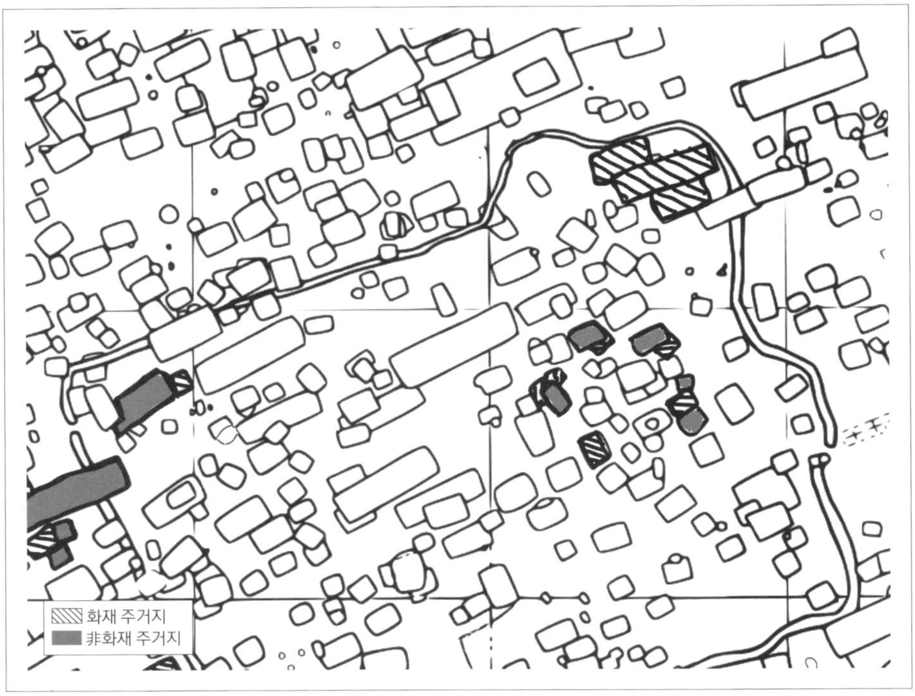

〈그림 9〉 춘천 중도유적 청동기시대 환호 시설 내부 지역의 북쪽 절반 내에 위치한 선축 화재 주거지의 중복 양상

〈그림 10〉 춘천 중도유적 청동기시대 환호 시설의 남쪽 외곽에 위치한 선축 화재 주거지의 중복 양상

조성되었던 중심 취락의 남쪽에 위치한 취락(C1·D1구역)에서 Ⅲ유형 중복 화재 주거지가 전혀 발견되지 않는다는 사실은 '의도성'의 가능성을 시사한다.

(3) 화재 주거지가 자연 방치된 현장

Ⅲ유형의 A2구역 16호 주거지는 다량의 완형복원 토기, 석기, 청동추 등이 발견된 C유형 화재 주거지로, 층위의 퇴적 양상을 보면 화재 이후에 자연 방치되었음을 알 수 있다. 반면, 바로 인접한 A2구역 31호 화재 주거지(A유형)의 경우에는 화재 이후 자연 방치된 상태에서 다량의 목탄이 유입되는 등 폐기장으로 사용되었다. 자연 방치된 화재 주거지가 이렇게 다량의 목탄이 유입된 폐기장으로 재사용된 사례는 A1구역 5·7호, C1구역 39호에서도 확인되었고, 화재 주거지가 자연 방치 후 소각장으로 사용된 경우는 C1구역 67·75·122호, 예맥에서 2012년에 조사한 14·16·29호에서 확인된 바 있다.

이렇듯 화재 주거지가 폐기장이나 소각장으로 재사용되는 현상이 높은 빈도로 나타나는 것은 아니다. 따라서 A2구역 31호에서 확인된 '다량의 목탄이 유입된 폐기장으로의 사용' 현상의 원인을 해당 주거지의 '화재 주거지로서의 성격'보다는 그것의 '입지'와 관련해서 살펴볼 필요가 있다. 왜냐하면 A2구역에서는 非화재 주거지인 15호가 자연 방치 후 소각장으로 사용되거나, 非화재 주거지 19·27·29·34·42·48·63호가 폐기장으로 사용되었기 때문이다. 또한 이 중 19·29·48호 주거지에서는 A2구역 31호 주거지와 마찬가지로 폐기장으로 다량의 목탄이 유입된 정황도 확인되었다.

〈그림 4〉의 유구 배치도를 보면 A2구역의 돌대문토기 사용 집단의 마을이 이후에 조성된 청동기시대 마을의 변방임을 알 수 있다. 따라서 A2구역에서 이렇게 소각장, 폐기장으로 재사용된 주거지가 높은 빈도로 확인되는 것은 해당 구역의 '변방적 장소성'에서 기인한 것으로 조심스럽게 유추할 수 있다. 다만 현재로서는 A2구역 이외의 구역에서도 非화재 주거지가 얼마나 높은 빈도로 폐기장, 소각장으로 재사용되었는지를 파악하지 못한 상황이므로 위와 같은 해석이 추후에 수정될 수 있음을 밝히는 바이다.

4. 화재를 통해 본 중도유적 청동기시대 마을의 역사

중도에 처음으로 정착했던 청동기시대 주민은 장방형 혹은 방형의 평면에 돌을 이용하거나 별다른 시설이 없는 노지가 설치된 집에서 거주하였다. 다양한 크기(7~179m²)의 이러한 집들은 열을 이루어 청동기시대 마을을 형성했다. 흥미롭게도 마을을 이루었던 집들의 30% 정도는 화재로 폐기되었는데, 그중 절반 정도에서는 토기, 석기 등 생활 집기가 사용 당시의 모습을 유추할 수 있는 상태로 발견되었다. 화재로 폐기되었던 주거지 중 절반 정도가 후대의 활동으로 훼손되었던 점을 감안하면, 이렇게 삶의 현장 모습을 그대로 간직하고 있던 집에서 화재가 일어난 경우는 더 많았을 수도 있다. 그렇다면 이러한 경우, 화재는 어떠한 상황 속에서 발생했던 것인가? 생활 집기를 그대로 둔 채 집에 의도적으로 불을 지르는 의례 행위의 가능성을 배제할 수 없겠지만, 화재는 우발적으로 발생했던 것으로 보인다. 즉 돌대문토기를 사용했던 주민이 거주했던 중도의 청동기시대 마을에서는 갑작스러운 화재가 많이 발생했다는 것이다.

대부분의 연구자는 돌대문토기 사용 집단에 의한 점유 이후, 중도에는 한동안 아무도 살지 않았다고 보고 있다. 그런데 이처럼 공백기를 설정하고자 한다면 그 원인에 대한 심도 있는 고민이 동반되어야 할 것이다. 이와 관련해서 이 연구를 통해 밝혀진 돌대문토기 단계 마을의 높은 우발적 화재 발생률은 하나의 실마리를 제공할 수 있다고 생각한다. 다만, 중도에 한동안 사람들이 살지 않았던 이유를 우발적 화재와 연관시키고자 한다면 그에 앞서 점유의 단절이 보이지 않는 춘천분지의 다른 청동기시대 유적에서 돌대문토기 사용 집단 주거지의 우발적 화재 발생률이 어떠한지를 비교 검토해 볼 필요가 있다.

돌대문토기 단계 마을(중도의 '이른 청동기시대 마을')의 뒤를 이어 조성된 청동기시대 마을(중도의 '늦은 청동기시대 마을')을 보면 마을 공간의 관리, 공간 사용과 관련된 모종의 사회적 합의가 존재했음을 시사하는 현상들이 확인된다. 우선 Ⅲ유형 주거지만을 놓고 보면, 주거지가 높은 밀도로 분포하고 있음에도 불구하고 중복의 사례가 의외로 적다는 것을 알 수 있다(그림 6). 또한 주거지의 중복이 일어난 경우에도 후축 주거지와 선축 주거지의 축과 대체로 동일하며 기존 집터를 인지하면서 집을 새롭게 지었다는 인상을 주는 정황들이 확인된다.[19] 따라서 이 경우에는 한정된 공간 내에서 사람들이 모여 살면서 마치 오늘날의 재건축과 같은 행위가 일어났던 것으로 생각해 볼 수 있다.

중도의 '늦은 청동기시대 마을'에서 주거지의 중복이 집중적으로 확인되는 곳은 두 군데이다. 하나는 환호 시설 내부 공간이고, 또 하나는 환호 시설의 남서쪽 외곽의 하천에 인접한 공간이다. 주거지의 중복 현상을 공간에 대한 집중적 사용의 결과라고 본다면, 우선 환호 시설 내부 공간이 마을 사람들에게 중요한 장소로 인식되었던 것이라고 할 수 있다. 그리고 그러한 장소성은 환호의 사용 기간과 별개로 바라보아야 한다. 왜냐하면 해당 장소가 중요했기 때문에 그곳에 환호가 설치되었던 것이고, 환호가 사용되었던 기간은 말할 것도 없고, 환호 시설이 더 이상 유지되지 않았다고 해도 해당 장소의 중요성이 쉽게 사라지지는 않았을 것이기 때문이다. 환호 시설의 남서쪽 외곽의 경우, 이곳은 중도의 '이른 청동기시대 마을'에서 주거지가 가장 높은 밀도로 조성된 곳이기도 하다. 따라서 이른 단계이든, 늦은 단계이든, 중도의 청동기시대 사람들은 이 장소를 거주 구역으로 선호했음을 알 수 있다.

두 장소가 중요하게 여겨졌음은 화재 주거지의 양상을 통해서도 확인된다. 앞서 언급했듯이, 환호 시설 내부에서는 이 글에서 우발적 화재를 나타내는 것으로 상정한 C 유형 화재 주거지는 발견되지 않았고, 환호 시설의 남서쪽 외곽 지역에서도 C유형 화재 주거지는 1기만 확인되었다. 그리고 환호 시설 내부의 B유형 화재 주거지 중 절반 정도에서는 그 자리에 주거지를 새로 지었다. 그렇다면 환호 시설 내부와 환호 시설의 남서쪽 외곽 지역 등에서 확인된 B유형 화재 주거지를 어떻게 이해할 것인가? 실용적 관점에서는 집의 철거를 위해 불을 질렀을 가능성을 생각해 볼 수 있는데, 보고서에서도 "주거지 해체 과정에서 부산물을 소각"하는 행위가 일어났음을 언급한 사실이 주목된다. 그런데 실용적 목적으로 폐기할 집에 불을 붙인 행위는 의례적 의도도 충분히 동반했을 수 있다. 중도유적의 일부 B유형 화재 주거지에서 반파된 천발이 종종 확인되는데, 이것이 의례적 공헌의 흔적인지는 앞으로 주의 깊게 살펴볼 필요가 있겠다.

이 글에서는 이렇듯 화재 주거지의 양상에 입각해서 환호 시설 내부 및 환호 시설의 남서쪽 외곽을 중도에 조성되었던 '늦은 청동기시대 마을'의 '중심부'로 보고자 한다. 그렇다면 이 마을의 '주변부'는 어디였는가? 〈그림 6〉의 분포도를 보면 알 수 있듯이,

19 다만 중복 주거지에서 후축 주거지가 Ⅳ유형인 경우에는 다소 무질서한 양상이 관찰된다(그림 8 오른쪽).

중도의 ‘늦은 청동기시대 마을’에서 C유형 화재 주거지가 주로 발견된 곳은 마을의 북동쪽, 즉 하천과 가장 멀리 떨어져 있는 곳이다. A2구역과 E1구역 중 환호 시설보다 북동쪽에 있는 공간이 이에 해당된다. 그런데 앞서 언급했듯이 A2구역에서는 폐기 후 방치 주거지가 소각장 혹은 폐기장으로 사용된 사례가 많이 확인되었다. 따라서 마을 운영의 관점에서 보았을 때에는 ‘관리의 실패’를 나타내는 우발적 화재가 많이 일어나고, 마을의 쓰레기를 처리하는 곳으로 사용되었던 마을의 북동쪽을 ‘늦은 청동기시대 마을’의 ‘주변부’로 상정할 수 있다.

그렇다면 ‘이른 청동기시대 마을’의 중심부는 어디였는가? I유형 주거지의 경우에는 주거지의 중복 양상이나 소각장·폐기장의 위치로 중심부-주변부를 설정하기는 어렵다. 하지만 주거의 밀도가 높은 곳을 중심부로 본다면, 환호 시설의 남서쪽 외곽 지역이 ‘늦은 청동기시대 마을’뿐만 아니라, ‘이른 청동기시대 마을’에서도 중심부였던 것으로 상정할 수 있다. 이렇듯 중도에 조성되었던 청동기시대 마을의 중심부가 같은 자리에 계속 유지되었을 가능성이 있다는 사실은 중도를 삶의 터전으로 삼았던 청동기시대 주민의 기억의 연속성에 대해 시사하는 바가 적지 않다.

5. 맺음말

이 글에서는 중도유적의 청동기시대 화재 주거지 분석을 통해 궁극적으로는 '마을의 역사'를 살펴보고자 했다. 그 과정에서 '화재 주거지'의 바닥면 유물 출토의 다양한 양상을 확인했고 이를 통해 '우발적' 화재와 '의도된' 화재를 구분했다. 또한 화재 주거지의 중복 및 소각장·폐기장으로의 재사용 현상을 통해 마을의 관리 및 운영에 대해 살펴보고 마을의 중심부와 주변부를 상정했다. 이와 같은 연구의 틀은 청동기시대뿐만 아니라 모든 취락 유적에 적용할 수 있는 것으로, 향후 한국의 청동기시대 연구는 물론 취락 고고학 연구에도 조금이나마 기여할 수 있기를 바라는 바이다.

| 참고문헌 |

• 국어

김세진, 2021,「북한강유역 청동기시대 대형 취락의 형성 과정에 관한 연구」, 서울대학교 석사학위논문.

宋滿榮, 1996,「火災住居址를 통해 본 中期無文土器時代 社會의 性格」,『古文化』49.

吳江原, 2023,「춘천 중도 청동기시대 주거지군의 획기와 전개」,『湖西考古學』54.

오용제, 2012,「청동기시대 전기 주거지 내부의 공간 활용 양상 연구: 수혈주거지 내 유물과 내부시설의 분포 양상을 중심으로」, 서울대학교 석사학위논문.

이현석, 2007,「靑銅器時代 火災住居址內 出土遺物로 본 空間分析-울산지역 자료를 중심으로」,『東亞文化』特輯號.

池賢柄·金權中·洪周希, 2007,『龍岩里: 華川 生活體育公園 造成敷地內 文化遺蹟發掘調查 報告書』, 강원문화재연구소.

춘천 중도동유적 연합 발굴조사단, 2020,『春川 中島洞遺蹟 : 춘천 중도 LEGOLAND KOREA Project A~H구역·순환구역 내 유적 발굴조사 통합보고서』, 강원중도개발공사.

허의행·오규진, 2008,「청동기시대 복원주거의 화재실험」,『영남고고학』44.

• 영어

Chapman, J., 1999, "Deliberate House-Burning in the Prehistory of Central and Eastern Europehapman House Burning", In A. Gustafsson, & H. Karlsson, (eds.) *Glyfer och arkeologiska rum – en vänbok till Jarl Nordbladh*, pp. 113-126, Göteborg: Institute of Archaeology, University of Göteborg.

Gheorghiu, D., 2016, "Building and Burning: The Construction and Combustion of Chalcolithic Dwellings in the Lower Danube and the Eastern Carpathian Areas from the Perspective of Experimental Archaeology", In L. Nikolova, M. Merlini & A. Comsa, (eds.) *Western-Pontic Culture Ambience and Pattern, In memory of Eugen Comsa*, pp. 33-52, Bucharest: Bucharest National University of Arts.

Giddens, H. L., 2007, "Neolithic Meshworks: A Multi-Scalar Approach to Understanding Social Relations within the LBK", PhD Diss., Cardiff University.

원삼국·삼국시대 춘천분지 취락의 토지유물군 분석

이성주

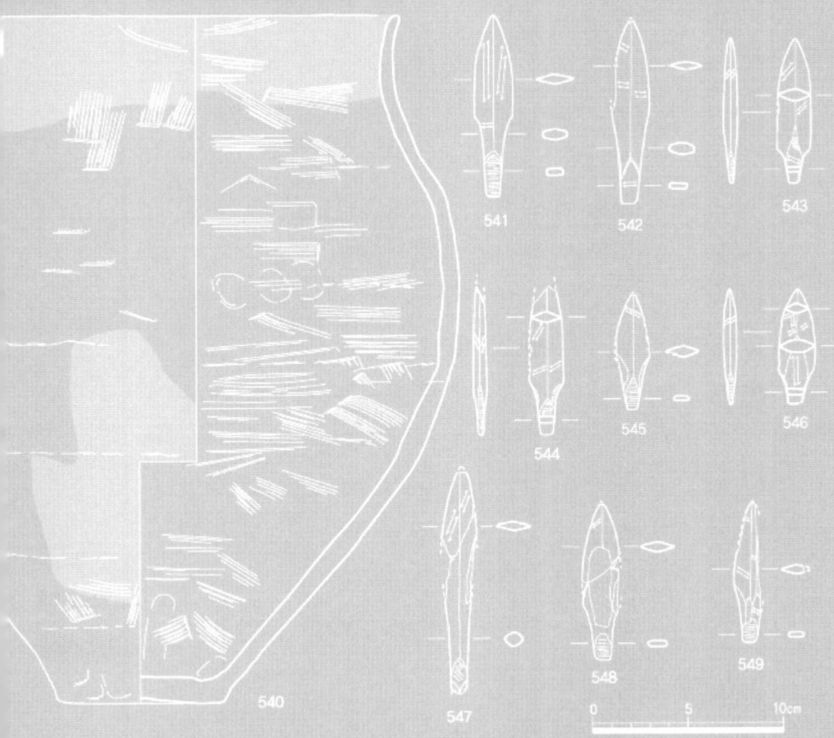

1. 머리말

우리나라 중부지방 원삼국·삼국시대의 취락 내에서 일상적으로 사용되었던 토기유물군을 '중도식토기'라고 한다. 그동안 중도식토기 유물군은 주로 개별 기종들의 형식 분류를 통해 유물군 자체의 시기적인 변화를 파악하거나 취락 혹은 주거지의 편년을 위해 분석되어 왔다. 그러나 중도식토기, 그중에도 특히 경질무문토기군은 기종 간의 경계가 분명하지 않아 기종 분화를 파악하기 힘들다는 의견이 있었다(이성주, 2011a; 장주탁·배노찬·이성주, 2023). 그럼에도 불구하고 유물군의 분류체계를 작성할 때 임의로 기종을 구분하여 각 기종의 형식을 분류·배열하여 유물군의 편년이 시도되기도 했다. 기종의 구분 자체가 모호한 상태에서 그와 같은 형식분류와 배열의 시도는 성공적인 편년으로 이어지지 못했다고 생각된다.

중부지방 경질무문토기의 규격과 외형을 분석해 오던 가운데 근래 연구자들이 폭넓게 받아들이는 사실은 경질무문토기가 큰 시간을 단위로 하여 구연부의 길이와 동체부의 최대폭에서 뚜렷한 차이를 보인다는 점이다. 그러나 이러한 변화는 어느 한 기종에 국한된 현상이 아니라 규격이나 외형의 차이, 즉 기종이 있다면 기종의 구분을 넘어 공통적으로 나타나는 형식 변화이다. 여기서 경질무문토기의 형태 변화가 왜 기종의 구분을 넘어 공통적으로 나타나는지에 대한 설명도 중요하지만 그 이전에 타당한 기종 구분은 어떤 것인지에 대해서도 해명이 필요한 것 같다.

중도식토기 유물군은 오로지 취락유적의 조사를 통해 수집된 실용 토기이다. 보통 실용 토기들이 그러하겠지만, 기능적인 측면에서 중도식토기는 취락 내 식량 혹은 음식을 저장, 운반, 조리하고 식사하는 데 사용되었던 그릇이었다. 그런데 생산의 측면에서 보면 중도식토기군은 매우 특이하게도 완전히 서로 다른 두 가지 기술 체계에 의해 제작된 두 그룹, 즉 경질무문토기군과 타날문토기군으로 구성되어 있다. 특히 장기 존속한 취락유적들에서 두 가지 토기군이 시종 공존했다는 것은 서로 다른 두 가지 기술 체계에 기반한 생산조직이 장기간 병존했음을 말해준다.

흔히 전통사회의 소규모 생산조직에서는 토기를 만들 때는 배운 대로 제작하기 때문에 기술적 전통은 장기간 변함없이 이어지기 마련이다. 그러나 외부로부터 신기술이 유입되면 유입 지역의 사회문화적 맥락에 따라 달라지겠지만 신기술을 지닌 이주 도공이 그 사회 안에 정착하고 토착 도공에게 신기술을 전수하여 기술혁신의 과정이 시작된다. 중부지방에서도 경질무문토기의 전통 기술이 지속되는 가운데 물레질-타날법에 의한 신기술과 신기종이 전달되어 토착 토기 생산조직에도 영향을 주어 토기 유물군에 변화가 나타난다. 그럼에도 기술혁신은 빠르게 진행되지 않고 타날문단경호와 대형 호를 중심으로 한 신기술 생산조직이 운영되는 가운데 매우 장기간 전통적 옹과 발과 같은 경질무문토기 생산이 지속되었다. 하지만 결국 신기술인 물레질-타날법에 의해 옹과 발과 같은 경질무문토기 기종이 모두 생산되면서 기술혁신은 완성된다.

이 글은 중부지방의 중도식토기 유물군에 대한 연구이다. 그동안 명확하게 해명되지 못한 첫째 경질무문토기 기종의 분류, 둘째 작업 연쇄 분석에 의한 기술 체계의 복원, 셋째 전통 기술 체계와 물레질-타날 기술 체계의 상호작용을 통한 기술혁신 과정에 대한 설명을 시도했다. 그간 춘천분지 안에서는 대규모 개발에 의한 구제발굴을 통해 우두동유적이나 중도유적과 같은 원삼국·삼국시대의 장기 존속 취락이 전면 발굴조사되는 성과가 있었다. 이 글은 춘천분지 내의 두 유적 원삼국시대 후기에 속하는 우두동 취락과 삼국시대 초기에 해당하는 중도 취락의 토기유물군을 분석하여 위와 같은 세 가지 질문에 답해 보고자 한다.

2. 중도식토기 유물군의 편년과 분류

1) 유물군의 편년

중도식토기 유물군은 한강 중류와 상류, 그리고 북한강과 남한강유역을 포함한 영서, 그리고 동해안 영동지역의 원삼국 및 삼국시대의 취락에서 출토되는 실용토기 유물군이다. 이 유물군은 첫째 거친 태토에 산화소성된 옹, 발, 호, 완, 개, 그리고 대형 호를 포괄하는 '경질무문토기군', 둘째 다소 고운 태토에 물레질-타날법으로 제작되고 환원소성된 단경호와 대형 호의 타날문토기군, 셋째 물레질과 깎기, 마연법이 동원된 환원염의 소형단경호 '회색무문양토기군'[1] 세 가지 기술유형으로 구성되어 있다(박순발, 1989). 이 세 가지 유형의 토기군을 정의한 박순발(1989)은 그 가운데 경질무문토기를 토착, 전통적 기술유형으로 간주하고 타날문토기군과 회색무문양토기군을 신식이라고 전제하였다. 유물군의 변천은 고식의 토기군이 신식의 토기군으로 교체되어 가는 과정으로 생각하고 각각의 점유 비율 변화에 따라 중도식토기 유물군을 편년하였다.

지금의 견지에서 보면 한강유역에 중도식토기 유물군이 존속한 기간 중 가장 늦은 단계에는 타날문토기의 비율이 높아지지만, 그 이전 시기에 경질무문토기에 대해 타날문토기의 점유 비율이 높아지는 경향과 같은 것은 확인되지 않는다. 전체 중도식토기 유물군의 존속 기간을 Ⅰ~Ⅲ 단계로 구분한다면 Ⅰ단계에 비해 Ⅱ단계가 되면 타날문토기의 비율이 오히려 줄어든다(이성주, 2022). 흔히 낙랑계 토기 가운데 한 기종으로 간주되는 회색무문양토기는 원삼국시대 이후가 되면 소멸해 가기 때문에 이 유형의 기종이 포함되면 원삼국시대 토기군으로 볼 여지가 많은 것은 사실이다.

2010년대 이전까지만 하더라도 중도식토기 유물군은 그것이 출토되는 呂자형, 凸

1　무문양인 것도 있지만 물레질과 결합되어 나타난 線條文이 시문된 것도 있다.

자형의 주거지로 구성된 취락과 함께 전적으로 원삼국시대에 속한다고 생각했다. 이를 전제로 중도식토기 유물군은 백제의 국가 형성과 함께 백제 기종이 출현하면서 소멸한다고 받아들였다. 그 교체 시기에 관해서는 원삼국 말기, 즉 3세기 중엽이라는 의견이 통용되어 왔던 것 같다. 이와 같은 중도식토기 유물군의 편년관은 유물군 그 자체에 관한 분석을 통해 도출된 결론이라고 하기는 어렵다. 이 연대관을 떠받치는 가장 중요한 근거는 1985년도 몽촌토성 발굴을 통해 저장혈 내부 퇴적토에서 출토된 전문도기편이라 할 수 있다. 당시 이 유물은 전문적인 연구가 없었고 막연히 서진 시기의 유물이라고 널리 받아들였다. 여기서 한발 더 나아가 이 도기편은 3세기 후반 백제가 마한지역을 대표하여 서진과 교섭하던 가운데 고월자와 함께 수입된 유물이라고 전제하고, 흑색마연토기와 같은 백제 기종은 그 무렵 수입된 고월자를 모방·제작함으로써 탄생했다는 설명이 있었다(박순발, 2001). 이러한 연대관에 근거하여 박순발(2001)은 몽촌토성에서 출토된 토기유물군의 분류와 배열을 통해 3~5세기 한성백제토기에 관한 최초의 편년을 제출한 바 있다.

이상 박순발에 의한 중도식토기군(박순발, 1989)과 한성백제토기 편년(박순발, 2001; 2006)은 이후 한성백제 중심부의 토기군은 물론 한강유역 취락의 편년에도 상당히 오랜 기간 커다란 영향을 미쳤다. 두 편년안은 원삼국 = 중도식무문토기 존속기 → 3세기 중엽 경질무문토기 소멸 → 3세기 후반 한성백제 기종 등장 → 한성백제토기 Ⅰ기 → 한성백제토기 Ⅱ기로의 변천 도식을 구성해 냈다. 필자는 이 변천 도식의 문제점을 한성백제 중심부의 자료, 즉 남양주 장현리취락과 풍납토성 토기군의 편년을 통해 수정하려 한 바 있다(이성주, 2011a; 2015). 물론 한성백제 중심부에서 기존 편년의 근거가 되는 전문도기의 연대에 대한 새로운 지견이 제공되고(王志高, 2012), 영동과 영서지역과 같은 주변부에서 화천 원천리취락과 같이 경질무문토기는 원삼국토기라는 등식을 바꾸지 않으면 안 될 자료가 나오기도 하여(예맥문화재연구원, 2013) 기존의 편년안은 수정이 불가피해졌지만, 조정된 편년안에서도 핵심적인 문제에 관해서는 적극적인 논의가 이루어지지 않고 있다(한지선, 2013; 박중국, 2017; 김준규, 2017; 박경신, 2019). 기존 편년안(박순발, 1989; 2001)에 대한 문제 제기를 겸하여 기존 중도문화의 토기유물군 편년에서 그 핵심적인 문제를 지적하라면 다음과 같은 네 가지를 들 수 있다.

첫째, 경질무문토기의 존속 기간이다. 경질무문토기는 한성백제의 중심지에서도 3세기 중엽에 타날문토기로 바뀌어 소멸한 것이 아니라, 4세기 중후엽까지 존속했으며 춘천분지를 비롯한 북한강 중상류역에서는 5세기까지 제작이 지속되었다(이성주, 2011a; 김일규, 2013; 2016). 둘째, 한성백제 기종은 3세기 후반이 아니라 4세기 후반에 출현하기 시작했으며 개와 대형 호의 변화 및 고배의 제작 등으로 구분되는 한성백제 I기와 II기는 각각 4세기 후반~5세기 초의 시기 그리고 5세기 전·중엽의 시기에 해당된다(김일규, 2006; 2007; 2013; 2016; 이성주, 2014; 2015). 셋째, 한성백제 중심부와 춘천 분지를 비롯한 영서지역의 토기유물군은 변화 시점도 다르지만 변동 과정도 상이하다. 단적인 예로 화천 원천리 33호 주거지에서 5세기 중엽에 가까운 등자와 동반된 경질무문토기군이 말해주는 것처럼 제작전통의 변화가 중심부로부터 전달되는 데 상당한 시간이 필요했다. 그리고 물레질-타날법이 수용되어 경질무문토기 기종의 제작에 적용되는 양상도 달랐다(이성주, 2019; 2022).

넷째, 한성백제와 주변 지역 토기유물군의 변화 가운데 하나는 한성백제 기종의 출현이고 다른 하나는 타날문 옹과 발의 제작이다. 즉 직구단경호, 유견호, (유개)완, 삼족기, 사족반, 고배, 병 등과 같은 백제 기종의 형성과정이 있고 실용토기의 대표 기종이라고 할 수 있는 타날문 옹과 발이 경질무문토기로 제작되다 타날문토기로 전환되어 가는 과정도 있다. 선행 연구에서는 이 두 과정을 한성백제 토기의 형성과정이라고 동일시해 왔지만, 그 시기와 성격이 모두 다른 기술혁신의 과정이었다. 한성백제의 주요 기종은 수입자기를 모방 제작하는 과정에서 등장했다는 것은 두말할 필요가 없다(박순발, 1996 ; 2001; 2006). 풍납토성을 중심으로 한 한성백제 중심부에서 귀족층이 형성되고 그들의 식사법이나 제사법이 변해가는 과정에서 등장하였다고 할 수 있다(이성주, 2015; 정수옥, 2016; 2024). 이에 비해 중도식토기 유물군의 주기종인 옹과 발이 물레질타날법으로 제작되면서 경질무문토기가 소멸하는 과정은 타날문토기 생산조직에서 취락 내 수요가 있는 모든 기종을 통합 생산하는 기술혁신의 과정이며(이성주, 2011a; 2011b; 2020) 한성백제 중심부에 시작하여 영서지역으로 확산되는 과정이기도 하다. 하지만 중요한 사실은 경질무문의 실용토기에서 타날문토기로의 변동은 남한 전역, 혹은 중국 동북지방을 포괄하는 취락유적의 토기생산에서 볼 수 있는 변동으로 비교론적 설명이 필요하다(이성주, 2011c; 2016; 2019; 2022).

2) 유물군 내 형태적 변이

위에서는 중도식토기 유물군의 시기적 변화에 관한 연구를 검토하고 유물군의 시기구분과 관련된 문제점들을 지적하였다. 이 절에서는 유물군 내의 기종 분화와 기종별 형태 변화에 관한 연구를 검토해 보고자 한다. 중도식무문토기군의 형태 변이를 파악하려 한 최초의 시도들은 그것이 존속했던 시기를 몇 단계로 편년하기 위한 목적에서 출발한 연구였다(박순발, 1989; 이상길, 1991). 한강유역 원삼국·삼국시대 취락의 토기 유물군을 처음으로 편년한 박순발(1989)의 연구는 이미 언급한 바와 같이 제작 기술 유형의 점진적인 교체 과정을 토기유물군의 변천 순서로 파악해 낸 작업이었고 토기의 형식 분류와 배열에 의한 편년은 성공적이지 못했다. 이후 중도식토기 유물군의 편년이나(이상길, 1991; 이재현, 1999) 기초적인 분류 시도(오세연, 1996)도 기종 분화와 형식의 분류 배열을 성공적으로 이루어내지 못했다고 생각된다. 특히 형태적 변이에 따라 유물의 분류를 시도한 이상길의 연구도 형식 배열 그 자체에 초점을 맞춘 것이 아니라 토착계와 외래계로 구분함으로써 변화의 원칙을 미리 전제해 두었다는 점에서 형태적 변이에 토대를 둔 편년으로 보기는 어렵다.

중도식토기의 유물군 안에서 경질무문토기는 최대 다수를 차지하는데 그 규격이나 외형상의 변이를 요약하여 기종 분화를 파악하기 힘들 뿐만 아니라 형식분류와 배열은 더욱 곤란한 유물군이다. 타날문단경호라는 외형이나 기술적 특징이 경질무문토기와 뚜렷이 구분되어 그것이 하나의 기종이라는 것은 분명히 파악되지만, 형식의 분류와 배열이 어려운 것은 마찬가지다. 당시까지의 중도식무문토기의 연구를 비판하면서 지역단위 편년과 지역색의 구분을 명확히 하려면 형식분류가 필수적이라고 그 중요성을 강조했던 이준호는 유물군 내 경질무문토기의 형식분류를 처음으로 시도한 논문을 발표하였다. 그는 영동지역의 중도식무문토기를 형식분류하고 그 배열을 정당화하기 위해 주거지의 중복에 의한 층서관계를 이용하였다. 경질무문토기 옹의 구연부를 기준으로 Ⅰ~Ⅴ형식을 구분하고 그 순서로 변천한다고 제안하였다. 그는 이 연구를 통해 내만구연과 짧게 반전하는 구연에서 길게 외반하는 구연으로 변해가는 경향을 파악할 수 있었다. 이러한 변화의 경향은 영동지방에 한정된 현상이 아니고 영서지역의 경질무문토기에도 적용이 가능하다. 이와 같은 구연부의 형식변천을 기준으로 영동지방 중도식무문토기군의 편년이 시도된 바도 있지만(박순발, 2009; 박경신, 2019), 기종의 엄격한 구분하에 기종별로 형식이 분류되었다고 보기는 어렵다. 기종을 직관적으로 선언한 다음 형식을 분류하는 절차를 밟은 정도로 평가된다.

구연부의 형태는 영동이나 영서지역에서 원삼국시대와 삼국시대 경질무문토기 유물군을 구분하는 데 적절한 기준이지만 그릇의 전체적 외형에서도 그와 같은 두 단계의 구분은 가능하다. 구연부의 형태, 그리고 동체부의 외형, 즉 동체부 상부 폭, 이 두 가지 속성이 서로 상관성을 가지고 변해간 것으로 볼 수 있다는 의미이다. 이승재의 분석은 이러한 점에 초점을 맞춘 연구인데, 여기서 그는 구연부의 형태와 동체부의 외형이라는 두 가지 속성의 조합으로 형식을 분류하고 형식 간의 관계를 MDS(Multi-Dimensional Scaling)로 측정 배열한 바 있다(이승재, 2009). 이 연구의 제안처럼 동체부의 외형도 시간적으로 변해가는 중요한 속성이기는 하지만 외형을 명목변수로 바꾸는 절차에서 분류자의 주관이 어느 정도 개입될 수밖에 없는 것은 피할 수 없는 사실이다.

그간 유물군의 편년을 위해 중도식무문토기의 형태적 변이를 분석하고자 하였다. 각 기종을 횡으로 배열하고, 기종별로 분류된 형식의 계기적 순서와 기종 간 동반관계에 따라 배열한 편년표의 작성이 목표였을 것이다. 중도식무문토기 옹의 구연부 형태와 동체부 외형, 이 두 가지는 원삼국시대와 삼국시대 경질무문토기를 구분해 주는 속성임에 틀림없다. 그래서 장기 지속했던 취락이나 시기가 다른 취락의 편년에서는 옹의 두 속성 조합으로 형식을 정의하고 배열해 보면 적어도 3단계 정도의 시기 구분은 뚜렷한 편이다(김무중, 2005; 2017; 박순발, 2009; 이승재, 2009; 이성주, 2011b; 2015; 2022; 박중국, 2017; 한지선, 2013; 2016; 박경신, 2015; 2019).

대략 100~150년 정도의 시기를 단위로 구분할 때 〈그림 1〉처럼 형식의 변화는 뚜렷하다. 구연부가 아주 짧게 외반하고 동체가 상대적으로 밋밋한 것(그림 1-1), 구연부가 길게 외반하고 동체 상위가 배부른 것(그림 1-2), 그리고 구연부에 물레질이 가해지고 바닥이 넓어진 것(그림 1-3) 등으로 뚜렷하게 구분된다. 그러나 각 형식은 존속 기간이 길다. 그래서 장기적으로 존속하지 않았던 단일 취락의 중도식무문토기군은 기종별 형식으로 분류되지 않을 뿐만 아니라, 대형과 소형의 옹으로 나누어 기종별로 형식을 배열한다 해도(김일규, 2006; 2013; 한지선, 2021) 그 타당성을 주장하기 쉽지 않다.

중도식 경질무문토기군은 어림잡아 크기에 따라 특대형, 대형, 중형 등의 옹과 소형 및 초소형의 발로 구분되고, 평저단경호, 그리고 개 혹은 완 등으로 기종이 분화된다. 그러나 규격화되어 있지 않고 크기의 변이가 연속적이어서 기종을 명확히 구분하기

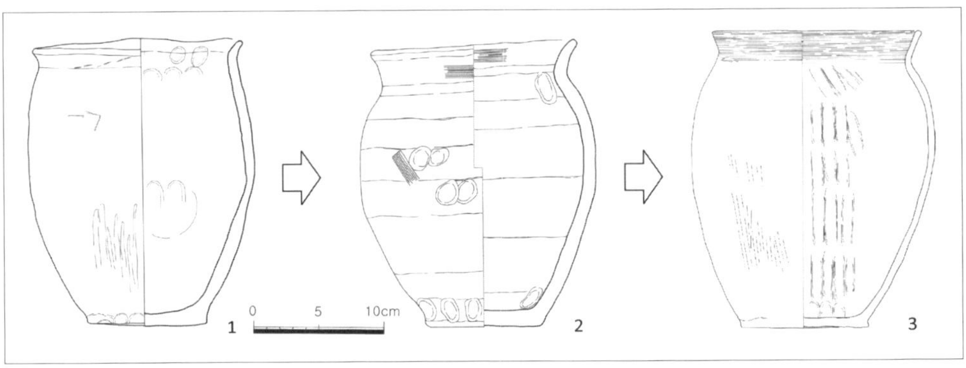

〈그림 1〉 중도식 경질무문 중형 옹의 변천[1. 우두동 48호(한강문화재연구원, 2017)), 중도7호(강원고고문화연구원, 2014), 3. 원천리 72호(예맥문화재연구원, 2013)]

어렵다. 그럼에도 옹과 발 전체가 구연부와 동체부의 외형에 따라 〈그림 1〉처럼 세 가지 정도의 대표 형식으로 거칠게 구분된다. 말하자면 규격이나 기종의 구분 없이 옹형과 발형의 중도식무문토기는 3개의 형식으로 구분된다는 뜻이다. 과연 이러한 외형과 규격을 넘어 시차를 지닌 형식을 공유한다는 것은 무엇을 의미하는지 논의할 필요가 있다.

3) 중도식토기 유물군의 성격

중도식토기 유물군은 한강유역과 영서와 영동지역의 원삼국시대에서 삼국시대에 걸쳐 존속했던 실용토기 유물군이다. 이 유물군에 대하여 논의하려면 다음과 같은 8가지의 성격에 대한 고려가 필요하다.

첫째, 이 유물군은 서로 다른 두 가지 기술 체계에 의해 제작된 두 가지 유물군으로 구성되어 있다는 점이다. 그중 하나는 윤적법에 의해 1차 외형이 형성되고 마연으로 형태가 조정 및 완성된, 그리고 개방요로 추정되는 시설에서 산화 소성된 경질무문토기군이다. 그리고 다른 하나는 윤적법을 이용하였지만, 물레질과 타날법을 기초로 기형이 완성되고 실용의 환원 분위기에서 소성된 단경호와 대형 호의 기종을 중심으로 한 타날문토기군이다(이성주, 2011a; 2011b). 한성백제의 중심지와 그 주변 중부지역에서는 상당히 오랜 기간 이 두 기술 체계, 혹은 생산조직이 운영되어 왔다.

둘째, 유물군의 기원에 관한 문제이다. 지역에 따라 시차는 있지만 흔히 원삼국시대 토기유물군은 토착 무문토기 기술 체계에 타날문회도 기술이 유입됨으로써 시작된다고 알려져 있다. 그러나 중도식토기 유물군은 현재까지의 연구를 통해 단결-끄로우노프카의 경질무문토기가 이 지역으로 유입되고(유은식, 2014; 2017; 박경신, 2020) 타날문토기군이 낙랑지역으로부터 전수되어 결합됨으로써 성립했다는 설명이 폭넓게 받아들여지는 듯하다. 그러나 토착 기술이 고려되지 않은 채 서로 다른 두 기술 체계가 어떻게 각각 유입되었는지, 그리고 두 기술 체계가 일찍부터 서로 융합되지 못하고 오랜 공존기간을 거치게 되었는지 등 그 기원에 관해 아직 타당한 설명이 이루어지지 않고 있다(이성주, 2019).

셋째, 본 유물군은 경질무문토기 옹과 발이 타날문 옹과 발로 대체되면서 소멸하는데, 그 소멸 시점이 매우 늦고 소멸 양상에서 지역 차가 크다는 특징이 있다. 한성백제 중심지에서는 경질무문토기 옹과 발의 제작이 가장 일찍 중단되지만 4세기 중·후엽경까지 지속된다. 북한강유역과 남한강 중·하류역의 영서지역에서는 4세기 말쯤 취락의 토기군에 타날문 옹과 발이 한두 점씩 보이기 시작하는데, 다만 언제 어디에서 생산되어 보급되었는지는 알 수 없다. 타날문 옹과 발이 소량 공급되었다고 해서 경질무문토기의 제작이 중단된 것은 아니다. 이후 타날문 옹과 발의 생산조직에 의해 완전 대체되기 전까지 취락 안에서 경질무문토기의 제작은 지속된다. 화천 원천리유적의 유물군 양상으로 보아 5세기 후반 어느 시점에 경질무문토기는 타날문토기로 완전 교체된다. 같은 5세기 후반경에 남한강 최상류역과 영동지역에서도 신라 타날문토기가 공급되면서 중도식무문토기의 제작이 줄어들지만 중도식무문토기가 교체, 소멸하게 되는 시점은 영동지역 취락유적에서 6세기 전반으로 확인된다(이성주·김라희·이지윤, 2022).

넷째, 중도식토기 유물군은 기종 분화가 명확하지 않고 기종별로 시기-지역의 차이에 따라 의미 있는 형식 분류가 어렵다는 것이 특징이다. 그중 경질무문토기군은 기종 및 아기종의 분화 자체가 불분명하며 타날문토기군은 단경호와 대호 두 가지로 분화되지만, 지배적인 비율을 차지하는 단경호도 아기종의 뚜렷한 분화가 시종 파악되지 않는다. 이러한 외형과 규격의 변이는 제작의 기술 체계 자체의 문제인지 혹은 기종의 인식과 사용의 문제인지, 아니면 표준화에 대한 무관심 때문인지 적절히 설명하기 어렵다(장주탁·배노찬·이성주, 2023).

다섯째, 경질무문토기 옹과 발은 기종의 차이를 넘어 동체부 외형과 구연부 형태에 따라 크게 3가지 형식으로 구분되며 이에 따라 대략적인 유물군의 시기 구분이 가능

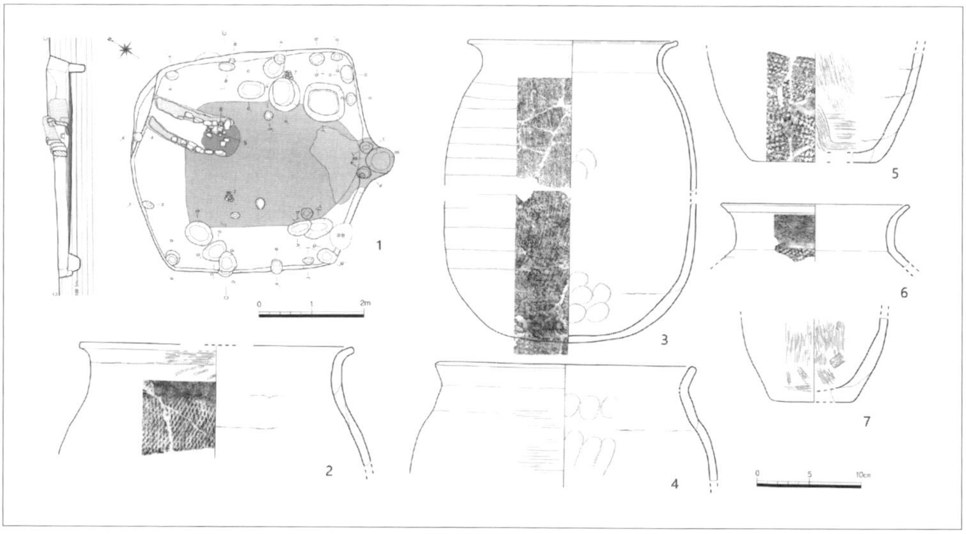

〈그림 2〉 횡성 읍하리 1호 주거지와 출토 유물(예맥문화재연구원, 2019)

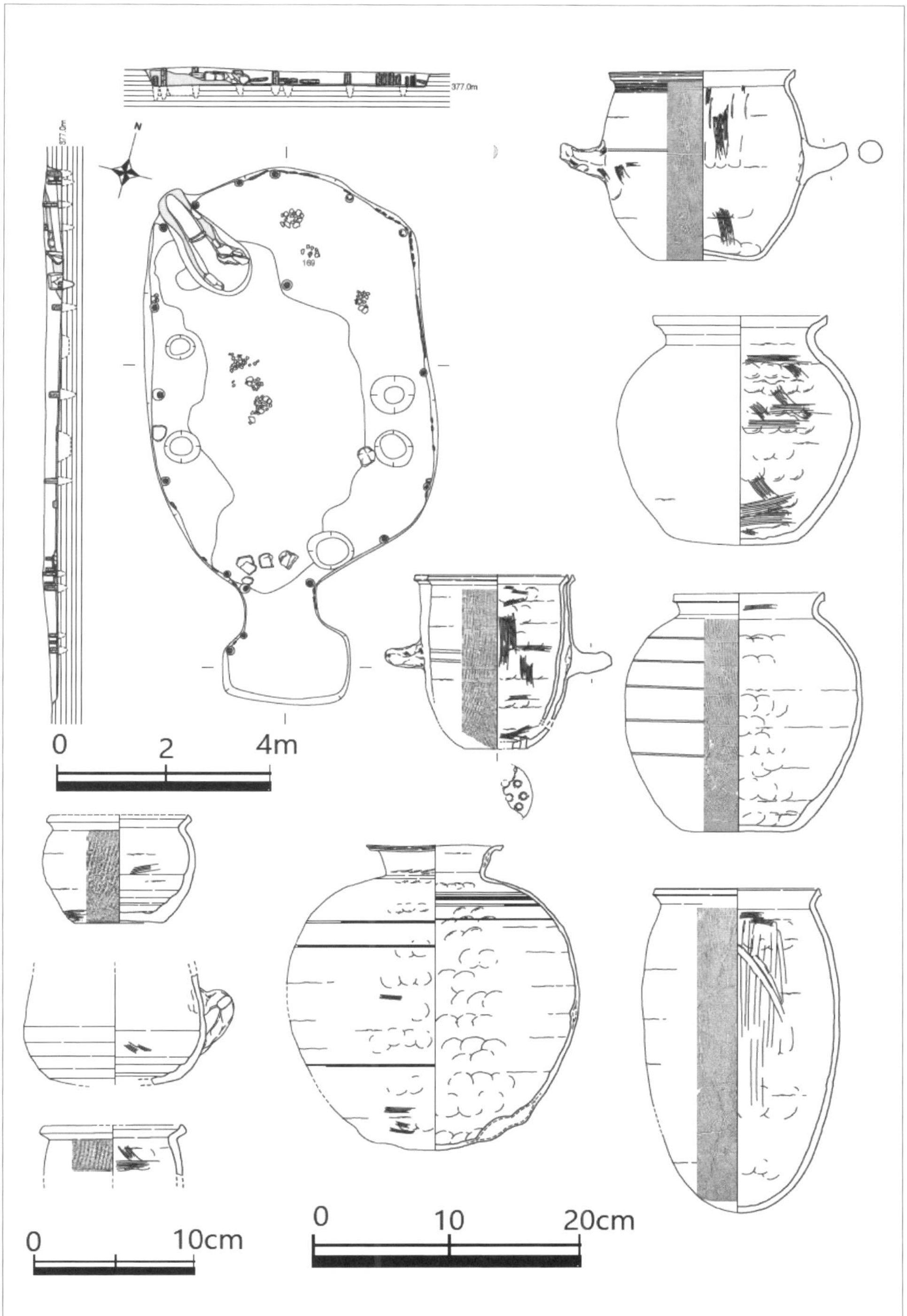

〈그림 3〉 정선 아우라지 6호 주거지와 출토 유물(강원문화재연구소, 2019)

하다. 이처럼 기종별 형식분류가 의미 없고 기종의 구분을 넘어 공통적으로 시기에 따라 거칠게 3형식으로 구분된다는 것은 기종별 형식분류와 배열을 통해 토기군의 세부 편년이 어렵다는 것을 의미한다. 중도식무문토기군은 기종 분화가 명확하지 않다. 따라서 우리가 기종을 분리하여 형식의 분류와 배열을 시도한다 해도 의미 있는 시기별 변화를 드러내기는 어렵다. 이는 시기-지역적 양식의 차이를 드러내기 힘들다는 것을 의미한다. 그러면서도 크게 구분되는 시기에 따른 양식의 차이는 기종을 가로질러 존재한다. 만일 우리가 "양식은 기술에 실려 있다"(Lechtmann, 1977)라는 전제를 받아들인다면, 기술 체계는 기종의 구분을 넘어 상정할 수 있는 성형 작업 연쇄의 광범한 공통성을 생각해야만 한다.

여섯째, 중도식토기 유물군의 세부 편년은 어렵지만, 춘천분지를 비롯한 북한강유역에서는 크게 3단계의 시기 구분은 가능하다. 경질무문토기의 기형과 성형기법, 방제단경호와 같은 특정 경질무문토기 기종, 타날문토기의 점유비율과 기종구성, 타날문단경호 성형의 작업 연쇄 등이 각 단계에 따라 달라진다. 토기유물군으로 구분되는 3단계는 주거지의 구조도 서로 다르다. 특히 주거지 시설 가운데 취사난방 유구와 평면형이 각 단계에 따라 달라진다. 취사난방 시설은 무시설식 수혈 노지 → 점토띠 부석 노지 → 1자형 부뚜막으로 변천하는데, 주거지 평면형은 방형 혹은 장방형에서 후벽이 돌출한 오각형, 혹은 육각형으로 변천한다. 이 두 가지 속성에 따라 한성백제 중심지로부터 북한강유역까지의 시차에 따라 축차적 주거지 변화의 도식을 제시하면 〈그림 4〉와 같다.

일곱째, 앞서 말한 두 가지 기술 체계는 성형과 소성의 작업 연쇄가 완전히 상이하기 때문에 같은 도공이 구사한 서로 다른 기술이라고 볼 수 없다. 제작자가 체화한 기술 체계가 다르기에 제작자 자체가 달랐다면 경질무문토기군과 타날문토기군은 서로 다른 생산조직에서 생산되어 취락에 공급된 것이라고 보아야 한다. 이 두 생산조직이 어떤 관계를 맺고 한 사회 안에서 공존해 왔는지 지금까지 적절히 설명된 바 없다.

여덟째, 중도식토기 유물군은 경질무문 옹과 발이 타날문 옹과 발로 교체되면서 소멸한다. 겉으로 보기에 교체이지만 기술혁신의 관점에서 보면 경질무문토기의 생산이 타날토기의 생산조직에 통합되는 과정으로 설명될 수 있다(이성주, 2019; 2022).

이상 중도식토기 유물군이 지닌 문제의 8가지 특성을 서로 연결하여 요약하면 다음과 같은 세 가지 키워드, 즉 형태, 기술 체계, 생산조직의 문제로 정리된다. 첫째, 그릇의 외형과 규격으로 파악되는 기종 구성, 그리고 기종별, 혹은 기종 구분을 넘어선 시기적 변화가 어떻게 파악될 수 있는가의 문제이다. 둘째, 경질무문토기와 타날문토기 각각의 성형 작업 연쇄, 그리고 둘 사이의 상호 관계를 어떻게 파악하는가의 문제이

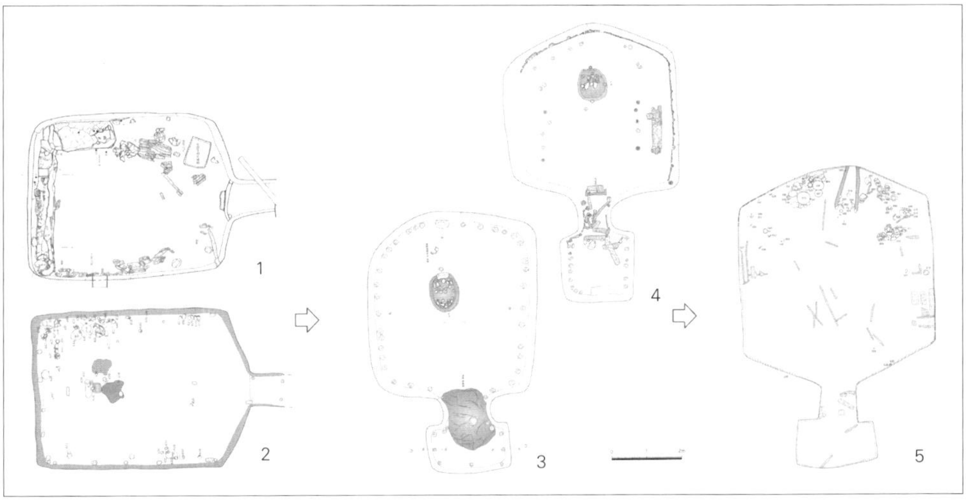

〈그림 4〉 북한강유역 주거지의 구조 변화[1. 율문리 1호(예맥문화재연구원, 2008), 2. 우두동 49호(한강문화재연구원, 2017), 3. 중도 6호, 4. 중도 2호(강원고고문화연구소, 2014), 5. 원천리 33호]

다. 셋째, 경질무문과 타날문 기술 체계의 공존과 상호 관계, 그리고 두 기술 체계의 통합 과정을 통해 기술혁신의 과정을 파악하고 이를 생산조직의 변화와 연결하여 설명하는 문제이다. 이를 위해 이 글에서는 춘천분지 내 우두동과 중도 취락유적의 출토 토기유물군을 중심으로 분석과 해석을 시도할 것이다. 주거지 구조와 토기유물군의 변화를 통해 북한강유역의 중도문화는 3단계, 즉 우두동(Ⅰ)단계, 중도(Ⅱ)단계, 원천리(Ⅲ)단계로 구분된다(이성주, 2022; 장주탁·배노찬·이성주, 2023). 이 가운데 춘천분지를 중심으로 우두동(Ⅰ)단계에서 중도(Ⅱ)단계로의 변화에 설명을 집중하고자 한다.

3. 기종 구성

1) 자료와 분석의 관점

여기서는 형태적 변이를 분석하여 기종의 분화와 형식의 구분을 검토하고자 한다. 그릇의 외형과 규격의 변이는 과연 기종의 구분이 불가능할 정도로 연속적인가? 만일 어느 정도 가능하다면 기종은 어떻게 나누어질 수 있는가? 각 기종 내에서 형식의 구분은 가능한가? 이 글에서는 여기에 답하기 위해 북한강유역의 대형 취락에서 출토된 토기유물군을 분석하였다. 2010년대 중반 거의 전면 조사가 이루어져 보고된 춘천 우두동(한강문화재연구원, 2017), 춘천 중도유적(춘천 중도동유적 연합 발굴조사단, 2020)과 같은 대형 취락의 중도식토기 유물군을 집중적으로 분석하고 가장 늦은 단계의 화천 원천리유적의 토기군을 보조적인 설명에 활용하고자 한다.

북한강 중류역을 따라 입지한 규모가 크고 전면 발굴된 세 취락, 춘천 우두동과 중도, 그리고 화천 원천리유적은 그 존속연대가 약간 겹칠 수는 있어도 그 점유기간은 우두동 → 중도 → 원천리로의 변천이 확인된다(이성주, 2022). 앞서 중도식 주거의 평면형과 노지의 변화에 기초하여 3단계의 변천을 제시한 바 있다. 우두동 취락의 주거형식이 장방형·무시설식이라면, 중도 단계의 대표 주거는 장방형 혹은 후벽돌출형·점토띠부석식이고, 원천리 취락에는 주로 후벽돌출형·1자형부뚜막의 주거가 발견된다. 마치 우두동유적이 폐기되자 중도 취락이 형성되고 폐절되면서 원천리취락이 조성된 듯하다.

각 단계의 유적 내에서는 취락의 출현과 폐절, 혹은 존속 시기를 명확히 알려주는 편년 자료가 희소하다. 다만 이른바 낙랑계 토기는 대략 원삼국시대에 사용되었을 것으로 볼 수 있는데 우두동 취락에서만 나온다. 우두동 취락의 철제 농공구류와 철촉 등도 낙랑지역의 토광묘에서 흔히 볼 수 있는 형식들이다. 발굴조사자에 의해 우두동 취락은 춘천분지 내 다른 취락보다 상위에 속하는 중심 취락이라는 평가가 주어졌다(박중국, 2020; 박경신, 2019). 독특한 열상배치를 하고 있고 주거 사이의 중복은 거의

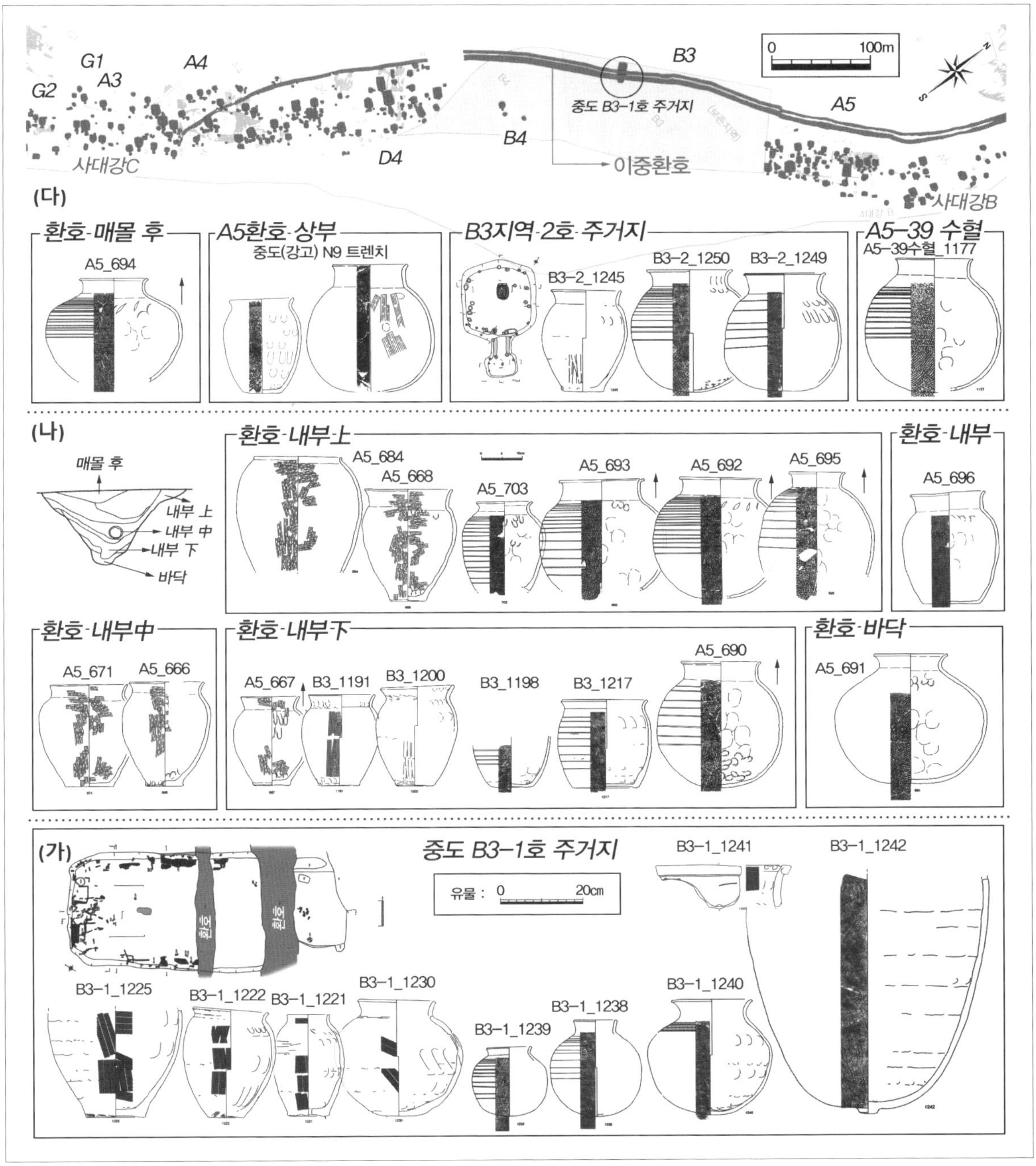

〈그림 5〉 중도유적 구(환호) 축조 이전(가), 축조·사용(나), 폐기 이후(다) 시기의 주거지와 출토 토기.

없다. 배치의 규율에서 벗어나 있는 주거지가 특별히 다른 연대를 보여주지 않기 때문에 구순각목 요소가 길지 않았으리라고 추측된다. 다만 취락의 중심연대보다 훨씬 이른 목관묘가 발견되어 취락의 전체 존속 시기를 쉽게 단정 짓기는 어렵다. 하지만 북한강유역의 주변 취락유적에서 출토되는 유물과 비교하면 우두동 취락은 3세기가 중심연대인 듯하고 하한은 4세기 초반까지 내려올 수 있다.

중도유적은 그 상한이 우두동의 하한과 겹칠 가능성이 없지는 않다. 중도 B3-1호 주거지의 노지는 무시설식 수혈이며 이 주거지에서 출토된 대형 호는 우두동 늦은 단계로 보이는 187호 주거지에서도 출토된다(그림 5). 이러한 형식의 대형 호는 한강유역에서 4세기에 유행하며 풍납토성에서도 3세기의 주거지에서는 출토되지 않는다(이성주, 2015). 강을 따라 일정한 범위에 걸쳐 길게 형성되어 있는 마을이 중도유적이다. 취락 형성의 범위가 한정되어서인지 주거지들 사이에 중복이 있다. 서로 다른 시기에 서로 다른 배열 방향에 따라 형성된 마을이 서로 겹친 부분이 있다. 특히 강을 따라 기능을 명확히 정의하기 어려운 단면 V자형 구(환호)가 강을 따라 굴착되어 있다. 매우 길게 형성된 마을과 강 사이에 보호 혹은 경계 설정을 위해 축조되었으리라 추측할 수 있을 뿐이다.

〈그림 5〉에서는 구(환호)의 굴착 및 이용 기간에 속하는 주거지의 토기유물군(나)과 그 이전(가) 및 이후(다)의 토기유물군을 비교해 보았다. 타날문 옹과 발이 환호 퇴적물에서 발견되는 것으로 보아, 구(환호) 축조와 사용 시기에 제작되기 시작했다고 보아도 좋을 듯하다. 그러나 중도취락 내, 혹은 춘천분지 안에서 생산되었다고 장담할 수는 없다. 구(환호)는 그것과 관계되는 주거의 배치로 보아 취락이 최대 규모일 때 굴착된 것으로 보이며 취락 전체 구순각목 요소 가운데 늦은 단계로 파악된다.

중도 단계는 자연스럽게 원천리 단계로 이어진다. 중도유적 주거의 취사난방시설을 대표하는 점토띠-부석 노지가 원천리 하층 주거에서 발견된다. 하지만 원천리식 주거는 표준 취사난방시설로 I자형부뚜막을 채용한다. 5세기 초에 원천리취락의 점유가 시작된 것으로 보이지만 5세기 중엽에 취락의 규모가 가장 확대되었을 것으로 추측된다(이성주, 2022). 그렇다면 중도취락의 점유는 이르면 4세기 전반 어느 시점에 시작하여 5세기 초 무렵까지 진행된 것으로 추측된다.

이상 우두동과 중도취락의 점유시기에 대한 검토를 통해 토기유물군의 연대에 관해 간략히 언급해 보았다. 이 논문의 첫 번째 목표는 중도식무문토기군의 기종 구분이 가능한지, 가능하다면 어떻게 분화되는지를 알아보는 것이다. 이에 앞서 이 글에서는 우두동과 중도 단계의 계측 가능한 모든 경질무문토기의 형태적 변이 분포를 주성분 분석을 통해 표시하여 비교해 보고자 한다. 이를 통해 두 단계의 형태적 변이 분포는 어떠하고 어떤 변화가 있었는지를 검토하게 될 것이다.

다음으로는 그릇의 높이와 폭, 두 가지 변수만으로 1차적 기종 구분이 가능한지 살펴보고자 한다. 그릇의 형태적 변이를 가장 크게 좌우하는 것은 크기와 외형이며 이는 기종 구분의 제1·2차 변수가 된다(장주탁·배노찬·이성주, 2023; 이수정, 2024). 그릇의 크기와 외형을 표시할 수 있는 변수는 많을 것이다. 기종별로 그릇이 일정하게 규격화되어 있다면 그릇의 높이와 최대폭을 계측하여 그 분포만 살펴도 유물군 내 기종 분화의 여부는 충분히 살필 수 있을 것이다. 단순하지만 이 방법을 통해 그릇 계측치의 분포를 살피면 크기와 기본 외형에 따라 그릇을 1차적으로 구분해 볼 수 있어서 기종 분화와 관련된 1차적 분군이 이루어졌다고 생각된다.

물론 임의적이고 거친 분군일 수 있지만, 1차적 분군을 토대로 대·중·소형토기군으로 나누어 군 각각의 형태적 변이를 주성분 분석법(PCA)으로 분석해 보았다. 만약 모든 그릇을 포괄하여 PCA분석을 한다면 계측치의 변이를 크게 좌우하는 변수, 즉 그릇의 대소와 관련된 기고나 동최대경이 전체적인 변이를 지배할 수 있기 때문에 그릇의 규격에 따라 변이를 관찰하였다. 즉 규격에 따라 선 구분된 대·중·소형군 내에서 형태적 변이의 시기적 변화를 비교해 보기 위해 규격-단계적으로 구분하여 PCA분석을 시도한 것이다.

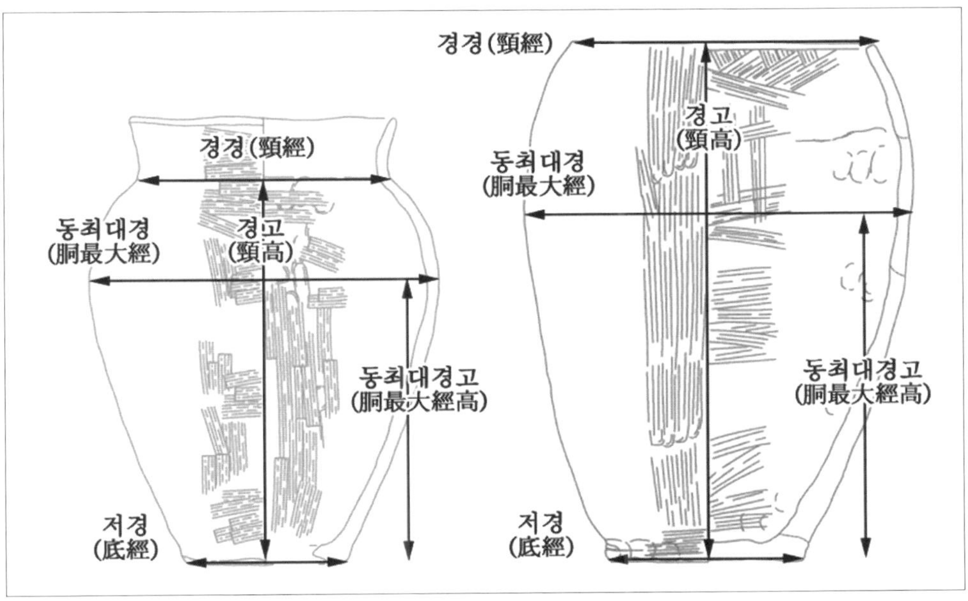

〈그림 6〉 주성분 분석(PCA)을 위한 중도식무문토기의 계측 변수

2) 크기와 외형의 총체적 변이

원삼국시대 후기에 해당하는 우두동취락과 삼국시대 초기에 해당하는 중도유적을 중심으로 기종 구분의 타당성을 검토하는 것이 이 연구의 첫째 목표이다. 기종 구분을 위한 분석에 앞서 여기에서는 중도식무문토기의 형태적 변이 분포를 단계별로 비교해 보는 작업을 먼저 시도해 보기로 하였다. 우두동과 중도, 각 단계의 경질무문토기 형태적 변이의 총체적 분포를 먼저 표시하고 변천의 경향성을 파악하고자 하였다. 각 중도식무문토기의 형태적 특징을 계측하여 PCA를 시도하는데 형태적 요소의 선정과 계측치의 산출은 〈그림 6〉과 같다. 중도식무문토기를 대상으로 한 주성분 분석법은 토기의 형태적 분산을 극대화해 주는 공간 벡터와 그에 직교하는 축을 찾아내어 계측된 모든 그릇의 분포를 살피는 방법이라 할 수 있다. 여기에서는 우두동 단계에 해당하는 모든 그릇의 분포를 나타내고 그 위에 중도 단계의 분포를 표시하여 대비하여 보았다.

〈그림 7〉에는 우두동 단계의 계측 가능한 모든 경질무문토기의 분포를 표시하였다.

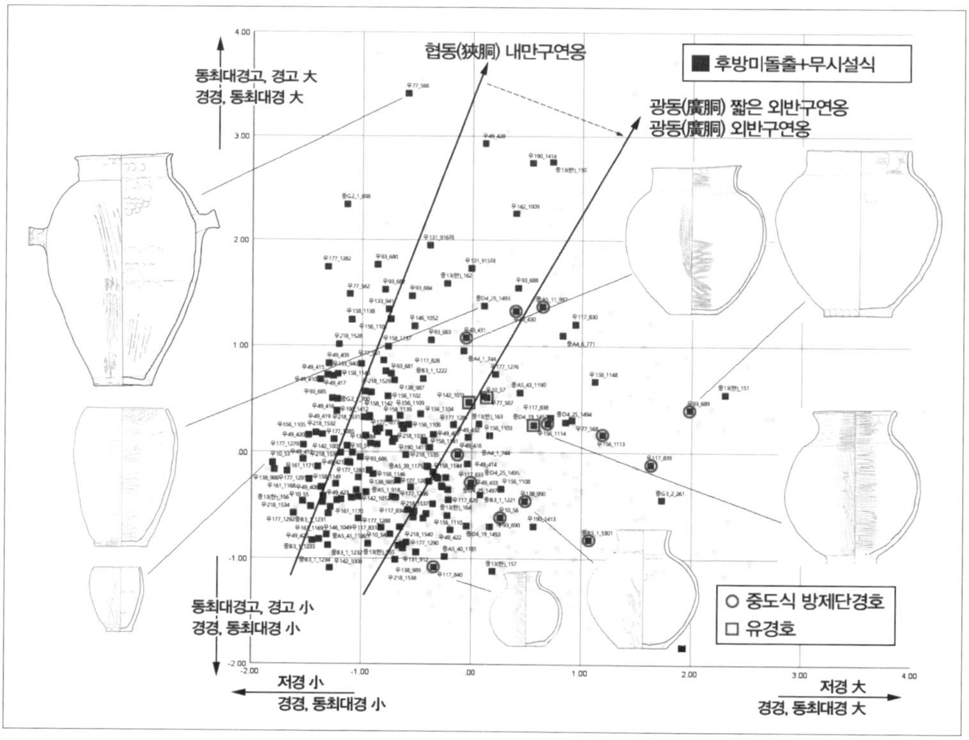

〈그림 7〉 제1 주성분과 제2 주성분에 의한 우두동 단계 그릇의 분포

가로축(제1 주성분)에 기여도가 높은 변수는 바닥지름(저경)과 목지름(경경), 동체 최대경 등이고, 세로축(제2 주성분)에 기여도가 높은 형태적 변수는 동최대경의 높이, 목까지의 높이, 목지름(경경), 동최대경이다. 점들의 분포를 보면 그릇은 크게 두 가지 계열로 구분된다. 그릇의 외형이 세장한 계열과 그릇의 폭이 상대적으로 넓은 계열이 그것이다. 세장한 계열은 그릇의 높이, 즉 크기에 따라 뚜렷이 분화되지만 그릇 폭이 넓은 계열은 그릇 높이뿐만 아니라 목지름(경경)이나 그릇의 장폭비에 따라 분포가 달라진다. 그릇 높이에 비해 최대폭이 넓은 계열의 그릇은 오른편에 분포하는 경향을 보이며 목지름에 따라 좌우로, 그리고 그릇 높이에 따라 상하로 배치되는 경향을 보인다. 이들은 중도식 경질무문의 고유 기종이 아니라 타날문단경호와 소형 평저호를 모방한 방제 단경호와 방제 평저장경호라 할 수 있다.

같은 기종이라면 그릇의 키(높이)가 크면 너비(폭)도 늘어나기 마련이다. 그래서

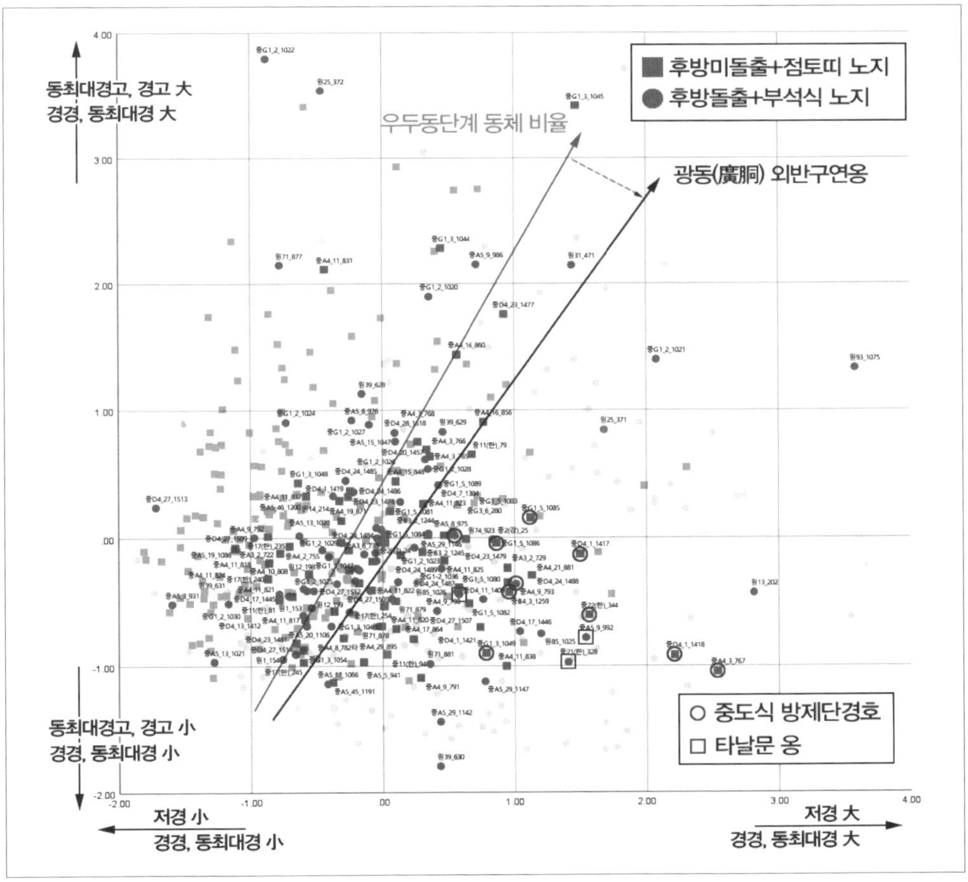

〈그림 8〉 제1 주성분과 제2 주성분에 의한 우두동 단계 그릇의 분포

같은 기종 내에서 그릇의 높이와 그릇의 폭은 상관성을 갖는다. 중도식 무문토기의 고유 기종은 옹과 발이다. 옹과 발 기종 가운데 소형 발은 장폭비가 1:1에 가까울 정도로 그릇 높이가 폭에 비해 크지 않다. 하지만 대형 옹으로 커지면 그릇 키가 아주 커지지만, 폭은 그리 넓지 않아 세장한 형태를 보인다. 우두동의 옹과 발이 이러한 계열의 분포를 잘 보여준다.

우두동에서 중도 단계로 가면서 그릇 높이와 폭의 상관계수는 큰 변화를 보여준다. 〈그림 8〉에서 옅은 점은 우두동 단계의 그릇들이고, 짙은 점은 중도 단계의 경질무문토기들을 표시한 것이다. 옅은 선은 우두동 단계의 회귀선이고 짙은 선은 중도 단계의 것이다. 전반적으로 모든 그릇이 중도 단계에 들어서면 폭이 넓어지는 경향을 보인다. 우두동 단계에는 옹과 발이 세장한 방향으로 대형화되는 경향성을 보였지만 중도 단계는 그러한 경향을 찾아볼 수 없고 그릇의 키가 커지면서 대형화되면 폭도 늘어나게 된다.

3) 규격

여기서는 그릇의 높이와 너비라는 두 계측치만을 이용하여 우두동과 중도 단계의 모든 그릇의 분포를 일차적으로 살펴보고자 한다. 그릇의 크기와 장폭비만으로 1차적 기종 분화가 가능한지 검토한다. 만일 중도식무문토기 제작·사용자에게 기종에 대한 구분 인식이 있어 각각의 규격 혹은 형태적 경계를 지키려 했다면 아마 크기 및 장폭비와 같은 변수의 계측치 분포에 나타나리라 예상된다. 동시기 타날문토기의 높이와 너비 계측치도 비교 자료로 제시하였다.

우두동 단계 중도식무문토기의 체고와 동최대경을 산점도로 나타내면 〈그림 9〉의 A와 같다. 우두동 단계의 중도식무문토기는 소형발은 그렇지 않지만, 중형 옹에서 대형 옹에 이르기까지 대체로 세장한 동체가 특징임을 알 수 있다. 여기에 특별한 장폭비를 보이는 토기군이 식별되는데 체고:동최대경이 1:1에 가까운 중도식무문토기 방제단경호이다(이성주, 2022).

우두동 단계의 중도식무문토기는 크기에 따라 특대형·대형·중대형·중형·소형의 군집으로 나뉜다. 특대형은 체고 전후 50cm에 달하며 동최대경이 평균적으로 35cm 이상이고 중대형은 체고 33~47cm, 동최대경 24~35cm에 해당된다. 이 둘을 묶어 '대형토기군'으로 분리, 정의할 수 있다. 체고 20~30cm가량에 동최대경이 15~25cm 내외의 토기를 '중형토기군'으로 구분할 수 있는데, 이 가운데 체고 25~33cm, 동최대경

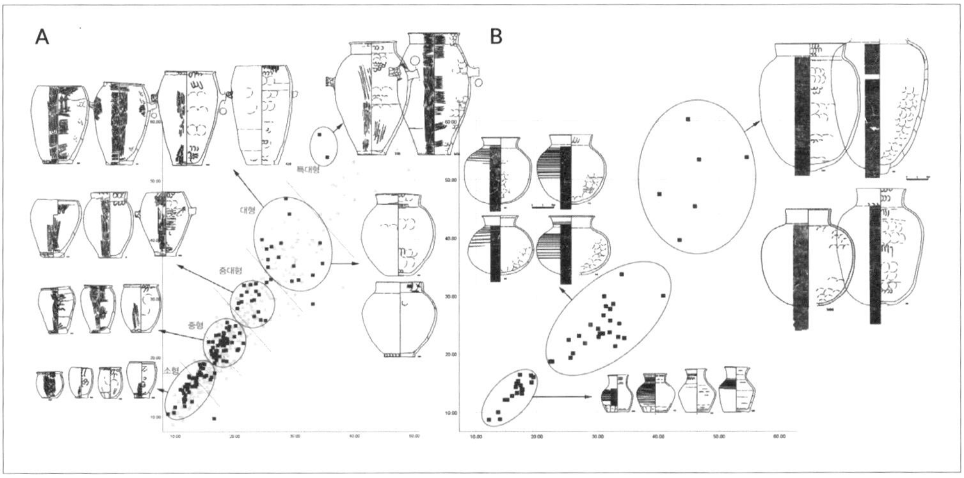

〈그림 9〉 우두동 단계 경질무문토기(A)와 타날문토기(B)의 기고(器高)와 동체부 최대폭 계측치에 의한 점들의 분포

20~25cm 내외의 중대형과 체고 20~26cm, 동최대경 16~22cm 내외의 중형이 구분된다. 체고 18cm 이하, 동최대경 16cm 이하에 속하는 그릇들은 '소형토기군'에 포괄된다.

중도 단계의 경질무문토기 점들의 분포는 우두동 단계와는 다른 양상을 보인다(그림 10). 점들이 대·중·소의 일정한 군집을 형성하지 않으며 군집들 사이의 경계도 불분명하다. 특정 규격에 따른 군집으로 분리되지 않고 연속적인 분포를 보인다는 것이다. 우두동 단계에 비해 기고와 동부 최대폭의 상관계수는 더욱 큰 값을 갖는다. 마치 소형 발이 대형 옹으로 거의 비슷한 비례로 커지는 양상을 보인다. 그릇 높이가 50cm 내외인 대형토기군은 우두동 단계처럼 대형 옹과 대형 호로 구분되지 않고 동체 상부가 넓은 대형 옹 단일 기종으로 되어 있다. 발 기종의 소형토기군이나 중형토기군도 우두동 단계에 비해 동체상부에 위치한 동최대경이 확대되는 경향이 뚜렷하다. 중도식 방제단경호 또한 중도 G1지구 2호의 특대형을 제외하면 대부분 우두동 단계와 마찬가지로 대형~중대형의 크기로 제작되었다.

중도 단계의 경질무문토기가 그릇 규격에 따라 나눠지지 않는 것처럼 타날문토기들도 그릇 크기에 따른 기종의 분화가 뚜렷하지 않다. 우두동 단계의 타날문토기가 대형 호 및 대형단경호, 중형 단경호, 그리고 소형 평저호라는 세 기종의 규격에 따라 제작되어 3자가 뚜렷이 군집을 이루고 상호 간 분리되었던 양상과 크게 대비된다. 다만 중도 단계의 타날문토기는 대·중·소형의 옹 계열과 역시 대·중·소형으로 나뉠 수 있는 단경호 계열의 기종으로 구분됨이 관찰된다. 그러나 두 계열의 그릇들도 규격에

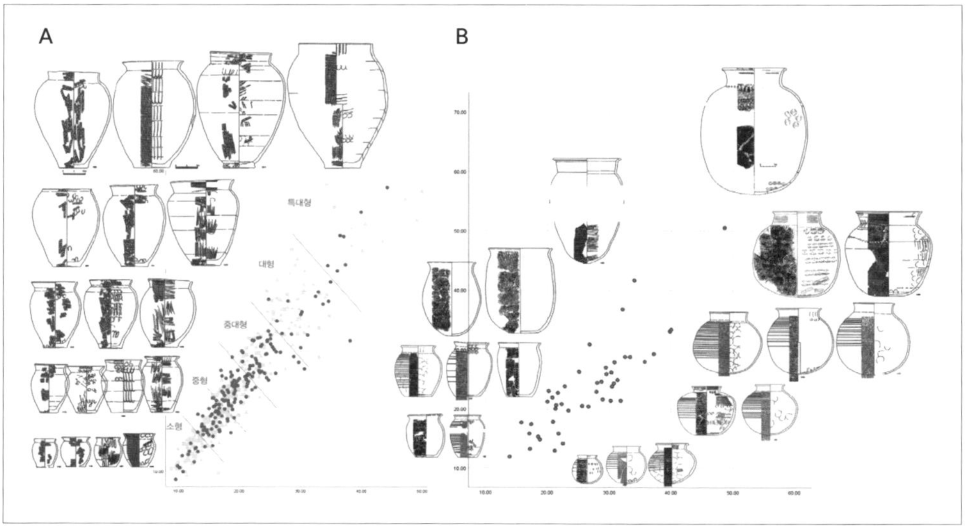

〈그림 10〉 중도 단계 경질무문토기(A)와 타날문토기(B)의 기고(器高)와 동체부 최대폭 계측치에 의한 점들의 분포

따라 군을 이루지 못하고 연속 분포를 보이기 때문에 엄밀하게 분리되는 기종으로 구분하기 어렵다.

우두동 단계와 중도 단계의 경질무문토기는 기고와 동부 최대폭을 기준으로 대형·중형·소형 등으로 1차 기종 구분하는 것이 적절하다. 기종이 규격화되어 기종 간의 뚜렷한 분리 여부는 두 단계 사이에 큰 차이가 있다. 우두동 단계 중도식 무문토기는 특대·대·중대·중·소형의 기종으로 군집이 이루어지고 군집 간의 경계도 분명해 보인다. 우두동 단계에는 타날문토기도 크기에 따라 대형 호, 중형 단경호, 소형 평저호 등 세 기종으로 분리되는 경향이 뚜렷하다. 우두동 단계가 중도 단계에 비해 훨씬 뚜렷하게 기종의 군집이 분리된다. 물론 경질무문토기는 군 내(群內)의 일관성과 군 간(群間)의 거리둠이 절대적으로 명확하다고 말하기는 쉽지 않다. 그러나 분군은 〈그림 11〉에서 보는 것처럼 최근 거리 분석을 통해서도 유효한 것으로 나타난다.

우두동 단계에 비해 중도 단계에는 그릇의 기종별 규격화가 거의 이루어지지 않은 듯하다. 중도 단계의 경질무문토기군도 대형·중형·소형의 기종으로 분리하여 볼 수밖에 없지만, 크기에 따른 점들의 분포에서 기종 간의 분리 경계를 설정하기는 곤란하다. 이러한 분리 정의의 어려움은 중도 단계의 타날문토기의 기종 구분에서도 만나게 된다.

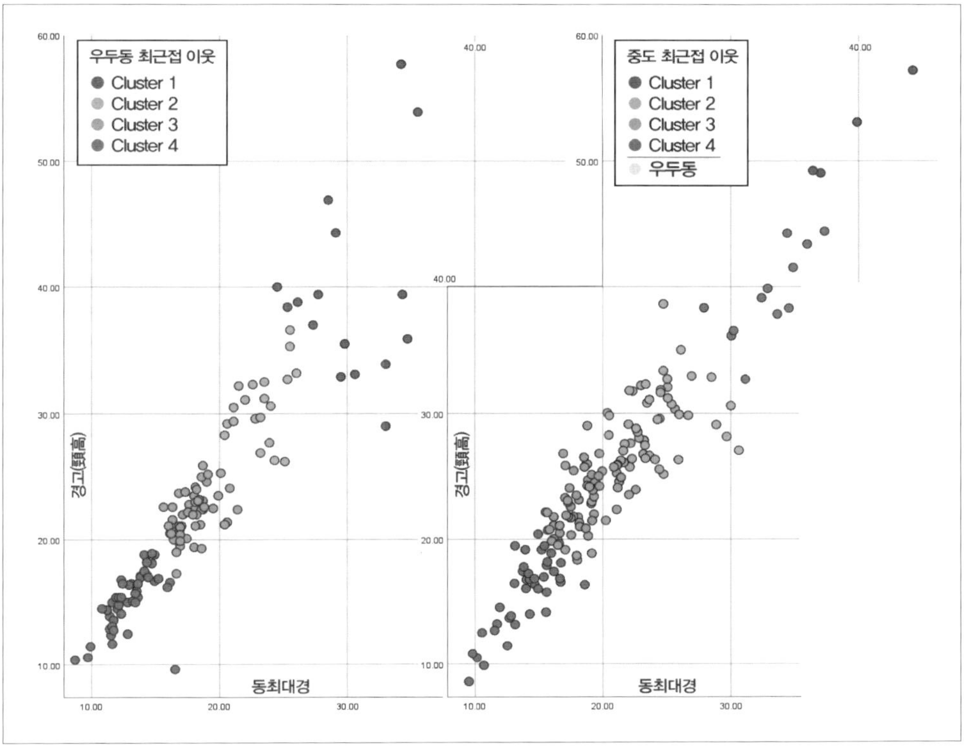

〈그림 11〉 우두동, 중도, 원천리 단계의 경질무문토기의 기고와 최대폭에 의한 점들의 분포와 최근 거리 분석을 통한 클러스터의 형성.

4) 기종 분화

대형·중형·소형으로 1차 구분된 토기군을 주성분 분석법(PCA)을 통해 그릇의 형태적 변이가 어떻게 나타나는지 검토해 보고자 한다. 각 단계의 그릇 전부를 대상으로 계측치를 PCA와 같은 다변량분석법을 적용해 보면 그릇의 크기와 관련된 계측치가 변이의 양을 크게 좌우함을 알 수 있다. 이점을 고려하여 이 글에서도 각 단계의 토기군을 크기에 따라 1차적으로 분군하고 각 분군 안에서 기종 구분을 시도하였다.

첫째, 대형토기군의 기종 분화이다. 우두동 단계의'대형토기군'의 기고와 동체 최대폭에 따라 점들의 분포로 표시하면 특대형 호, 대형 옹, 중대형 옹, 그리고 대형 단경호 등으로 기종이 변별될 수 있다. 이처럼 기고와 최대폭에만 초점을 맞춘 기종 분화를 표시하면 각 분리군 내에 경부나 파수부 부착 여부에 따라 추가로 기종 분화를 거론할 수도 있다고 본다. 하지만 경부는 특대형 호에만 부착되는 경향이 있고 파수는

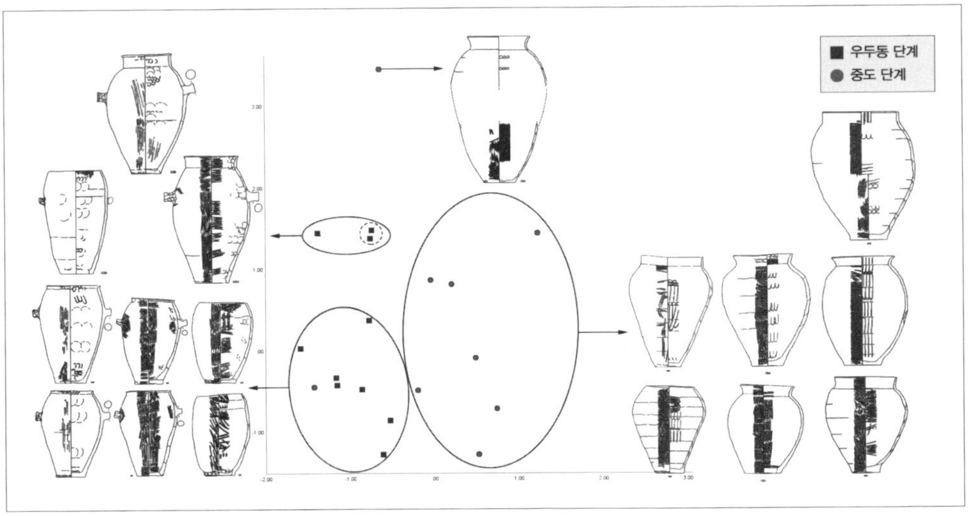

〈그림 12〉 우두동과 중도 단계 대형 호와 옹의 비교

대형 옹 이상의 크기에는 거의 모두 부착되며 중대형 옹에도 일부 부착된다.

제1·2 주성분에 투영해 보면 중도 단계의 대형토기군은 우두동 단계의 대형토기가 표시된 점들의 분포와 중첩되지 않고 보다 우측에 편재하여 분포한다(그림 12). 우두동 단계의 대형토기군에 비해서 뚜렷이 동최대경이 넓어진 광동형 동체로 변해간 결과로 이해할 수 있다. 또한 내만구연일지라도 외반구연의 대형토기와 마찬가지로 동체가 넓어져 광동화된 것이 많다. 상대적으로 구경과 경경이 늘어나서 우두동 단계의 대형토기들보다는 그릇의 상부, 특히 아가리가 넓어진 광구형(廣口形)이 많은 편이다. 다만 저경의 변화는 크지 않아서 전체적으로 동체의 비례가 역삼각형에 가까워진다. 또한 우두동 단계의 대형토기에 흔히 부착되었던 파수는 중도 단계에 이르러 전혀 볼 수 없게 된다.

중도 단계의 대형토기는 크기에 의해서만 특대형 옹과 대형 옹 두 가지 기종으로 구분될 수도 있을지 모른다. 그러나 특대형 옹과 대형 옹은 규격화되어 있지 않고 크기의 변이에서 경계를 판단하기 어려울 정도로 연속적이다. 우두동 단계의 특대형 토기군은 목이 있는 호형이며 규격이 다른 대형토기와 차이가 크고 대형 옹군과 뚜렷이 분리된다.

우두동 단계의 대형토기는 규격과 외형에 따라 특대형 호, 대형 옹, 중대형 옹, 중대형단경호 4가지 기종이 구분되지만 중도 단계의 대형 경질무문토기는 (특)대형 옹 한 기종으로 국한된다. 중도 단계의 대형토기는 이전 단계의 특대형 호와 대형옹의 기종이 통합되어 하나의 기종(특)대형 옹이 되었다고 생각된다. 중도 단계의 외반구연에 역삼각형의 외형을 지닌 (특)대형 옹은 이전 단계의 대형 옹과 다른 기종으로 분리 정의할 수 없다. 말하자면 우두동 단계에서 중도 단계로 전환하는 가운데 발생한 대형토기의 형식변화라고 생각된다.

둘째, 중형토기군의 기종이 어떻게 세분되는지에 관해 검토해 볼 차례이다. 중형토기군의 주성분분석 결과 각 단계의 중형토기를 동최대경까지와 경부의 길이를 중심으로 하는 성분, y축과 저경과 동최대경이 상관관계를 가지는 성분, x축으로 하는 평면에 투영해 볼 수 있다(그림13·14). 우두동 단계의 중형 토기군도 대형 토기군과 마찬가지로 협동(세장한 동체)과 광동(배부른 동체)이라는 동체부 폭의 차이에 따라 두 개의 군으로 뚜렷이 구분되며 그 중간쯤에 해당되는 군이 따로 변별된다. 우두동 단계에 협동의 기종은 보통 내만구연, 혹은 짧은 외반구연이다. 광동의 배부른 동체를 갖는 그릇은 모두 직립에 가깝거나 외반하는 경부가 있으며 개체수가 상대적으로 많지 않다. 우두동 단계의 중형 토기군은 중형 옹, 방제단경호, 장동호 세 가지 세분된 기종으로 구분될 수 있다. 특히 중도식 도공에게는 장동호가 방제단경호보다 만들기 수월하기 때문에 단경호와 가까운 용도로 사용하기 위해 제작된 호 기종의 토착화된 형태가 아닐까 한다.

중도 단계에 들어서는 중형 토기군의 거의 모든 그릇이 광동화되고 외반구연의 형태를 보인다. 이전 단계와는 달리 기종을 넘어서 공통점을 지닌다. 따라서 기종 간의 차이가 각 속성의 유무가 아니라 정도의 차이로 바뀐다. 중도 단계의 중형 토기군의 기종은 중형 옹과 방제단경호, 두 가지 기종으로 구성되어 있다. 중형 옹으로 분류될 수 있는 토기군은 배부른 정도와 그릇 높이가 규격화되지 않아서 변이가 연속적이다. 정도 차이에 의해 기종을 구분한다 해도 기종 간의 경계를 정의하기 어렵다. 방제단경호도 배부른 정도와 바닥의 너비와 두께(굽형인가 여부)에서 연속적인 변이를 보이기 때문에 그 외연을 쉽게 정의하기 어렵다. 전형적인 중형 옹과 방제단경호는 뚜렷이 구분될 수 있지만 그 중간 형태가 너무 많다.

셋째, 소형 토기군이 어떤 기종으로 세분되는지 검토할 차례이다. 규격에 따라 소형 토기군과 중형 토기군을 구분할 때 우두동 단계에는 대략 기고 20cm가 경계이다. 중도 단계에 접어들면 소형에서 중형까지 그릇의 크기에 따른 점들의 분포가 연속적이어서 분리의 경계를 찾아내기 어렵다. 우두동 단계에는 기고 20cm 이하의 그릇들을 소형 토기군으로 간주하고, 이 기준에 맞추어 중도 단계의 소형그릇들을 구분해 내어 형태적 변이를 분석했다. 소형 토기군의 주성분 분석에서는 구경, 동최대경, 저경의 기여도가 높은 제1성분(y축), 동최대경과 경고의 기여도가 높은 제2성분(x축)으로 구

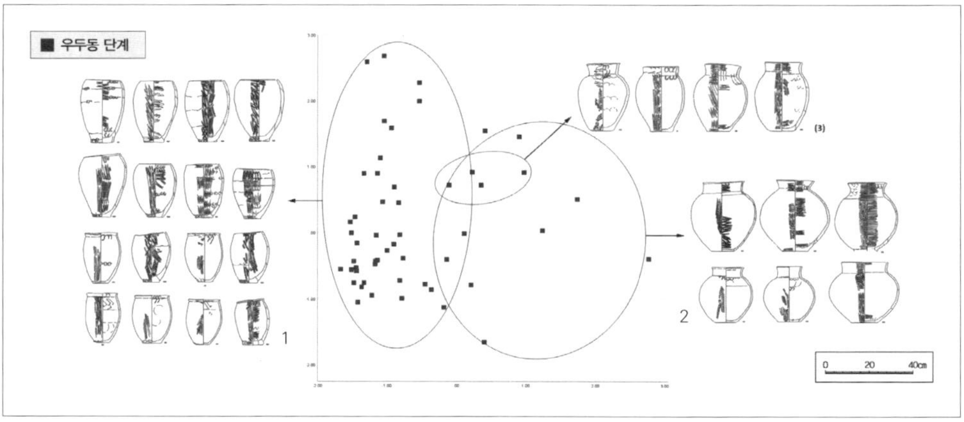

〈그림 13〉 우두동 단계 중형 토기군의 기종 분류

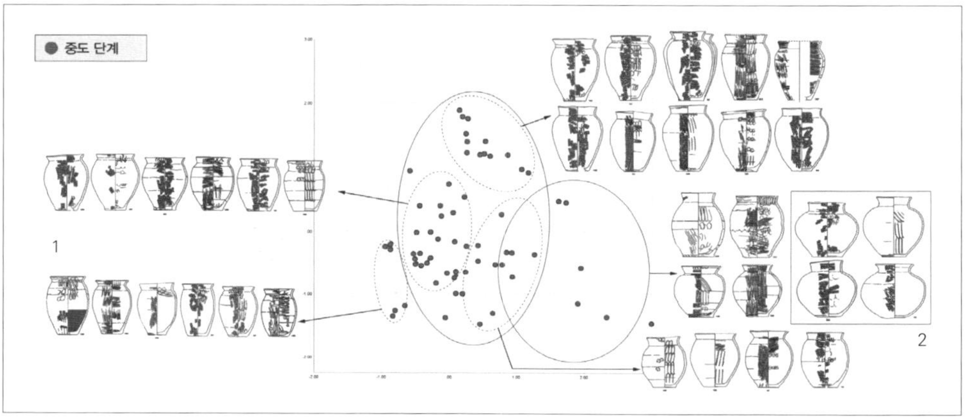

〈그림 14〉 중도 단계 중형 토기군의 기종 분류

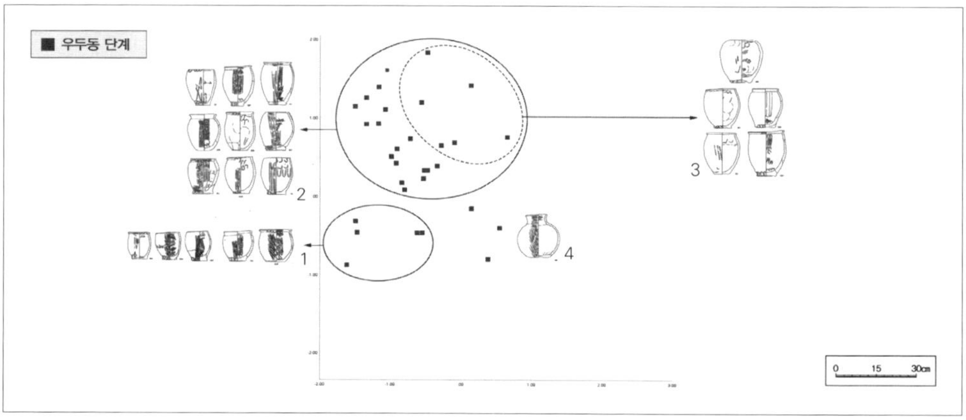

〈그림 15〉 우두동 단계 소형 토기군의 기종 분류

성된 평면에 소형토기들의 분포를 표시하였다(그림 15·16).

우두동 단계의 소형 토기군(그림 15)은 보통 발 혹은 발형토기라고 불리는 것(그림 15-2), 그 가운데 배부른 것(그림 15-3), 그리고 초소형의 발(그림 15-1) 등이 대다수이다. 이 셋은 배부른 정도에서 그리 뚜렷하게 규격화되어 있지 않지만 초소형 발과 보통 크기의 발은 어느 정도 그릇 높이가 규격화되어 있어서 경계가 뚜렷하다. 우두동 단계 소형 토기군에서는 소형평저호가 하나의 분리된 기종으로 포함되어 있다. 물레질-타날 환원소성법으로 제작된 소형평저호를 방제한 기종으로 생각된다.

중도 단계에 접어들면 전반적으로 발형토기들이 배가 부른 편이다. 이 단계의 소형 토기군 가운데에도 초소형의 발 기종이 있다. 이전 단계의 소형발 제작 전통을 이어간 기종이라고 생각된다. 배가 부른 소형 평저단경호와 같은 기종이 있는데 개체수가 적고 유사한 기형의 다른 발형토기와 변이의 분포가 연속적이어서 분리된 기종으로 정의하기 어려운 편이다. 이 정도 크기의 타날문 소형원저단경호가 발견된 사례가 있어서 그것을 방제한 기종으로 정의할 수도 있다고 본다.

이상 우두동 단계와 중도 단계의 경질무문토기 기종 구성과 그 변화를 살펴보았다. 우두동 단계에는 특대형 호, 대형 옹, 중대형 옹, 중형 옹, 발, 소형발, 중대형 방제단경호, 방제단경호, 장동호, 방제소형평저호 등의 기종으로 경질무문의 실용토기군이 구성되었다. 이에 비해 중도 단계에는 대형 옹, 중형 옹, 발, 소형 발, 방제단경호, 소형 방제단경호 등의 기종으로 경질무문토기가 구성된다. 우두동에서 중도 단계로 넘어가면서 기종의 수가 줄어들고 기종별 규격화가 이루어지지 않아 기종 간 크기와 외형의 변이가 연속적이어서 기종의 분리 정의가 어려워진다. 우두동 단계에서 중도 단

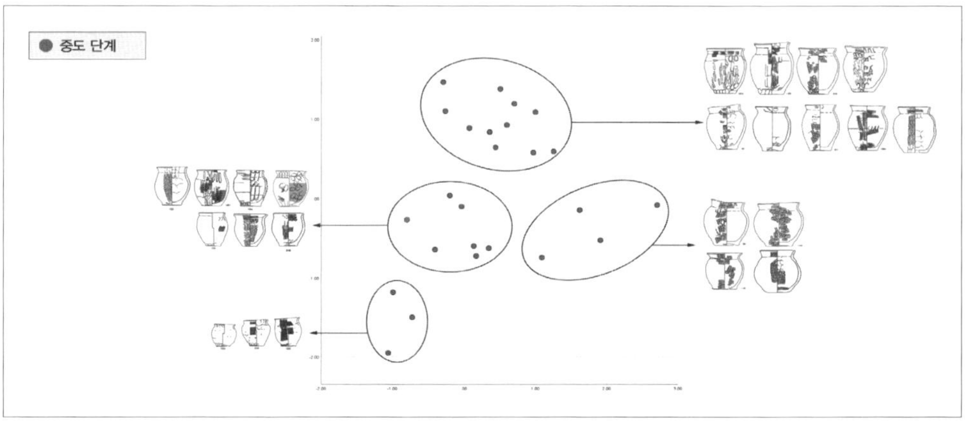

〈그림 16〉 중도 단계 소형 토기군의 기종 분류

〈표 1〉 우두동과 중도 단계의 경질무문토기 기종 구성

	대형 토기군				중형 토기군			소형 토기군			
기종	특대형 호	대형 옹	중대형 옹	중대형 방제단 경호	중형 옹	방제 단경호	장동호	발	소형 발	소형 평저호	소형 방제단 경호
우두동 단계	●	●	●	●	●	●	●	●	●	●	●
중도 단계		●		●	●		●	●		●	

계로 넘어가면서 경질무문토기의 제작은 규격화 혹은 표준화의 차원에서 진전을 보았다고 할 수 없고 오히려 퇴화한 측면이 있다.

4. 성형 공정의 특성

1) 경질무문토기 작업 연쇄의 특징

그릇 크기와 외형의 분석을 통해 우두동 단계의 경질무문토기는 11개의 기종으로 분화되고, 중도 단계에는 모두 6개의 기종으로 구성되어 있음을 밝혔다. 대개 어떤 토기 생산조직이든 각 기종은 그들만의 고유한 성형의 작업 연쇄에 의해 제작된다. 서로 다른 기종은 크기와 외형에서 뚜렷한 차이가 있으므로 그것을 성형하는 공정 자체가 달라져야 한다. 따라서 여러 기종을 제작하는 도공은 각 기종 제작의 서로 다른 작업 연쇄를 체화하여 그릇을 생산해야 한다. 말하자면 소형 발, 중형 옹, 대형 호와 같이 크기와 외형이 현저히 다른 그릇을 제작할 때 도공은 서로 다른 크기의 점토띠를 준비하여 붙여 올리고, 서로 다른 작업 도구를 사용하거나 성형의 단계마다 다른 자세를 취하고 서로 다른 방향과 범위로 점토에 압력을 가한다.

중도식 경질무문토기는 그릇 종류, 즉 기종에 상관없이 모든 그릇이 외형적 특징을 공유하는 경향이 있다. 일정 단계의 경질무문토기군은 서로 다른 기종 사이에 공유되는 외형적 특징이 있다는 것이다. 예컨대 우두동 단계에는 소형 발과 방제단경호를 제외한 모든 기종의 동체가 세장한 편이고, 외반하는 구연부가 없거나 극히 짧게만 외반한다. 이에 비해 중도 단계에는 특히 동체 상부의 폭이 늘어나 배가 부른 외형을 지니게 되고, 길게 외반하는 구연이 부착된 것이 특징이다. 발, 그리고 중형 혹은 대형의 옹, 대호 등에서 외형의 강한 공통성을 보인다. 특히 우두동 단계보다 중도 단계에 접어들면 크기에서 차이가 큰 대·중·소형의 서로 다른 기종들이 외형상으로 거의 비슷한 모습을 하고 있다.

경질무문토기는 또한 어느 기종이나 전체적 외형이 비교적 단순하고 완전한 좌우대칭을 이루지 못하는 특징이 있다. 기종에 따라 규격화되지 않았을 뿐만 아니라 기종 간 크기 및 외형의 변이가 연속적이어서 기종의 분리 정의가 쉽지 않다. 그리고 기종의 구분을 넘어 모든 그릇은 일정한 외형적 특징을 공유한다는 사실이다. 무문토기 유물군은 왜 기종별 규격화가 뚜렷하지 않고 일정 단계의 기종들이 하나의 외형적 특징을 공유하고 있는가?

중도식무문토기의 성형은 먼저 길이와 폭이 다른 점토띠를 준비한 뒤 점토띠를 쌓아 위아래 막힘이 없는 원통형의 일차 동체부를 만들어내는 작업이 성형의 첫 번째 공정이다. 다음 단계는 구연부와 저부를 부착하게 된다. 중도식무문토기의 관찰 연구에서는 건조가 어느 정도 진행된 후 구연부는 밖에서 덧대어지는 방식으로 마무리되고 저부는 동체부 안에 넣어 동체 하단이 저부를 감싸는 형태로 성형이 진행된다고 지적한 바 있다(진수정, 2009; 서길덕, 2011). 청동기시대 무문토기 제작에서는 저부판을 놓고 그 위에 점토띠를 쌓아 올리는 방식으로 제작되지만 중도식무문토기는 1차 동체를 먼저 여러 개 준비하고 구연부와 저부를 뒤에 붙이는 방식을 취한다. 특히 저부는 마연을 한 다음 붙이기도 한다(이성주, 2010). 저부 부착 공정에서 생성된 다양한 흔적이(권도희, 2017: 308) 마연 단계에서는 손질되는 경우가 없다는 것은 주의해 볼 현상이다. 이 후 건조가 일정 진행된 뒤 외면에 슬립을 입히고 마연작업이 이루어진다.

중도식무문토기의 두 가지 특징, 첫째는 기종 간 공유된 외형이 있다는 점, 둘째는 기종의 크기와 외형이 연속적이란 점은 점토띠의 준비와 윤적 후 거칠게 그릇의 1차적 외형을 완성해 나가는 공정에서, 도공이 지닌 그릇 외형의 이미지와 체화된 동작에서 이유를 찾을 수 있으리라고 본다. 그러므로 크기와 외형이 결정되는 과정을 점토띠 준비의 단계에서부터 살펴볼 필요가 있다. 점토띠를 준비할 때 제작할 기종이 대형·중형·소형 가운데 어떤 것인가에 따라 도공은 해당 그릇의 높이에 맞게 점토띠의 길이와 수를 정해서 준비해 둘 것으로 보인다. 그릇 크기에 따라 두께도 고려하고 그 폭도 조정할 수 있을지 모르지만 역시 그릇의 크기와 외형에 따라 차이를 보이는 것은 점토띠의 개수와 길이의 구성이다.

도공은 그릇 하나를 1차 성형할 때마다 그때그때 필요한 점토띠들을 준비하지는 않았을 것이다. 도공이 만들고자 하는 그릇의 기종과 수량을 마음에 두고 일정한 길이와 개수의 점토띠를 미리 여러 개 만들어 놓았을 것이다. 중도식무문토기의 점토띠에서 보이는 또 하나의 특징은 길이의 비례가 토기 크기에 상관없이 서로 유사하다는 점이다. 특히 동 중위 이하, 저부 위로부터 10cm 내외 지점까지의 비율이 대형~중형 토기군에서는 큰 차이가 없다. 타날법과 같은 기형 교정의 공정 없이 마연으로만 마무리하는 중도식무문토기는 점토띠 쌓기 단계에서 준비된 점토띠의 길이에 의해 일정 부분의 기형이 미리 결정됨을 의미한다. 점토띠를 미리 준비해 놓고 크고 작은 기종의 1차 동체를 여러 개체 만드는 작업 연쇄에서 크기와 외형이 결정되고 이후 큰 폭의 교정은 불가능하다는 제작기술의 특징이 중도식무문토기의 형태적 변이를 만들어 낸 듯

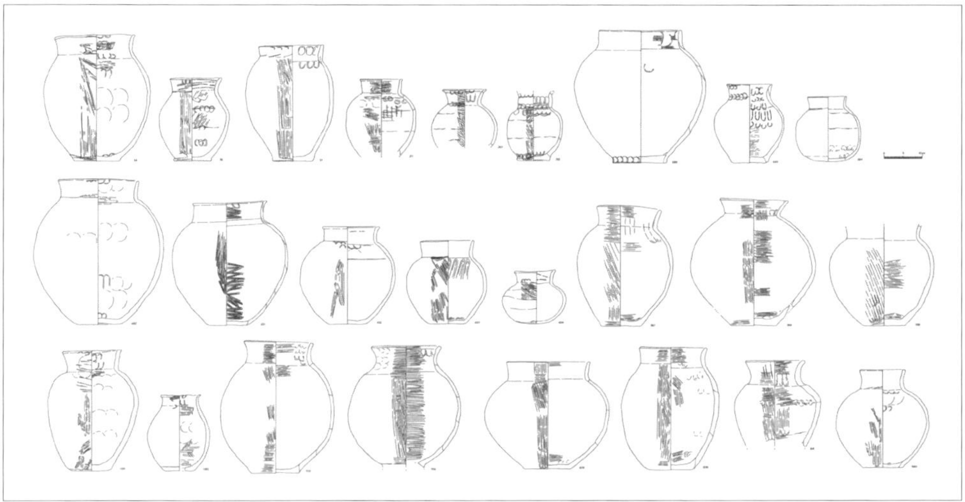

〈그림 17〉 우두동 단계 방제단경호

하다.

중도식무문토기 작업 연쇄에서 점토띠 쌓기와 기형의 관계는 방제단경호의 제작에서도 드러난다(그림 17). 우두동 단계의 경질무문토기 대다수 기종은 협동의 동체로서 대소 기종 간의 외형 차이가 크지 않다. 하지만 타날단경호를 모방한 방제단경호는 다른 경질무문토기와 마찬가지로 점토띠 쌓기로 제작하였다. 우두동 단계 방제단경호는 동최대경의 위치나 꺾임의 정도, 구연부의 형태, 저부의 형태 등 형태적으로 동일성이 보이지 않고 점토띠의 사용도 균일하지 않다. 이뿐만 아니라 외면 마연방식에서도 횡마연의 범위가 옹형토기와는 뚜렷한 차이를 보인다(이성주, 2010: 77). 이는 토기 제작 과정에서 타날문단경호의 방제를 산발적으로 시도한 결과이자, 중도식무문토기의 작업 연쇄로 호형의 동체를 만들어 내는 것에 익숙하지 않았음을 의미한다. 오히려 중도식방제단경호가 전통적인 중도식 옹의 형태와 결합한 기형(장동호)으로도 제작된다.

즉, 경질무문토기 제작자가 자신에게 체화된 점토띠 쌓기 중심의 작업 연쇄로써 서로 다른 기종을 제작해 내면서도, 만들 수 있는 그릇 외형이 제한적이었기 때문에 기종이 달랐더라도 형태적인 공유가 있었던 것으로 이해할 수 있다.

2) 타날문단경호 작업 연쇄의 정리

중도문화지역의 타날문토기의 성형은 기본적으로 물레질-타날법을 기초로 이루어졌다. 물레질-타날법이란 물레 위에 점토띠를 쌓아 올리면서, 혹은 전체 높이만큼 미리 쌓아 놓고 타날하여 그릇의 외형을 만든 뒤 물레질하고, 다시 2차 타날을 하거나 물레에서 떼어 내어 저부를 타날해서 그릇 형태를 완성하는 기법이다. 원료 점토가 상당히 무른 상태에서 시작하여 가소성을 잃어버리기 전까지 적합한 속도로 성형의 작업 연쇄가 완료되어야만 한다. 따라서 타날문토기 성형은 여유 있는 작업도 즉흥적인 동작도 허용되지 않았을 것이다. 제작행위 요소의 배열, 즉 작업 연쇄는 바꾸기도 힘들 뿐만 아니라 상당히 많은 제작행위 요소들이 엄밀하게 배열되어 있어서 숙련된 도공이 아니면 진행할 수 없는 공정이다. 한 도공이 하나, 혹은 몇 가지 작업 연쇄를 익히면 그 자체를 자신이 바꾸기도 어려웠을 것이라 상정된다.

우두동 단계의 타날문단경호도 기본적으로 물레 위에서 성형한다. 타날문단경호는 원삼국시대에 도입된 신기술의 집합체이다. 우두동 단계는 대략 3세기를 전후한 원삼국 후기 단계에 속한다. 이 시기 춘천지역은 지형적인 장애는 있지만 낙랑 및 대방과 지근거리에 있어 접촉이 빈번했을 것이다. 그에 따라 토기의 유입, 낙랑 도공의 이주 혹은 방문에 의한 기술의 전수 등은 일회적이고 단편적이지는 않았을 것이다. 한강유역의 유적에는 낙랑으로부터 유입된, 낙랑으로부터의 이주 도공이 제작한, 전수된 낙랑 제도기술의 여러 작업 연쇄를 토착 도공이 시험적으로 모방한 제품 등이 공존해 있을 수 있다. 우두동 유적의 타날문토기는 개념적으로 첫째 도입된 기술 체계 그대로 실현된 것, 둘째 도입된 기술 체계를 토착 공인이 어색하게 모방 재현한 것, 셋째 물레질-타날법을 익히고 응용하여 자체적으로 숙련된 기술로 제작한 것으로 구분할 수 있겠으나 동시기 낙랑지역 토기유물군과의 통합적인 연구가 이루어지지 않아 그러한 논의는 쉽지 않다.

과거 필자는 가평 대성리유적의 물레질-타날법에 의해 제작된 회색토기 유물군의 작업 연쇄를 분류한 적이 있다(이성주, 2011c). 성형의 작업 연쇄를 분석할 때, 첫째로 고려한 것은 작업행위는 기초타날(점토띠를 쌓아 올려 원통에 가까운 1차 외형 제작에서 베푼 타날), 성형타날(그릇의 곡면을 만들기 위해 베푼 타날), 그리고 물레질 등이다. 두 번째로 고려한 것은 그러한 작업행위의 실행 여부, 순서, 범위, 방향, 작업도구, 그리고 작업자의 자세와 그릇의 위치 등과 같은 행위 요소들이다. 두 번째 고려 대상의 행위 요소는 사실상 그릇 표면의 작업 흔적을 통해 합리적 추론이 가능한 것만을 고려할 수밖에 없다. 이상의 관점에서 가평 대성리Ⅱ기의 타날문단경호를 성형하는 작업 연쇄를 모두 7가지로 분류할 수 있었고, 타날 없이 물레질에 의해 제작된 소형 평저호 작업 연쇄를 두 가지로 분류하였다(이성주, 2011c).

대성리Ⅱ기의 타날문토기군은 우두동의 그것과 상당히 유사하다. 다만 우두동에서 일정한 빈도로 출토되는 대형단경호와 대형 호 등이 완형으로 복원되는 출토 사례가 거의 없다는 점이 다를 뿐이다. 그리고 두 취락은 같은 시기에 서로 다른 지역에서 공존했던 취락으로 여겨진다. 두 취락의 회색토기군(대형단경호와 대형 호 제외)에 대한 관찰을 통해 정의된 작업 연쇄들을 기술 체계의 계통에 초점을 맞추어 보면 두 가지로 우선 분류된다. 그림 18의 (1) 낙랑의 타날문토기 기술 체계에 속하는 공정과 (2) 낙랑의 그것을 토착 사회의 도공이 수용하는 과정에서 변형된 기술 체계에 해당되는 작업 연쇄로 구분해 볼 수 있다. 여기서 제(2)의 기술 체계에 속하는 작업 연쇄들은 중도식 경질무문토기 제작기술 요소의 혼합 정도나 제작자의 솜씨 등에 따라 좀 더 자세히 평가될 수 있다. 나아가 작업 연쇄를 성형기술에 한정하지 않고 원료 점토의 준비공정이나 소성 기술 요소를 포함하여 작업 연쇄의 성격을 깊이 이해해 볼 필요가 있다.

중도 단계에 들어서면 우두동 단계의 제1계열 기술 체계에 속하는 것 가운데 기초 타날에 의한 작업 연쇄를 볼 수 없다. 아울러 무타날 물레질법의 작업 연쇄도 전혀 볼 수 없다. 중도 단계의 성형타날 작업에 의한 타날문단경호는 결국 제2계열의 기술 체

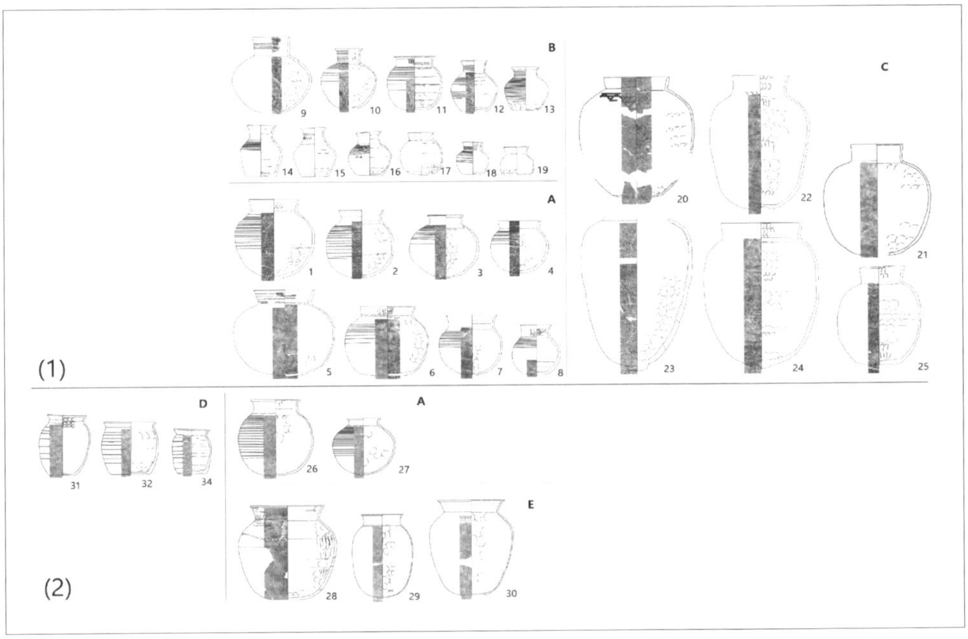

〈그림 18〉 우두동 단계(1)와 중도 단계(2)의 타날문토기

계로 분류되는 작업 연쇄로 제작되었다고 볼 수밖에 없다. 우두동 단계의 제2계열로 생각되는 성형공정 가운데 1~2개의 작업 연쇄만 전승되는 것으로 보인다(이성주, 2011c). 우두동 단계에는 낙랑 타날문토기 제작의 다양한 작업 연쇄가 도입되어 정착하였고 그 공정이 토착 사회의 도공들에게 전달되어 변형된 작업 연쇄까지 발생하였다. 이와 같은 과정을 거쳐 우두동 단계에는 타날문단경호라는 한 기종의 제작에도 매우 다양한 성형의 작업 연쇄가 공존하였다. 그 가운데 중도 단계로 접어들면 1~2가지 정도의 작업 연쇄만 계승되는 것으로 보인다.

중도취락의 타날문단경호는 성형의 작업 연쇄 그 자체보다 그것을 실행에 옮길 때의 솜씨와 원료 점토의 준비나 소성방식 등으로 고려하면 두 가지 계열로 구분된다. 상대적으로 숙련된 솜씨로 제작되며 한강 중하류역, 혹은 경기 남부와 호서지역의 타날문토기와 비교하여 크게 다르지 않은 타날단경호군이 있다. 특히 타날도구와 그 사용법, 그리고 태토의 성질도 구분되지 않는 타날단경호가 있다. 그러나 태토의 성질이 경질무문토기와 다르지 않고 타날작업이나 물레질의 솜씨, 사용된 타날구의 문양, 심지어는 그릇의 외형까지 한강 중하류역의 그것과 큰 차이를 보이는 타날단경호군이 있다. 이러한 타날단경호군의 존재는 춘천분지나 영서지역에 독자적인 타날문토기 생산조직이 운영되었거나 경질무문토기 도공 가운데 타날문토기를 따로 제작했다는 사실을 방증해 준다.

5. 기술혁신과 생산조직

1) 기술혁신의 모델

중도식토기 유물군은 경질무문토기군과 회색타날문토기군으로 구성되어 있다. 두 토기군은 서로 간의 제작 기술 체계가 완전히 다르다. 윤적법과 마연법을 기초로 산화 소성된 전자가 토착적이고 전통적 기술이라면, 물레질과 타날법을 토대로 환원 소성된 후자는 신기술로 볼 수 있다. 전통사회에서 토기는 배운 기술대로 제작되기에 하나의 기술 전통이 확립되면 오랜 세월 변함없이 지속되는 경향이 있다. 그러나 새로운 기술이 발명되거나 외부로부터 토착 사회에 신기술이 도입되면 전통 기술의 요소들이 결합되어 새로운 기술 체계가 구성되기에 이른다. 이 과정이 기술혁신이다.

중도문화가 광범위하게 확산되고 장기간 존속했던 중부지방에서 중도식토기 유물군의 기원과 두 기술 체계의 공존방식에 관하여 논의하게 되면 설명하기 어려운 점이 한두 가지가 아니다. 첫째, 회색 타날문토기의 기원이 중원계 타날문회도에 있다는 것은 새삼스러운 것이 없지만, 경질무문토기도 동북방의 단결-끄로노프카 문화의 유입으로 중부지역에 등장한 것으로 파악되고 있다(유은식, 2010; 2014; 2017). 그렇다면 토착 사회 토기생산의 기술 체계는 과연 어떤 것이었고, 이후의 기술 체계의 변화에 어떤 역할을 했는가의 문제는 해명되지 않았다. 둘째, 경질무문토기군과 타날문토기군은 서로 간의 기술 체계가 완전히 상이하여 하나의 생산조직에서 제작했다고 보기는 어렵다. 두 토기군이 하나의 취락, 하나의 주거 공간 안에 공존하면서 적어도 400?~500년 가깝게 지속했다는 사실은 쉽게 납득하기 어려운 현상이다.

춘천분지 안에서 두 생산조직이 장기간 공존하던 가운데 결국 타날문회도 생산조직에서 물레질-타날 기술 체계로 경질무문토기 주요 기종들을 통합 생산하게 되면서 기술혁신의 과정이 완성된다. 중도문화 지역에서 기술혁신의 과정을 설명할 때 토착 사회의 기술 전통과 신기술의 기원에 관해서 아직도 설명되지 못한 문제가 많으며 두 기술 체계의 장기간 공존현상의 기반도 해명되지 않았다. 그럼에도 신기술의 장기간 공존 과정에서 두 기술 체계 사이에 진행된 상호작용의 결과가 토기군에서 파악되고 경질무문토기는 물론 타날문토기 생산조직에서도 기술혁신의 과정을 통해 무언가 변화가 있었다는 것이 확인된다(이성주, 2019; 2022).

여기서는 경질무문토기군을 토착 사회의 전통 기술 체계에 의한 산물로 보고 타날문토기군의 제작을 위한 물레질-타날법을 신기술로 전제하였다. '물레질-타날법에 의해 제작된 기종을 토착 사회의 도공이 어떤 방식으로 모방하는가?', '그러한 신기술이 전통 기술을 구사하는 도공에게 어떻게 수용되는가?', '물레질-타날법을 토대로 토기를 생산하는 도공이 옹이나 발과 같은 전통 기종을 신기술로 어떻게 제작해 내는가?' 하는 질문에 초점을 맞추어 춘천분지 안에서 진행된 기술혁신의 과정을 설명하고자 한다.

성공적 기술혁신의 과정을 설명하는 데 다음의 네 가지 고려해야 할 점이 있다. 첫째, 전통적 제작기술 체계, 생산조직, 기종 구성, 그릇의 사용에 대한 고려가 필요하다. 이는 전통 도공 혹은 생산조직이 신기술을 수용하는 방식과 범위를 이해하는 전제조건이 된다. 둘째, 도공을 사회적 에이전시로 전제해야 한다. 그들의 지식, 기술, 체화된 동작과 몸짓, 그리고 그들 사이의 관계를 중요하게 고려해야 한다. 셋째, '기술의 유입이 어떻게 이루어졌는가'이다. 토착 사회 안에 거점을 설치하고 도공(집단)을 포함한 기원지로부터 대거 이주'가 있었는지, 한 사람 혹은 소수의 도공이 이주해 왔는지, 아니면 신기술로 제작된 토기가 전달됨으로써 토착 도공에게 기술적 정보로 재해석되고 그것을 습득한 경우인지를 고려해야 한다. 넷째, 최초로 토착 사회에서 수용한 기술 요소와 기종, 이후 기술요소의 변화와 생산 기종의 변화를 고려해야 한다.

춘천분지 안에 낙랑으로부터 신기술이 전달된 시점부터 토착 사회의 전통 기술과 기종이 종말을 고할 때까지를 기술혁신의 과정이 진행된 기간으로 본다. 이 기간의 이른 단계에는 신기술을 보유한 (이주) 도공이 전통사회의 토착 도공과 공존하였지만 늦은 단계에는 신기술을 학습하여 체득한 토착 도공과 전통 기술로 전통 도기 제작을 고수하는 토착 도공이 공존했을 것으로 전제한다. 이러한 전제하에 기술혁신의 과정은 다음과 같은 네 단계로 진행된 것으로 기술혁신의 모델을 제안하고자 한다(이성주, 2022).

제I단계는 토착 사회에 신기술을 가진 도공이 방문하거나 이주해 와서 기원지의 신기종을 제작하지만, 토착 도공의 전통 기종 생산에는 아직 어떤 영향도 주지 않는 단계이다.

제II단계는 이주 도공 혹은 그 계승자가 토착 기종의 제작을 신기술로 시도하거나, 유입된 신기종을 토착 사회의 도공이 제작 시도했던 단계이다. 토착 기술로 제작된 신기종과 신기술로 제작된 토착 기종이 공존할 수 있었던 단계이다.

제Ⅲ단계는 신기술을 수용하여 체화한 토착 사회의 도공이 등장하여 대다수의 신기종과 전통 기종을 신기술로 제작하는 가운데, 토착 기술을 고수하는 전통 도공에 의한 토착 기종의 생산이 중단되지 않고 유지되는 단계이다. 이 단계의 분명한 특징은 신기술을 전수받은 토착 사회의 도공이 기원지의 작업 연쇄와는 다른 신기술 체계를 자체적으로 개발하여 이에 기반한 생산조직이 정착하는 현상이다.

제Ⅳ단계는 해당 사회에 신기술을 체득한 도공만이 토기를 생산하는 단계이다. 전통 기술에 의해 제작된 전통 기종은 볼 수 없게 되고, 흔히 신기술의 도공에 의해 생산의 조직이 확장되고 새로운 생산 체계 안에서 신기종과 토착 기종이 모두와 새로 개발된 기종들을 제작되는 단계이다. 엄밀히 말하면 기술혁신의 과정이 완료된 이후의 단계라 할 수 있다.

2) 우두동에서 중도 단계로

중도문화지역에서 기술혁신의 제Ⅰ단계는 원삼국시대 개시를 전후한 시점에 시작된다고 생각된다. 이 무렵 타날문회도가 등장하고 신기술이 유입되었다(이성주, 2011c; 2022). 대성리Ⅰ기의 유물군은 타날문회도 기술이 최초 유입된 기술혁신 제Ⅰ단계의 양상을 말해준다고 생각된다. 서북한으로부터의 이주공동체에 도공이 포함되었을 가능성이 크고, 그렇다면 이 유적의 타날문회도는 현지 제작품으로 보아도 좋을 것이다. 중도식토기 생산 체계에 기반을 두고 있는 양수리 537-1 유적에서 발견된 타날문회도 1점은 유입품일 가능성이 크다. 이처럼 도공이 이주하고 회도가 유입되었지만, 이주 도공이 자신의 신제도 기술을 토착 도공에게 전달하거나 하여 무언가 변화가 나타났다는 흔적은 아직 발견되지 않았다. 다만 남양주 금남리 분묘 출토 타날문단경호에서는 시간이 지남에 따라 변이가 발생하였다고 볼 만한 현상이 보이므로(이나경, 2021) 이주 도공으로부터 일정 세대에 걸쳐 기술적 전수가 이어졌을 가능성은 있다.

제Ⅱ단계는 신기술이 토착 사회에 전달되어 토착 기술 체계에 무언가의 변화가 나타나거나, 혹은 토착 도공이 유입된 신기종을 방제하기도 하는 시기이다. 어떤 경우에는 신기술을 가진 도공이 토착기종을 일부 제작하거나, 혹은 토착 도공이 신기술을 습득하여 어색하게나마 제작을 시도함으로써 기술과 기종이 섞이는 단계이다. 기술혁신 제Ⅰ단계에서는 이주 도공으로부터 토착 무문토기 도공에게로의 신기술 이전은 없었다. 신기술 도공과 토착 도공은 각자가 제작하는 기종이 따로 있었고 기술적으로 섞이지 않았던 것이 기술혁신 제I단계의 특징이다. 그러나 우두동 단계에 접어들면 무문토기 기법으로 제작된 방제단경호가 상당수에 달한다. 물레질-타날법에 의한 생산조직이 토착 사회 내에 정착하고 경질무문토기 도공이 토착 기술로 신기종을 방제한 사례가 많아서 우두동 토기군을 기술혁신 제II단계로 볼 수 있다. 하지만 타날문단경호 제작자가 신기술로 토착 기종을 제작한 사례는 아직 확인되지 않는다.

토착 도공이 신기종인 단경호를 제작하게 되면 무문토기 성형기술에도 변화가 보인다. 보통 중도식무문토기를 정면할 때 횡마연 자체가 드물고 경부나 동체의 견부를 마연할 때만 좁은 범위로 행한다. 그릇 전면을 횡마연하는 경우는 보기 어렵다. 그러나 단경호가 마연법으로 정면될 때는 전면 횡마연하기도 하고 약간 기울어진 방향으로 폭넓게 베풀기도 한다. 제작 경험이 없었던 그릇 형태에 맞도록 무문토기 도공들은 자신의 작업 연쇄를 변형시켰을 것으로 생각된다. 그러나 이 단계에 신기술로 전통 기종을 제작한 사례는 없다. 이주 도공이나 그들로부터 기술을 전해 받은 도공이 전통 기종의 제작을 시도하지도 않았고, 신기술을 습득한 무문토기 도공이 나타나 자신이 만들어오던 기종을 신기술로 새롭게 재구성한 작업 연쇄를 적용했던 일도 없었다.

기술혁신 제II단계에도 낙랑계통의 타날문회도와 중도식무문토기 생산 체계는 서로 분리된 채 장기간 유지되었다. 타날문토기 생산 체계의 존속 그 자체에 초점을 맞추면 이는 설명하기 힘든 현상이다. 즉 처음에는 이주 도공에 의해 생산 체계가 조직되었다 하더라도 토착 사회의 참여 없이 기술 체계와 생산조직이 어떻게 유지될 수 있는가 하는 문제이다. 타날문토기 생산 체계가 이 지역에서 유지될 수 있었던 것에 대해 세 가지 가정을 해 볼 수 있다. 첫째, 낙랑지역으로부터 지속적으로 토기가 공급되거나 도공이 일정한 시차를 두고 반복적으로 이주해 왔을 경우이다. 둘째, 최초의 이주 도공이 자신의 취락 안에서 여러 세대에 걸쳐 후손에게 토기 제작기술을 전수하여 여러 세대에 걸쳐 생산을 지속하도록 한 경우이다. 셋째, 북한강 일원에서 낙랑 출신의 도공으로부터 기술을 전해 받은 도공들이 하나 이상의 타날문토기 전문 제작소를 조직하여 여러 세대에 걸쳐 각 마을에 타날문토기만 생산하여 공급했을 가능성이다.

세 번째 가정이 필자로서는 개연성이 가장 크다고 생각된다. 마을과 독립된 전문 타날문토기 제작소가 존재했을 가능성이 있는 것이다. 물레질-타날법과 환원소성법을 습득한 제작자(그중에는 무문토기 공인도 포함될 수 있음)가 타날문토기 전문 제작소를 조직하여 각 취락에 타날문토기 기종들을 생산 공급하고 이러한 생산방식이 세대를 넘어 유지하였다고 보는 것이다. 북한강유역 각 마을에서 관찰되는 타날문토기 유물군의 양상을 고려한다면 전문 제작소의 존속이 가장 설득력 있는 설명이다. 다만 이러한 추론이 성립하려면 상당히 광역으로 분포하는 취락들이 경제적으로나 정치·사

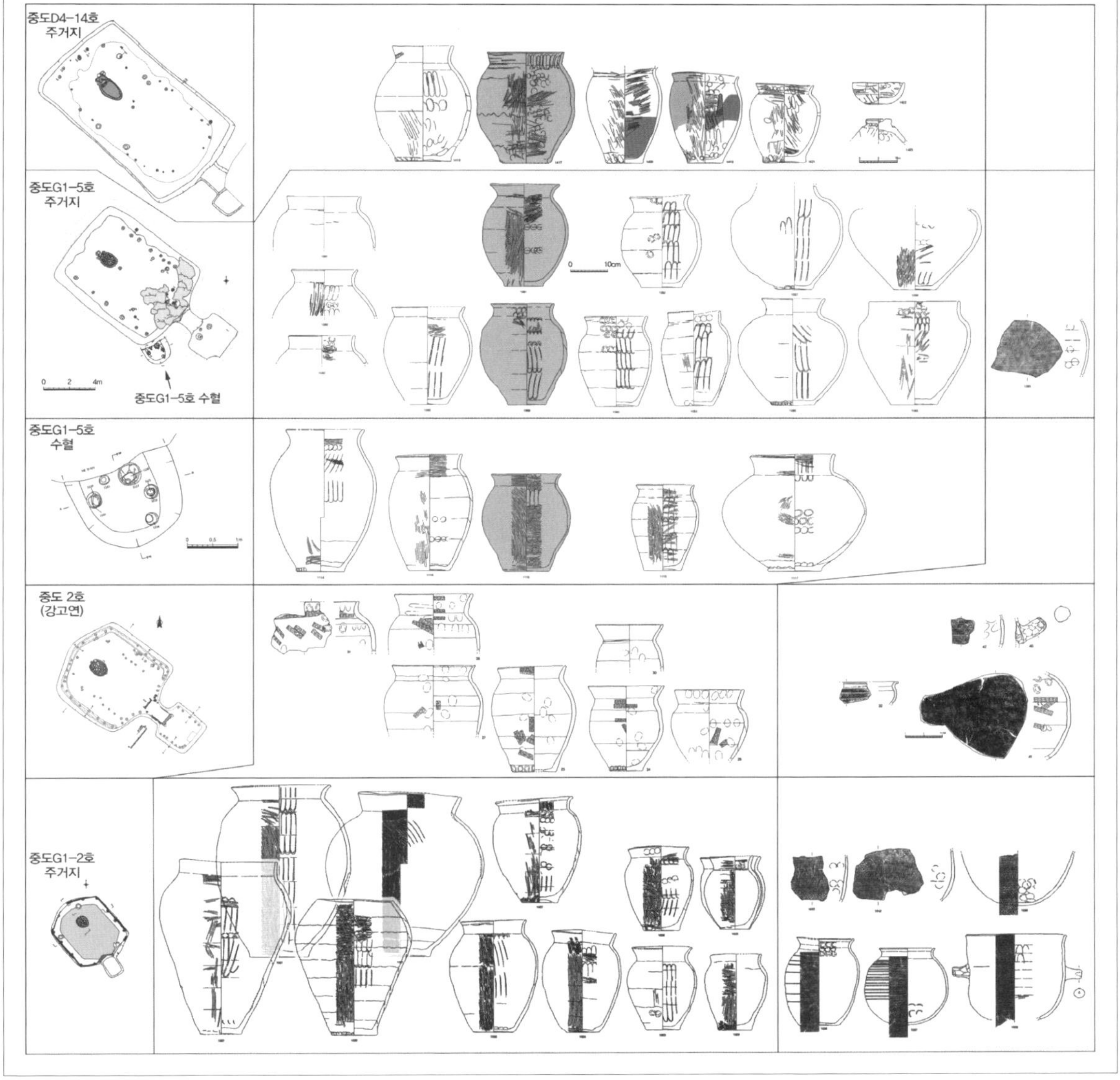

〈그림 19〉 중도유적 주요 주거지의 구조와 토기유물군

회적으로 통합되고, 서로 긴밀한 관계망 혹은 교통망을 형성하고 있어야 한다.

중도 단계는 기술혁신의 제Ⅲ단계로 보는 것이 옳을 것 같다. 우두동 단계에서 중도 단계로 넘어가면서 중도식무문토기의 제작에는 큰 변화가 없어 보인다. 물론 무문토기의 기형이 변해서 옹과 발의 경부가 길어지고 옹과 대형 호의 동체 상부가 확장되는 기형 변화는 주목할 만하다. 이에 따라 성형의 작업 연쇄가 변화되었을 것이라는 추정도 가능하다. 이러한 변화를 제외하면 중도식무문토기의 기술 체계와 기종 구성, 그리고 기종별 생산에서 큰 변화는 보이지 않는다. 한 가지 주목할 만한 변화라면 중도식무문토기 방제단경호 가운데 크기가 큰 것이 늘어나는 양상을 보인다는 점이다.

중도 단계의 중요한 변화는 타날문토기의 기술 체계에서 나타난다. 기술혁신 제Ⅲ단계의 특징으로 신기술이 토착 사회의 도공에게 전수되고 전달된 기술 체계와는 다른 새로운 작업 연쇄가 조직되어 이 자체 개발된 신기술 체계를 토대로 생산조직이 정착하는 현상이다. 중도 단계의 단경호는 대형과 소형 두 가지로만 제작되는데 우두동 단계의 다양한 형태와 크기로 제작되었던 것에 비하면 큰 변화이다. 타날문단경호의 아기종 분화가 단순해졌다는 것과 함께 주목해야 할 것은 작업 연쇄의 다양성이 크게 줄어든 점이다. 우두동과 시기적으로 거의 병행했다고 여겨지는 대성리 후기 취락을 대상으로 타날문단경호 성형의 작업 연쇄를 관찰한 적이 있는데 9가지 정도로 분류할 수 있었다(이성주, 2011c). 이에 비해 중도유적에서는 타날문단경호가 크든 작든 거의 모두 승문과 격자문 타날구 조합을 사용하며 성형의 작업 연쇄가 거의 한 가지로 통일되는 양상을 보인다(이성주, 2011c). 동체부는 승문, 바닥은 격자 타날을 하며 기본적으로 동체부를 구형으로 만들기 위한 타날인데, 결과는 아래위로 약간 긴 구형을 보이는 것도 있다(그림18-26·27). 평저단경호나 소호의 제작은 중단되고 대형 호의 개체수도 급감한다. 그리고 우두동 단계에 다양한 성형법으로 제작되었던 대호 혹은 대옹은 거의 볼 수 없게 된다. 대형 단경호는 아니지만, 규격이 큰 단경호인 〈그림 18-28〉은 물레질-타날법으로 제작되었으나 태토는 무문토기 태토이고 거친 솜씨를 보여준다. 이는 중도식무문토기 도공에 의해 제작된 타날문단경호로 볼 수 있는 여지가 충분하다. 이처럼 중도 단계의 타날문토기의 작업 연쇄에서는 낙랑으로부터 전달된 특징적 기술은 발견되지 않고 이 단계의 타날문토기 생산은 토착 사회 내에서 재조직된 기술 체계에 기반을 두고 있다.

타날문 옹과 발의 제작은 중도 단계 늦은 시기에 시작되는 것처럼 보인다. 옹과 발이 물레질-타날법으로 생산되었다는 것은 사회 안에서 소비되는 모든 기종이 신기술의 체계에서 생산되었다는 것을 의미한다. 물론 물레질-타날법이 전통 기종의 생산을 장악했다면 기술혁신 과정의 완성이라 할 수 있다. 하지만 북한강유역에서는 타날문 옹과 발이 등장해도 중도식무문토기 발과 옹의 제작은 중단되지 않았다. 타날문 발과 옹은 남한 거의 전역에서 함께 생산되는, 그리고 항상 동반되는 기종이다. 적어도 2020년도 중도동 연합 발굴조사단의 발굴보고서에서는 타날문 발이 출토되었음을 확인할 수 있지만 타날문 옹은 찾아볼 수 없다. 타날문 발의 수량이 무척 적고 동반 제작되었던 타날문 옹이 없다는 것은 이 두 기종이 중도 공동체가 운영했던 생산 체계에서 자체 생산된 것은 아닐 수 있음을 말해준다. 장동 호나 대형 호 역시 수량이 극히 적은 편인데 옹 및 발과 마찬가지로 자체 생산된 기종이 아닐 가능성이 크다.

어찌 보면 중도 단계의 타날문토기 제작은 우두동 단계와 비교해서 퇴화한 상태이다. 우두동 단계에는 같은 단경호 기종이라도 그릇의 규격이나 형태에 따라 성형의 작업 연쇄가 서로 다르게 준비되고 도공에게 체화되었을 가능성이 크다. 그러나 중도 단계에는 크기와 관계없이 단경호 성형의 작업 연쇄가 거의 하나로 통일되는 듯하다. 그리고 평저호, 소형호, 세경호, 대형단경호, 대호 등 다양한 단경호의 아기종 제작이 중단된다. 어쩌면 우두동 단계의 생산조직이 붕괴되고 다양한 기종을 위한 폭넓은 물레질-타날법의 응용법 중 일부만 전승되어 중도 단계의 타날문토기 생산 체계가 조직된 것이 아닐까 한다. 하지만 기술혁신의 과정에서 중도 단계를 약간 다른 관점에서 볼 필요가 있다. 어찌 되었든 중도 단계에 무문토기 도공이 물레질-타날법을 익혔고 그와 관련된 기종의 제작을 시도했음은 분명하다는 점이다. 그렇다면 중도유적의 토기생산을 보다 진전된 기술혁신의 단계로 간주할 수는 없는가?

물레질-타날 기종과 무문토기 기종의 제작이 완전히 분리되었던 우두동 단계와는 달리 중도 단계에는 토착 도공 중에 일부가 물레질-타날법을 체득하여 타날문토기단경호 생산 체계를 조직하였을 가능성이 크다. 중도 단계로 넘어오면서 타날문단경호의 다양했던 작업 연쇄가 붕괴하고 하나의 작업 연쇄로 통일되었다는 것은 기술혁신 제Ⅱ단계의 타날문토기 생산 체계가 붕괴되고 새로운 생산 체계가 재조직되었음을 의미한다. 그렇다면 중도 단계의 타날문토기 생산 체계를 조직한 주체는 신기술을 체화한 무문토기 도공이라고 볼 수밖에 없다. 특히 중도 단계의 취락 내 도공도 그중 일부는 물레질-타날을 습득하여 단경호 등의 제작에 참여했으리라고 보는데 〈그림18-28〉의 단경호와 같은 사례가 대표적이다. 하지만 중도 단계의 타날문토기 생산 체계도 취락 내 생산활동의 일부로 조직되었을 가능성은 작다. 특정 마을을 위한 생산이 아니라 여러 마을의 소비와 연결된 타날문단경호, 대호·대옹(뒤에 옹과 발이 추가됨)의 전문 생산 체계가 조직되어 있었을 가능성이 크다고 본다. 이처럼 취락 간에 토기생산과 분배 조직이 있었음에도 취락 내 생산 체계가 유지되었던 것이 이 지역 기술혁신 과정의 특징이라고 할 수 있다.

6. 맺음말

이 글은 전면 조사된 원삼국과 삼국 초기의 대형 취락, 우두동유적과 중도유적의 토기 유물군을 중심으로 춘천분지의 중도식토기 유물군을 다음과 같은 세 가지 질문에 답하기 위해 분석한 연구이다. 첫째 형태분석을 통한 기종·기형의 분류체계 작성, 둘째 각 단계의 경질무문토기군와 타날문토기군의 기술 체계 복원, 셋째로는 두 기술 체계 사이의 상호작용을 통한 기술혁신 과정에 대한 설명이다.

첫째, 중도식무문토기군에 대한 기종구분의 타당성을 검토해 본 결과, 개별 그릇의 크기에 따라 크게 대형·중형·소형의 군으로 나뉘고 각 군은 외형에 따라 몇 가지로 세분됨을 알 수 있었다. 우두동 단계에는 특대형 호, 대형 옹, 중대형 옹, 중형 옹, 발, 소형 발, 중대형 방제단경호, 방제단경호, 장동호, 방제소형평저호 등으로 기종이 구분된다. 이에 비해 중도 단계에는 대형 옹, 중형 옹, 발, 소형 발, 방제단경호, 소형 방제단경호 등의 기종으로 경질무문토기가 구성된다. 중도 단계는 우두동 단계에 비해 각 기종 간의 크기와 외형이 연속적 변이를 보여 기종의 구분이 어려웠다. 10개 기종으로 구분되는 우두동 단계에 비해 중도 단계에 접어들면 6개의 기종으로 축소되는 양상을 보여 그릇 제작의 솜씨가 퇴화한 느낌을 주며 개별 기종에 적합한 규격과 외형을 추구하려는 노력이 줄어들었다고 평가할 수도 있다.

둘째, 작업 연쇄의 접근법에 근거하여 경질무문토기군과 타날문토기군의 기술 체계를 복원하고 우두동 단계에서 중도 단계로 전환되는 과정에서 어떤 변화가 있는지 살폈다. 경질무문토기 도공은 그릇의 크기와 외형에 따라 미리 준비해 둔 점토띠를 쌓아 올려 1차 형태를 만들었다. 외형과 기면을 조정하는 단계에는 외형의 변경에 한계를 지닌 마연법으로 마무리하는 성형의 기술 체계를 고수하였기에 기종에 따라 외형의 차이를 이끌어 내는 데 그리 성공적이지 못하였다고 여겨진다. 우두동과 중도 단계를 비교하면 경질무문토기 각 기종 제작의 작업 연쇄는 큰 변화가 없었던 것으로 생각된다. 이에 비해 타날문토기 기술 체계는 큰 변화가 보인다. 우두동 단계에는 낙랑으로부터 전수된 작업 연쇄와 토착 도공의 기술 수용과정에서 변형된 성형 기술 체계가 공존하고 특히 후자의 기술 체계에서는 솜씨, 작업 도구, 실행 동작에서 변이가 발생하여 다양한 작업 연쇄가 확인된다. 아울러 우두동 단계의 물레질-타날 기술 체계에는 소형 기종과 대형 기종의 다양한 작업 연쇄도 더해졌다. 그러나 중도 단계에는 토착 사회의 기술 체계가 정착하는 과정에서 낙랑으로부터 제공된 기술 요소들이 사라지고 관련 작업 연쇄도 다양성이 축소되며 생산 기종도 줄어들어 기술 체계는 더욱 단순화된다.

셋째, 원삼국·삼국시대 초기에 중도문화지역에서 토기생산의 기술혁신은 남한의 다른 지역에 비해 매우 일찍 시작되지만, 신기술 체계의 확산과 전이의 지체로 인해 사회 내 모든 기종이 신기술 생산조직에 의해 제작되는 기술혁신 과정의 완성은 상대적으로 늦어지게 된다. 이른 시기부터 물레질-타날법이 다양한 대·중·소형 호형토기의 생산에 도입되지만, 전통 경질무문의 기술 체계에 의한 옹과 발의 제작은 늦은 시기까지 지속된다. 우두동의 토기군은 필자의 기술혁신 전개 과정의 모델에 따르면 기술혁신 제Ⅱ단계에 속한다. 신기술이 토착 사회에 정착하였지만, 토착 도공에게 전달되는 영향은 미미했을 것으로 생각된다. 이에 비해 중도 단계에는 토착 사회의 생산 체계에서 재조직된 물레질-타날 기술 체계에 의해 주요 기종들이 생산되었으며 타날 기술로 일부 전통 기종의 제작이 시도되었다. 이런 점에서 중도의 토기유물군은 기술혁신 제Ⅲ단계로 평가된다.

| 참고문헌 |

• 국어

강원고고문화연구원, 2014, 『春川 中島洞 聚落』.

강원문화재연구소, 2019, 『정선 아우라지유적 Ⅱ』.

권도희, 2017, 「춘천 우두동유적 토기에 보이는 제작기법에 대하여」, 『춘천 우두동유적』, 한강문화재연구원.

김무중, 2005, 「土器를 통해 본 百濟 漢城期의 中央과 地方」, 『고고학』 4-1.

김무중, 2017, 「북한강유역 원삼국~한성백제기 물질문화의 연구성과와 과제」, 『북한강유적 원삼국~한성백제기 물질문화』, 2017 중부고고학회 학술대회.

김일규, 2006, 「漢江 中·下流域의 中島式土器 編年小考」, 『石軒 鄭澄元敎授 停年退任紀念論叢』, 釜山考古學硏究會.

김일규, 2007, 「漢城期 百濟土器 編年再考」, 『한성백제의 역사와 문화』, 2007 한국고대 학회 추계학술회의.

김일규, 2013, 「한강 중·하류역 2~5세기의 일상토기 변천」, 『考古廣場』 12.

김일규, 2016, 「한강유역 타날문토기의 출현배경과 의의」, 『동북아철기시대 제도기술의 확산과 수용』, 한국학중앙연구원 한국문화심층연구 공동연구팀.

김준규, 2017, 「북한강유역 원삼국~한성백제기 토기 편년 시론」, 『북한강유적 원삼국~한성백제기 물질문화』, 2017년도 중부고고학회 학술대회.

박경신, 2015, 「북한강유역 원삼국시대 취락의 편년」, 『崇實史學』 34.

박경신, 2019, 『원삼국시대 중도유형 취락의 편년과 전개』, 숭실대학교 박사학위논문.

박경신, 2020, 「原三國時代 中東部文化圈 住居 硏究」, 『고고학』 19-3.

박순발, 1989, 「漢江流域 原三國時代 土器의 樣相과 變遷」, 『韓國考古學報』 23.

박순발, 1996, 「漢城百濟 基層文化의 性格」, 『百濟硏究』 26.

박순발, 2001, 『漢城百濟의 誕生』, 서경.

박순발, 2006, 『백제토기 탐구』, 주류성.

박순발, 2009, 「硬質無文土器의 變遷과 江陵 草堂洞遺蹟의 時間的 位置」, 『사적 제490호 강릉 초당동 유적』, 한국문화재조사기관협회.

박중국, 2017, 「원삼국~백제 한성기 북한강유역의 취락의 편년」, 『북한강유적 원삼국~한성백제기 물질문화』, 2017년도 중부고고학회 학술대회.

박중국, 2020, 「5. 춘천 중도동유적 원삼국~삼국시대 취락의 구조와 변천」, 『춘천 중도동유적: Ⅲ.종합고찰·Ⅳ.맺음말』, 춘천 중도동유적 연합 발굴조사단.
서길덕, 2011,「토기 성형방법의 관찰」,『가평 대성리유적 Ⅱ』, 겨레문화유산연구원.
예맥문화재연구원, 2008,『春川 栗文里遺蹟 Ⅰ』.
예맥문화재연구원, 2013,『華川 原川里遺蹟』.
예맥문화재연구원, 2019,『橫城 邑下里遺蹟 Ⅱ』.
오세연, 1996,「중부지방 원삼국시대 문화의 연구」,『韓國上古史學報』19.
王志高, 2012,「風納土城의 세 가지 문제에 대한 試論」,『동북아시아 속의 풍납토성』, 제12회 한성백제문화제 국제학술회의,한성백제박물관.
유은식, 2010,「동북계토기로 본 강원지역 중도식무문토기의 편년과 계통」,『崇實大學校 韓國基督教博物館誌』, 숭실대학교 한국기독박물관.
유은식, 2014,「한반도 북부지방 토기문화를 통해 본 중부지방 원삼국문화의 계통: 소위 '중도유형문화'를 중심으로」,『고고학』13-3.
유은식, 2017,「동북아시아 초기철기문화의 병행관계와 교류양상」,『한국상고사학보』96.
이나경, 2021,「북한강유역 원삼국시대 서북한계 분묘: 토기」,『북한강유역 원삼국시대 서북한계 분묘』, 제18회 매산기념강좌, 숭실대학교 한국기독박물관.
이명엽, 2006,「百濟土器 新器種의 出現과 中國陶磁器의 影響」,『古文化』62.
이상길, 1991,「한강유역 철기시대 토기편년: 중도식토기를 중심으로」, 경북대학교 고고인류학과 석사학위논문.
이성주, 2010,「原三國時代의 無文土器 傳統」,『중도식무문토기의 전개와 성격』, 제7회 매산기념강좌, 숭실대학교.
이성주, 2011a,「漢城百濟 形成期의 土器遺物群의 變遷과 生産體系의 變動」,『韓國上古史學報』71.
이성주, 2011b,「南韓의 原三國土器」,『慶北大學校考古人類學科30周年紀念考古學論叢』, 慶北大學校出版部.
이성주, 2011c,「原三國時代 물레질-打捺法의 傳承과과 土器生産의 專門化」,『湖南考古學報』39.
이성주, 2014,「저장용 대형단경호의 생산과 한성 백제기의 정치경제」,『韓國上古史學報』86.
이성주, 2015,「風納土城 土器遺物群의 年代와 百濟土器 漢城樣式의 成立」,『湖南考古學報』49.
이성주, 2016,「初期鐵器時代와 原三國時代 考古學 資料의 認識: 지역별 주거유적의 토기군과 자료의 공백」,『고고학』15-2.
이상길, 1991,「漢江流域 鐵器時代 土器編年: 中島式土器를 中心으로」, 경북대학교 석사학위논문.
이성주, 2019,「철기시대 중부지방 타날문토기 제작기술의 수용과 전개」,『철기시대 토기와 토기문화의 변동』, 한국학중앙연구원 출판부.
이성주, 2020,「原三國·三國時代 實用土器의 生産」,『호서고고학』47.
이성주, 2022,「동북아 원사시대의 물질문화변동: 두 지역 토기제작기술의 혁신」,『호서고고학』52.
이성주·김라희·이지윤, 2022,「영동과 영서지역의 신라화와 물질문화변동」,『新羅文化』60.
이수정, 2024,「청동기시대 無文土器의 分類에 관하여: 진주 대평리 취락을 중심으로」,『한국상고사학보』 124.
이승재, 2009, 「중부지방 원삼국시대 중도식 무문토기 연구」, 『선사와 고대』 30.
이재현, 1999, 『利川 孝養山遺蹟 發掘調査 報告書』, 湖巖美術館.
장주탁·배노찬·이성주, 2023, 「중도식무문토기의 기종·기형·기술: 영서지역 토기유물군의 분석」, 『百濟研究』 77.
정수옥, 2016, 「漢城期 百濟 中央地域 土器 生産技術의 變遷 樣相」, 『고고학』 15-2.
정수옥, 2024, 「한성기 백제토기 생산시스템 발달과 사회 변화의 상관성」, 『호서고고학』 57.
진수정, 2009, 「가평 대성리유적의 출토 유물: 원삼국시대를 중심으로」, 『加平 大成里遺蹟』, 京畿文化財團.
춘천 중도동유적 연합 발굴조사단, 2020, 『春川 中島洞遺蹟』.
한강문화재연구원, 2017, 『춘천 우두동유적』.
한지선, 2013, 「漢城百濟期 聚落과 土器遺物群의 變遷樣相」, 『中央考古研究』 12.
한지선, 2016, 「화천지역 철기~삼국시대 취락의 변천」, 한림고고학연구소 편, 『백제의 변경 화천 원천리유적』, 진인진.
한지선, 2021, 「동해 송정동 유적의 토기군 출토 양상과 편년」, 『고고학』 20-1.

• 영어

Lechtman, H. 1977, "Style in Technology: Some Early Thought, In Lechtman," H. and Merrill, R. S. (eds), *Material Culture: Style, Organization, and Dynamics of Thought,* St. Paul Minesota: West Publishing.

춘천 중도유적의 청동기·철기시대 물질문화

지은이 오강원·천선행·손준호·이종철·고일홍·이성주

제1판 1쇄 2025년 12월 31일 발행
발행인 김낙년
발행처 한국학중앙연구원 출판부
출판등록 제1979-000002호(1979년 3월 31일)
주소 경기도 성남시 분당구 하오개로 323
전화 031-730-8773
팩스 031-730-8775
전자우편 akspress@aks.ac.kr
홈페이지 www.aks.ac.kr

ISBN 979-11-5866-837-2 93910

• 이 책은 2024년 한국학중앙연구원 한국학기초및중점연구 공동연구과제로 수행된 연구임(AKSR2024-C03).